余杭经济社会
发展20年
2003—2022

20 Years of Economic and
Social Development in Yuhang

(2003—2022)

中共杭州市余杭区委党史研究室　编著

ZHEJIANG UNIVERSITY PRESS
浙江大学出版社
·杭州·

前　言

　　2023年是全面贯彻党的二十大精神开局之年,也是"八八战略"实施20周年。20年来,余杭从一个农业大县,发展成为经济社会发展走在全省前列的产业强区,在打造"重要窗口"的浙江实践中逐渐展现出余杭的风采。立足新的历史起点,系统总结回顾余杭20年来的发展道路,对于深刻领悟"八八战略"的科学内涵、全面推进余杭经济社会发展具有重要意义。基于此背景,余杭区委党史研究室与浙大城市学院马克思主义学院合作编写了这本《余杭经济社会发展20年》,希望通过翔实的数据、典型的案例、系统的梳理,记录余杭20年来实践探索的脚步,展现余杭20年来精彩蝶变的历程,展望余杭在新时代新征程上续写辉煌的前景。

　　本书共分为八章。第一章是全书导论,重点阐明余杭打造"创新活力之城的新中心、历史文化名城的新中心、生态文明之都的新中心、最具幸福感城市的新中心"的基础条件、关键举措和初步成效;第二章聚焦经济体制机制,全面阐述余杭20年来发挥体制机制优势、完善社会主义市场经济体制、推动经济发展的做法和成效;第三章聚焦高质量发展的余杭实践,梳理余杭20年来"腾笼换鸟、凤凰涅槃"的实践,总结新时代新征程上余杭推进高质量发展的经验启示;第四章聚焦余杭的区位优势和开放战略,解析余杭在建设杭州城市新中心、融入长三角一体化、全面推进对外开放方面的重点举措和突出成效;第五章聚焦余杭的城乡协调发展和山海资源优势,总结余杭推动城乡和地区协调发展、推进山海协作的实践和路径;第六章聚焦余杭的"软环境"建设,呈现余杭 20 年来建设平安余杭、法治余杭、信用余杭以及持续推动机关效能建设的丰硕成果;第七章聚焦余杭的生态环境优势,论述余杭在生态文明建设方面从加强综合环境整治到打造生态共富样本的先进做法和有益经验;第八章聚焦余杭的人文优势,阐释余杭文化底蕴的世界影响力,立足人类文明新形态的时代背景,回顾余杭文化跃升发展的历程。需要特别说明的是,书中数据的统计范围遵循了余杭行政区划调整的实际,2021 年 4 月前的数据覆盖了行政区划调整前的余杭区(含临平),此后的数据则对应于新设的余杭区。

回首过去的 20 年,余杭经历产业转型、创新创业、数字经济、城市更新、文脉赓续等重大历史变革,成绩来之不易,经验值得记取。立足当下,余杭主动融入杭州建设世界一流的社会主义现代化国际大都市的工作大局,提出了"建设杭州城市新中心、争当'两个先行'排头兵"的战略目标,使命光荣,任务艰巨。展望未来,余杭必将在党的科学理论指引下,乘势而上,奋力谱写中国式现代化余杭篇章!

编者

2023 年 5 月

目　录

第一章　导论:发挥余杭新优势
创建杭城新中心

　　2003年7月,在中共浙江省委第十一届四次全体(扩大)会议上,时任浙江省委书记习近平首次全面系统地阐释了浙江发展的八个优势,并据此提出了指向未来的"八项举措"。它的主要内容包括:一是进一步发挥浙江的体制机制优势,大力推动以公有制为主体的多种所有制经济共同发展,不断完善社会主义市场经济体制;二是进一步发挥浙江的区位优势,主动接轨上海、积极参与长江三角洲地区合作与交流,不断提高对内对外开放水平;三是进一步发挥浙江的块状特色产业优势,加快先进制造业基地建设,走新型工业化道路;四是进一步发挥浙江的城乡协调发展优势,加快推进城乡一体化;五是进一步发挥浙江的生态优势,创建生态省,打造"绿色浙江";六是进一步发挥浙江的山海资源优势,大力发展海洋经济,推动欠发达地区跨越式发展,努力使海洋经济和欠发达地区的发展成为浙江经济新的增长点;七是进一步发挥浙江的环境优势,积极推进以"五大百亿"工程为主要内容的重点建设,切实加强法治建设、信用建设和机关效能建设;八是进一步发挥浙江的人文优势,积极推进科教兴省、人才强省,加快建设文化大省。这八项举措简称"八八战略"。"八八战略"中的第一个"八"指的是发挥浙江的体制机制、区位、块状产业、城乡协调发展、生态、山海资源、环境和人文等优势，将潜在的优势转变为现实的优势；第二个"八"指的是探索和完善相应实施机制，进一步发挥、培育和转化优势，推动浙江发展再上新台阶。

习近平同志在浙江工作期间和到中央工作后，先后多次亲临余杭考察调研，其中有对良渚文化遗址保护利用和申遗的指示批示，有对统筹城乡经济社会发展、关注农村关心农民支持农业的具体指导，也有对基层民主政治建设有益探索的鼓励肯定，还有对基层法治建设工作的明确要求。2016 年 G20 杭州峰会期间又高度评价"余杭好地方"，给了余杭广大干部群众莫大的肯定和鼓舞。习近平同志在浙江工作时，亲自擘画实施"八八战略"。20 多年来，在"八八战略"指引下，余杭区实现了政治、经济、文化、制度、生态等方面的全面发展，实现了从经济大区向经济强区的转变、从总体小康向高水平全面小康的历史性跃迁。因此，"八八战略"是总书记留给浙江、留给余杭取之不尽、用之不竭的宝贵财富，忠实践行"八八战略"是余杭区不断进步发展壮大的制胜法宝。全区上下要紧紧围绕"以中国式现代化全面推进中华民族伟大复兴"的中心任务，学原文、悟原理，不断把"八八战略"转化为践行使命担当的前进动力，全面履行好各领域各方面工作职责，推动"八八战略"在余杭大地落地生根、开花结果。

过去几十年间，杭州经历了从"西湖时代"到"钱塘江时代"的跨越式发展，如今杭州西部也将迎来一个城市新中心，位于城西科创大走廊核心区域的余杭被寄予厚望。随着余杭在产业、生态、文化等方面的规划落地实施，产城融合、人文融合的区域魅力正在逐步释放。

一、发挥余杭创新优势，打造创新活力之城新中心

在"两个一百年"的历史交汇点上，要放眼中华民族伟大复兴的战略全局和世界百年未有之大变局"两个大局",聚焦全省高水平全面建成小康社会和高水平推进社会主义现代化建设,准确把握余杭发展的历史方位,深刻理解争当建设"重要窗口"排头兵的总体要求,就是要强化"窗口中的窗口、标杆中的标杆"的争先意识,干在实处、走在前列、勇立潮头,加快打造成为国际上有影响力的"全域创新策源地"。具体来说:首先是要成为"面向世界、引领未来"的排头兵。"世界发展"看中国,"中国之制"看浙江,"重要窗口"看杭州,"头雁风采"看余杭。余杭区以世界的眼光审视自身的发展,高效利用两个市场、两种资源,以开放促改革、促创新、促发展,坚定不移走人才引领、创新驱动发展之路,聚焦科学前沿、国家战略和发展需求,着眼全域布局创新引擎、完善创新生态,构建全球人才蓄水池,持续打造"全域创新策源地"。

(一)坚持人才引领发展之路,构建全球人才蓄水池

在推进中国式现代化的新征程中,余杭围绕"建设杭州城市新中心,争当'两个先行'排头兵"的奋斗目标,紧扣打造人才核心区这一重点任务,与广大人才携手,"汇聚人才新动力,共建城市新中心",坚持人才引领、创新制胜,把人才与发展、产业密切衔接,进一步优化各领域人才工作布局,持续深化人才体制改革,着力建设最优创新策源地、最优人才集聚地、最优成果转化首选地,为杭州建设"创新创业的新天堂"贡献余杭力量,展现余杭担当。余杭区以最大力度推进人才工作改革,以最快速度建设科研重器,以最高规格打造"人才雁阵",以最优服务涵养人才生态,构建多渠道、立体化、全方位的人才"引育留用"生态链。在未来科技城试点基础上,全域推进国际化高端"人才特区"建设。抢抓人才加速流入的"窗口期",全面释放"顶尖人才引育""人才创业险"等黄金政策的黄金效应,不断完善国际社区、国际学校、国际医院等相关配套,依托海外"千里马驿站"、梦想小镇沪杭创新中心、合

杭梦想小镇、国际人才园等"人才飞地"和"本土园区"，统筹开发利用好国内国际两种人才资源，努力打造全球高端人才"蓄水池"。尊重人才主体地位，完善人才培养、评价、激励机制，建好用好"院士之家""诺贝尔奖工作站""浙江人才大厦"等平台，强化创新载体、高等院校和龙头企业对人才的吸附效应。深化人才创新创业全生命周期"一件事"改革，着力打造"我负责阳光雨露，你负责茁壮成长"的"热带雨林式"人才创新创业生态系统，加快建设全国"双创"示范城引领区。具体实践中，余杭加大顶尖人才培育力度，并通过实施梯队人才计划，形成高层次人才、科技领军型人才、优秀青年人才和团队每年继续保持较大数量的增幅态势，打造"人才雁阵"格局。构建三级科创平台矩阵，发挥好之江、良渚、湖畔、天目山四大实验室"人才引领、创新制胜"发展联盟作用，全力服务保障科研重器；深化与"名校名院名所"的战略合作，实施"博士后双倍增"、"大学生就业第一站"、"未来青苗"实习等专项行动计划，建立完善校地合作创新机制；构建专项服务机构平台体系，积极招引行业百强人力资源服务机构，建立人才智库联盟，推行"引才使者"制度，加大引才荐才奖励。余杭精准谋篇人才产业布局，构建涵盖各领域的人才谱系，瞄准数字经济、生命健康等重点领域，推行"领军人才＋创新团队＋人才项目"一体化引培模式；探索"院校＋园区＋龙头企业"协同创新合作模式，共建产业创新联合体；推行科技成果"沿线入链"创办企业模式，以人才集聚带动产业集聚。余杭区厚植近悦远来的人才生态，不断推进一体化、国际化、数字化人才服务，实现人才服务一站办理、提供国际化高品质生活保障、深化"人才贷＋人才投＋人才保"金融服务、迭代人才项目全生命周期管理系统。

（二）推动"双引擎"驱动创新，壮大数字经济发展新动能

以数字化改革撬动各领域各方面改革，全面建设全国数字经济先行区、全国数字生活引领区、全国整体智治示范区。做优做强数字经

济、生命健康、新材料等战略性新兴产业、未来产业,坚定不移实施好数字经济"一号工程"和"新制造业计划"。深入推进"三化融合",在扩增量、优存量、提质量过程中加快实现产业基础高级化、产业链现代化。巩固数字产业化优势,依托阿里巴巴等龙头企业,持续做强电子商务、云计算、大数据等产业,抢抓在线新经济"风口",发挥好未来科技城中国(杭州)直播电商产业基地、余杭经济技术开发区中国(余杭)品牌直播产业园、良渚新城淘宝直播综合体等平台集聚优势,做优直播电商产业,打造全国直播经济第一区。提升产业数字化水平,大力发展精密制造、智能机器人、集成电路(芯片)等数字经济基础、核心产业。依托国家工业 App 创新中心、服务型制造研究院等平台,促进数字赋能制造业发展,鼓励企业建设无人车间、"黑灯工厂"。把握城市数字化机遇,聚焦"六新"建设、完善 5G、大数据中心、超级计算中心等数字基建,不断创造新科技、新场景、新产品,加快形成经济新的增长点。加快政府数字化转型,持续做优做强"城市大脑·余杭"平台,用好"亲清在线"等核心应用场景,打造线上线下办事大厅,倒逼行政流程再造,以数字赋能推进政务领域"机器换人"。在"八八战略"的指引下,余杭已经锚定打造"四高地、一基地"的蓝图,走新型工业化道路。打造全球数字经济创新高地,聚焦新一代人工智能、5G 物联网等关键产业。实施"新制造业"计划,培育数字化车间,实施工业互联网试点项目。打造全球生物医药研发高地,引进培育一批创新药物成药性评价、智能诊疗设备创新中心等公共服务平台,科学布局生物医药、医疗器械产业园,推动创新成果产业化落地,实现生物医药制造业产值快速增长。打造全球未来产业发展高地,聚焦前沿新材料、车(飞)联网、区块链等新兴产业,实施未来产业孵化与加速计划,推进中国(杭州)航空科技小镇建设,创建人工智能创新发展区、全省未来产业先导区。打造全球科技企业和顶尖人才创新研发总部基地,坚持招商引资"一把手"工程,深化驻点招商、"小分队招商"、"敲门招商"等招引方式创新,聚焦"链主型"企业,落实"链长制"招引,大力引进一批"双引擎"、总部型优质项目,引导总部经济集聚发展。发挥重点城市招商中心、人才驿站作用,大力招引带优质项目的院士专家、省"鲲鹏计划"人才。经过不断发展,余杭"块状经济"向技术密集、资本密集、人才密集的高端产业升级。

(三)发展高水平开放型经济,建设世界一流中心城区

在"八八战略"指导下,落实长三角一体化发展国家战略,主动把推进"三个全域"建设同落实长三角一体化发展国家战略相对接,以争当新时代发展排头兵的姿态,在长三角区域打造"一极三区一高地"进程中多作贡献、展现担当、发展自己。具体实践中,余杭区明确自身定位,精心规划方向路径,提出"1+5+5"的总体思路,包括:一个总体定位,即全力打造杭州接轨大上海融入长三角桥头堡;五个目标定位,即打造长三角数字经济协同创新中心、长三角未来城市发展新标杆、长三角大良渚文化圈核心地、长三角国际化高端人才特区、长三角幸福美丽大花园精品板块;五大工作体系,即共建一体化城乡融合体系、一体化协同创新体系、一体化绿色发展体系、一体化对外开放体系、一体化公共服务体系。建设世界一流中心城区方面,深度参与杭州大都市圈发展,融入杭合创新带、杭宁生态经济带建设,共建杭湖一体化、杭州大城西一体化发展示范区。全面扩大开放合作,高标准建设中国(浙江)自由贸易试验区杭州联动创新区余杭片区,推进杭州跨境电商余杭园区建设,增强全球资源配置能力。服务保障 2023 年亚运会和亚残运会,推进亚运城市行动,提升城市国际化水平。持续改善营商环境,深化"信用余杭"建设,全力打造市场化、法治化、国际化的一流营商环境。扎实做好东西部协作、山海协作、对口合作、区县(市)协作、联乡结村等工作。以世界一流标准,构建"一廊"辐射、"一轴"串

联、"一心"引领、"三片"共兴的空间发展格局。建设世界一流中心城区,高水平规划建设城市门户、地标建筑、地下空间和生态廊道,打造未来科技文化中心等现代建筑群,着力补强城市核心功能,奋力向世界一流中心城区迈进。大力引进世界 500 强、行业龙头等企业总部,打造超级总部基地。完善区域内部及连杭接沪交通体系,助推杭州都市圈轨道交通"一小时通勤圈"建设,加快杭州中环(余杭段)建设,保障城西高铁枢纽、地铁项目实施,打通大动脉、畅通微循环,打造"以轨道交通为引领、快速路为骨架"的内畅外连的综合交通立体网。

二、发挥余杭人文资源优势,打造历史文化名城新中心

一个城市的历史文化是前人智慧的积淀,是城市品质和特色的重要标志。余杭区有丰富的历史文化遗存,既有实证中华 5000 多年文明史圣地的良渚古城遗址,2000 多年融通南北、连接八方、开放包容的运河文化,又有西溪、径山等独特文化聚落,还有存量较为丰富的红色文化。余杭发挥自身人文资源优势,坚持在保护中发展、在发展中保护。一方面高度重视历史文化保护,努力提升良渚文化的知名度和影响力,加强运河、径山、苕溪、宋韵等文化品牌的打造,借助红色遗址建立爱国主义基地。另一方面,大力发展文化产业,推进文旅融合,将文旅资源转化为发展资源,让群众精神文化生活更加丰富多彩。

(一)厚植文化沃土,擦亮中华文明圣地"金名片"

良渚古城遗址的发现在中国乃至世界考古史上都有重要的意义。一方面,良渚古城遗址是中华五千年文明的第一证。在西方考古界的语境中,古老的中国文化仅始于殷商时期,中华文明五千年的文明史受到质疑。良渚文化遗址中精湛的玉器工艺及其所表征的社会礼仪制度、与物质文化相分立的独立的精神文化、高度分化的身份等级和

聚落等级、早期城市规划与大型工程营建及其社会组织系统、世界上最早的大规模犁耕稻作农业等发现,证明良渚社会已进入事实上的文明时代。五千年前的古老中国与尼罗河流域的古埃及、两河流域的苏美尔以及印度河流域的哈拉帕同时期进入了国家文明社会阶段。另一方面,良渚文明动摇了中华文明起源的"中原中心论""黄河中心论"。证明长江流域并非传统观念所认为的蛮夷之地,它也孕育着中华早期文明,中华文明在起源上呈现出多元一体的结构。2003 年 7 月,时任浙江省委书记习近平来到良渚遗址调研,在当地博物馆的一个小会议室里,他观看了良渚文化保护纪录片,听取了相关情况汇报。会后,习近平说:"良渚遗址是实证中华 5000 年文明史的圣地,是不可多得的宝贵财富,我们必须把它保护好!"此后余杭区政府进一步加大了对良渚遗址的保护力度。2007 年,格局完整、规模宏大的良渚古城重现人间。2009 年至 2015 年,良渚古城外围水利系统显露真容。2016 年,良渚遗址进入申遗时代,申遗项目全面推进。2017 年良渚遗址申遗工作列入浙江省第十四次党代会、杭州市第十二次党代会、余杭区第十四次党代会报告,余杭区良渚遗址申遗和良渚文化国家公园建设工作指挥部实体化运作,与属地镇(街道)共推良渚遗址申遗。杭州市委、市政府建立杭州市良渚遗址申报世界文化遗产工作领导小组。《良渚古城遗址申报世界文化遗产名录提名文本》按时正式递交联合国预审,取得反馈意见。考古学家科林·伦福儒、国际古迹遗址理事会专家道格拉斯·考莫、迈克尔·皮尔森等数十位考古专家实地考察良渚遗址,国际主流学术界逐渐接受中华五千多年文明史的观点。实施湿地恢复、覆土保护、绿植标识等多个遗产区项目工程。以绿植标识、模拟复原、数字演示为主要手段,良渚古城遗址核心区城墙勾勒、砂土广场、宫殿基址、古河道等展示效果基本成形;瑶山遗址的保护展示、环境整治工程基本完工;良渚国际考古保护中心、反山片区展示中心和良渚博物院陈列改造,良渚古城遗址整体格局和"现场＋场馆"的综合展示体系初步成型。2019年7月,在里海之滨的阿塞拜疆首都巴库,第43届联合国教科文组织世界遗产委员会会议将良渚古城遗址列入《世界遗产名录》,良渚申遗成功。但良渚遗址的宣传工作并未停止,而是更加如火如荼地进行,良渚进入后申遗时代。余杭区加强后申遗时代良渚国家文化公园规划建设,做好科学保护、系统研究、永续传承、活态利用,抓好本体保护、遗产展示、公园提升、环境整治等工作。加强遗产区和缓冲区"日常巡查＋科技预警",建设遗产保护管理"数字驾驶舱"、"数字大脑"。启动良渚古城南城墙、外围水利系统老虎岭遗址保护工程。出版"大家论良渚"系列丛书、《良渚》融媒体出版物、《良良的古城世界》手绘本等著作和科普读物。联合央视新闻、新华社、抖音等平台,推出良渚文化"云展览""云春游""云直播""夜游博物院"等活动,吸引在线观众上亿人次。推进世界遗产(良渚古城遗址)金银币、"亚洲文明"系列邮票发行。举办"杭州良渚日"系列活动,成立良渚文化全国研学联盟。与北京大学、复旦大学、浙江大学等多所高校院所合作设立教学基地,常态化开展人才交流、课题研究等合作;实施"薪火传承""良渚讲堂"计划,开展人才培养、文化宣讲、对话交流等工作。组建良渚文化保护研究基金会,成立良渚文化志愿者总队,集中社会各阶层力量保护和宣传良渚文化。

(二)扩展文化空间,打响文化文明新品牌

在"八八战略"指导下,余杭区政府推动大径山高质量发展,全力擦亮大径山农文旅融合发展的"金名片",真正让秀美山水和底蕴潜力变为百姓的财富、乡村的产业。政策层面,强化项目意识,始终把重大文旅项目作为发展的"压舱石"和"撒手锏"。加大招引力度,加快提升区域公共服务能力水平。管理层面,进一步优化工作机制,加强部门镇街协调联动,共同推进大径山区域联动发展、协调发展、整体发展。

同时，充分发挥国企改革的突破和先导作用，加大资源整合力度，提高市场化运营水平，在项目招引、产业发展等各方面展现国企更大担当，把径山茶打造成为余杭文化的"金名片"、乡村振兴的"金钥匙"、实现共富的"金叶子"。具体实践中，从体系规划上入手，坚持政府推动、企业主导，保障径山茶产业用地需求，优化设施用地审批流程，进一步完善径山茶产业发展相关政策，实现径山茶产业可持续发展。在生产技术上攻关，依托科技创新、科技赋能，做精做优茶叶品质，促进径山茶企业发展提质增效。在融合发展上探索、活化径山茶文化展示，拓展相关衍生品品类，大力推进茶文旅融合发展，聚焦特色、以点带面，促进共同富裕。在销售渠道上，探索建立"互联网＋茶产业"的供销模式，建立"茶仙子"共富工坊，利用党群服务阵地建设电商直播平台。依托径山乡村新社区党建联建机制，联合周边双溪、平山等村，与多家企业"联姻"，工坊以电商新业态为手段，不断壮大产业供应链，打通特色产业供销渠道，主打绿茶、红茶、抹茶等径山茶产品。从历史文化中深挖径山茶文化，进一步讲好径山茶故事，提升品牌知名度、美誉度、带动力，将文化优势转化为发展优势，持续擦亮径山茶这张"金名片"。

加强大运河（余杭段）国家文化公园建设，让"流动的文化"绽放光彩。流经余杭区的东苕溪、西塘河、余杭塘河和杭州塘，凝聚了良渚、筑塘、漕运、商贸等代表性文化，从良渚到未来科技城，从 5000 年人类文明标识到未来科技加持的新兴板块，余杭区运河所流经的是杭州大运河文化体系中最古老而又最前沿的流域。运河文化公园（余杭段）的建设重点围绕运河西部水乡粮仓核心展示园和三白潭湿地及东塘湿地、余杭古城、西溪闲林湿地等多处特色展示点展开。展示包含大运河漕运仓储文化、历代仓储技艺创新精神，以及运河水乡田园文化。具体实施上，构建文化格局，沿河形成各具特色的文化片区；塑造文化地标，强化各类地标在文化展示和文化旅游中的灯塔作用；塑造特色山水景观,结合地标、重要历史文化资源点、河湾岔口、河流交汇处、山河景观界面,塑造重要历史文化点景观视廊,形成特色山水景观格局;构建题名景观,承袭现存的历史题名景观,恢复已消失的题名景观,增加新题名景观,打造大运河沿线特色百景图。

此外,余杭区还在红色文化的传播、文化的数字治理、文化新风的涵养等方面作出了突出成绩。一是以鸬鸟镇新四军被服厂旧址、西南山新四军烈士墓、黄湖镇革命老区董素芳墓、黄湖镇木鱼岭抗日纪念亭、余杭抗战纪念馆等红色遗址为平台,建设爱国主义基地,保护和传承红色革命文化。二是积极创建全省文化传承生态保护区,以现代科技赋能文化传承创新,突破历史文化古迹和现代文化载体的时空距离,深入实施"城市记忆工程",实现文化与科技的双向赋能。三是涵养人人讲文明的时代新风。积极培育和践行社会主义核心价值观,大力弘扬"红船精神"、浙江精神、伟大抗疫精神;创新打造理论宣讲、学习传播的重要阵地和发声平台,完善志愿服务体系,推进公民道德建设,构建覆盖区、镇(街道)、村(社区)的三级新时代文明实践体系。持续开展文明单位、文明村镇、文明校园、文明家庭创建等活动,深化"余杭好家风""最美"系列选树工作,推动城市新增人口文化融入、情感认同,让新老余杭人都成为文明代言人。四是厚植处处皆繁荣的文化沃土。深入实施文化惠民工程,高质量建设区博物馆新馆、美术馆等重大文化设施,建强用好农村文化礼堂、社区文化家园等文化矩阵,推动公共文化产品的高端创作、精准供给,不断点亮群众精神文化生活。把握杭州前亚运、余杭后申遗契机,构建文旅农商体科多元融合发展格局,传承良渚稻作文化,加强地方名特优农产品品牌保护,延续"鱼米之乡、丝绸之府、花果之地、文化之邦"美誉,深入推进全国文旅融合样板区建设。突出发展数字内容产业,不断壮大设计服务业、创意生活业和文化制造业,打造具有影响力的文化产业集群。

三、发挥余杭自然资源优势,打造生态文明之都新中心

建设现代化国际大都市是杭州市践行"八八战略",立足新发展阶段提出的战略目标,余杭区服务全市大局,优化空间布局,提升城乡品质,增强综合能级,持续建设"全域美丽大花园"。总体发展模式上,高标准推进碳达峰碳中和工作,促进经济社会发展全面绿色转型。城区建设上,锚定"美丽之窗"建设目标,擦亮高品质都市生态底色。乡村建设中,积极建设美丽乡村,探索生态共富路。

(一)高标准开展生态治理,促进社会发展绿色转型

余杭区坚持以"八八战略"思想为引领,深入学习贯彻习近平总书记关于碳达峰碳中和的重要论述精神,把碳达峰碳中和纳入全区经济社会发展和生态文明建设整体布局,强化技术创新与数字赋能双轮驱动,推进经济社会绿色低碳高质量发展。建立健全碳达峰"数智"管理体系,分步推进能源、工业、建筑、交通、农业、居民生活等领域达峰行动,全面实施减污降碳协同治理。推进"五气共治",优化空气质量。下一步,余杭区将坚决贯彻落实中央和省、市重大决策部署,紧紧围绕"落实'双碳'行动,共建美丽家园"目标,依托深厚自然生态资源禀赋,发挥创新策源优势,坚定不移走好绿色低碳高质量发展之路,为全省发展大局作出余杭新贡献。加强校地合作,浙江大学环境与资源学院将结合区域生态文明建设对技术创新的总体需求,聚焦余杭区减污降碳、水土协同治理、生态环境大数据等领域开展技术攻关,探索绿色低碳转型和"绿水青山就是金山银山"转化路径,为生态环境建设提供全方位、多元化的科技创新服务和系统解决方案。校地双方将依托实践基地开展生态文明调研、教育、培训、科普合作,通过红色党建高地、绿色项目阵地、成果转化窗口、教育实践基地四项共建内容,以实现从科

学到技术的转化为核心功能,共谋生态发展领域校地合作的新途径、新模式和新内涵,形成"优势输出—成果转化—企业孵化—产业升级—效益提升—社会认可"的良性循环,构建属地优势资源汇聚、反哺地方产业发展的良性生态,为余杭区生态文明建设赋能续航。余杭区作为国家级生态文明示范区,也是全省首批、全市唯一减污降碳协同试点区,在生态文明建设先行示范中跑出了"余杭加速度",开通了余杭生态文明建设领域的校地合作"直通车",引领余杭区生态文明之都新中心建设进入新阶段。

(二)高水平推进城市建设,绘就品质都市生态底色

余杭区实施"五水共治"行动方案,巩固深化"清三河"治理,将"清三河"河道整治工作列入全区重大工作专项,并逐步建立起区、镇(街道)、村(社区)三级全覆盖的河长制管理网络;明确截污纳管、农村生活污水治理、河道疏浚清淤、农业面源污染治理、河道生态修复等为黑臭河道整治工作的重点,制定"一河一策"治理方案;开展"五水共治·全民行动"专项行动,集中开展河道垃圾清理工作,推进河湖库塘清淤工作,以网格化联动管理为依托,开展小微水体治理,在径山、闲林等镇(街道)探索实践小微水体网格化管理机制,落实"小微水体"管控责任,健全完善"河长制"。通过专项行动,余杭区治水工作实现全流域覆盖,基本形成全民治水的局面,基本实现水环境质量"三全一提升",基本形成一套有效的"五水共治"工作机制。开展"靓城行动",区住建局(区靓城办)全面牵头"靓城行动"(东部崛起)建设工作,统筹项目推进;制定督查考核办法,加强项目督查整改,推动落实"不靓点位"整改;开展"靓城在行动——余杭绿道健走大赛""代表委员走进靓城"等群众性活动,提高靓城行动群众知晓度、参与度和满意度。加强城区绿化建设,推进绿道建设,市区绿化面积逐步提升。开展"三改一拆"(城中村改造)专项行动,处置违法建筑、改造旧厂区旧住宅、征迁

城中村,开展拆后土地利用,加大拆后分类利用力度。落实"万顷湿地、万里碧水"工程,推进大运河(余杭段)、苕溪流域等生态保护,加强梦溪水乡、南湖、北湖、三白潭等湿地资源保护利用,打造世界级"湿地水城"典范。加强对和睦水乡、北湖草荡、丁山湖等湿地资源的保护利用,全力打造"湿地水城"典范。以"三线一单"为约束,健全生态环境分区管控体系,构筑生态安全屏障。制定生态保护红线、环境质量底线、资源利用上线和生态环境准入清单。实施"绿化余杭"行动,落实最严格野生动植物保护制度。严格实行生活垃圾"三化四分",实现生活垃圾零增长、零填埋。落实最严格生态环境保护制度,让绿色成为余杭发展最动人的色彩。持续实施蓝天、碧水、净土、清废四大行动,高标准打赢污染防治攻坚战。积极争创国家生态文明建设示范区,持续推进"美丽河湖""污水零直排区""无废城市"创建。深入实施"城市环境大整治、城市面貌大提升"行动,以"绣花"功夫抓好城市管理。利用区域内丰富的生态资源,初步形成了以森林为主体景观,地质、水域、人文等景观有机结合,颇具余杭特色的森林生态旅游格局。

(三)高质量推动乡村振兴,建设宜居宜业和美乡村

全面落实乡村振兴战略和大花园建设行动,围绕全区"全域美丽"建设总体部署,以农文旅聚合、产村人融合发展为方针,推进美丽乡村建设和农村人居环境整治提升行动,深化全域环境整治,做优乡村景观风貌,强化人文内涵展现,完善农村公共服务,营造文明和谐乡风,发展乡村旅游和农村新兴产业,打造经济发达地区美丽乡村建设的余杭样板。开展美丽乡村专项行动,推动美丽乡村精品村创建和精品区块(线路)建设。创建农文旅融合发展示范村,推动美丽乡村从"建设"到"经营"转型升级。指导农文旅融合发展示范村创建,以基础配套、文化植入、产业培育为重点,推动产业深度融合。提升农村人居环境,根据中央和省市农村人居环境整治工作整体部署,余杭区加强农村人

居环境治理,实现了农村生活垃圾分类处理和城乡一体化保洁全覆盖、农村生活污水处理设施运行维护管理全覆盖,村村建有标准公厕。开展村级公共服务设施长效管护,将村内公共活动场地、配套设施、景观节点等村级公共服务设施纳入长效管护范围,减轻村级负担,巩固美丽乡村建设成果。建设市级美丽乡村,塘栖镇塘栖村水乡人家、运河街道杭南村、良渚街道新港村等市级精品村完成项目建设,运河街道双桥村、塘栖镇丁河村市级精品村建设项目启动。推动休闲观光农业(农家乐)发展,成立余杭区民宿农家乐行业协会,开展民宿(农家乐)等级评定工作,推进省级休闲乡村、省级农家乐集聚村、区级民宿重点培育村、"六统一"民宿管理村建设等项目,完成"小精美"特色民宿、新开办民宿、农村闲置房发展民宿等奖励项目的实施建设。实施西部富美"1355"计划,开展"环境提升、产业发展、民生改善"三大攻坚行动,推进"产业富美、生活乐美、生态秀美、数字智美、精神和美"五大类项目。落实"强村富农"新政,推广应用"浙农码",实现农产品赋码运行。实施新一轮"四好农村路"行动,争创"四好农村路"全国示范县。作为"国家生态文明建设示范区",余杭区坚持以"生态美"促"共同富",探索多领域、多层级、多样化低碳零碳化发展模式,特别是以数字化改革为牵引,发挥数字经济高地优势,打造"余杭碳眼"场景应用。推动数智技术与"双碳"实践的融合创新,实现污染物及碳排放情况动态监管、科学评估,让数智技术与能源消费、低碳生活等领域深度融合,打造碳达峰碳中和的余杭模式和样板。径山镇积极探索打造可复制、可推广的低碳管理场景"径山模式"。创建了"无保洁员"制度,全力打造低碳排污示范场景;建设低碳绿道,着力打造低碳人居示范场景;安装"零碳"公交车站等设备,完善区域交通配套设施,聚力打造低碳旅游示范场景。积极开展美丽庭院创建,着力提升人居环境,打造村民安居乐业的美好家园。深入实施"千村示范、万村整治"工程,建好美丽城镇和美丽乡村，努力实现全域景区绿化连片提升；积极拓宽绿水青山向金山银山转化通道，做大做强美丽经济，把生态优势转变成发展优势。统筹抓好乡村振兴和城乡融合发展，打通城市优质资源向农村延伸、绿水青山向金山银山转化"两大通道"，大力发展美丽经济，打造美丽城镇和美丽乡村建设升级版，将余杭农村建设成为宜居、宜业、宜游的"城市后花园"。

四、发挥余杭治理优势，建设最具幸福感城市新中心

在"八八战略"的指导下，发挥余杭治理优势，提升人民生活满意度、幸福度。实施教育高质量发展奋进计划，实现"三年大变样、五年攀高峰"。依托浙大一院总部，推进优质医疗资源扩容和均衡布局，高质量建设健康余杭。强化多层次社会保障和救助体系，加快养老、托育服务供给扩大和质量提升，完善覆盖全人群、全周期的高品质公共服务。推进以人为本的现代化基础设施建设，建设交通畅达余杭。深入开展文明城市创建，全面提高社会文明程度和市民文明素质。推进政府治理能力现代化，始终把坚持和加强党的全面领导贯穿政府工作全过程，打造适应新时代的高素质专业化干部队伍。围绕现代政府建设要求，完善政府各项工作制度和运行机制，构建上下贯通的抓落实体系。推进多规融合，健全规划实施机制和保障体系。完善源头治理、风险防范、应急管理闭环管控体系，夯实基层社会治理，打造高水平平安法治余杭。健全行政权力运行制约和监督体系，自觉接受党内监督、人大监督、民主监督、司法监督，加强行政监督和审计监督，完善社会监督和舆论监督机制。着力打造法治政府、创新政府、廉洁政府，持之以恒加强政府系统党风廉政建设，提升行政效率和政府公信力。

（一）优化治理理念，绘就幸福美好生活新画卷

以满足群众对美好生活的向往为落脚点，不断加强教育、医疗、养

老等重大民生投入,持续改善民生事业,切实增强群众获得感、幸福感。其一,高标准实施"美好教育工程",办好人民满意的教育。全力推动基础教育优质均衡、真正办好人民满意的教育,为建设杭州城市新中心,争当"两个先行"排头兵贡献教育力量。抢抓城西科创大走廊高质量融合发展机遇,加快推动全区教育水平实现弯道超车、跨越式发展。同时注重用好名校长名师工作室,充分发挥示范引领作用,加快锻造高水平师资队伍。余杭将全力以赴做好服务保障工作,当好教育先行改革试验田,让更多教育领域的改革举措、先行思路在余杭落地生根、开花结果。其二,完善医疗体系,深化健康余杭建设。实施"15+X"健康余杭行动,加大优质医疗资源引进和下沉力度,提升医疗救治能力。开工建设区五院改扩建项目,加快推进良渚医院整体迁建、华润国际医疗中心等项目建设,确保浙大一院余杭院区建成投用,社区卫生服务站全部达到省级规范化标准。强化医疗卫生队伍建设,持续推进"名医名护名科"培育行动。深化公立医院改革和医共体建设,完成社区卫生服务站新改扩建任务。其三,健全完善"一老一小"服务体系,推进实现人的全生命周期公共服务优质共享。迭代升级"舒心养老""舒心育儿"场景应用,让最具幸福感城市的新中心建设看得见、摸得着,更加真实可感,持续提升人民群众的获得感、幸福感、安全感。要加大硬件建设力度。坚持目标导向、问题导向,着力补短板、强弱项,加快推进区级养老服务中心等公共服务设施建设,结合未来社区建设,按照"一统三化九场景"要求,统筹"一老一小"服务设施数量、规模和布局,积极探索社区"嵌入式"居家养老服务、机构化专业养老服务、企事业单位办托及幼儿园办托等养老托育服务模式,加快形成兜底性、普惠性、市场化相结合,满足多渠道、多元化、多层次需求的"一老一小"服务体系,织牢织密民生保障网。要加大政策支持力度。立足发展现状,聚焦群众所需,以扩大服务供给、优化发展环境、加强监管服务为着力点，加快制定完善更有针对性、更具可操作性、紧密结合余杭实际的"一老一小"政策支持体系，更好地调动社会力量参与"一老一小"服务体系建设，为"一老一小"等养老托育服务事业健康发展提供更有力的支撑和保障。要加大宣传引导力度。进一步强大声势、浓厚氛围，及时把"一老一小"工作成效向群众宣传好、展示好，抓紧把"瓶窑奶奶"等志愿服务的好经验好做法总结好、推广好，进一步凝聚政府、市场、社会、个人等多方合力，营造全社会关心支持"一老一小"工作、共建共享品质生活的良好氛围。推进居家养老服务中心建设，实施"扩中""提低"改革，稳步提升社会保障水平。区住建局全力推进加装电梯这一民生"关键小事"，在落实加装电梯实施意见的基础上，不断优化审批流程、落实财政补助政策。同时以安置房小区、老旧小区改造等为重点突破口，积极推行"成片化""整体化"电梯加装，形成余杭"加梯"工作的特色亮点。加快构建居家养老"15 分钟服务圈"，建设镇（街道）级居家养老服务中心、示范型居家养老服务照料中心，打造一批医养结合的养老服务综合体，提升养老服务品质。其四，实施"交通畅达工程"，高水平构建便捷高效的综合交通体系。围绕城市新中心整体建设要求，对标群众日益增长的出行需求，持续完善交通路网体系，提高交通服务水平，优化城市空间格局。强化顶层设计，做好规划衔接，紧盯重点部位、关键环节，统筹通行需求和风貌打造，进一步优化完善设计方案，以项目建设带动沿线环境面貌改善，更好地展现杭州城市新中心的风范风采。强化服务保障，明确节点、倒排工期，加强土地、资金、政策等要素支撑，采取有力措施加快项目推进，确保项目早开工、早建成、早见效，让广大人民群众早日共享"交通畅达工程"建设成果。优化空间布局，为建设杭州城市新中心提供强有力的交通支撑。全力攻坚重大交通基础设施建设硬仗，加快推进东西向快速路建设；高品质建设"八口八线"美丽公路和"四好农村路"，打造一批连城接乡、串珠成链的经济动脉。

(二)提升治理水平,建设共同富裕现代化基本单元

"今天的浙江"正在为"明天的中国"探路、闯关和破题。余杭区以未来的眼光审视自身发展,为践行"八八战略",打造"浙江之窗"提供更多余杭素材、余杭样本、余杭经验。围绕"七个先行示范目标、七项争先举措"部署,精准把握"六个方面要求",提升城市现代化水平,缩小城乡发展差距,奋力打造共同富裕示范先行区。构建"1+5"山城协作联合体,建立未来科技城与西部五镇的产业联动机制,激发产业发展活力。落实《余杭高质量发展建设共同富裕示范先行区实施方案(2021—2025年)》,率先展现共同富裕美好社会的基本图景,为全市、全省乃至全国贡献示范样板。推动新型城镇化和乡村振兴全面对接,建设未来社区、乡村新社区等共同富裕现代化基本单元,加快形成城乡统筹协调、区域均衡协同发展格局。坚持"做大蛋糕""分好蛋糕"相结合,提升经济发展质效,拓展城乡居民创新创业、创收创富渠道。发挥慈善等第三次分配作用,完善低收入群体、困难群众兜底保障标准动态调整机制,着力缩小地区、城乡和收入差距,率先形成以中等收入群体为主体的橄榄型社会结构。深入推进"强村富民"乡村集成改革试点。助推农村"富余劳动力"就地转化为"富裕新动力";坚持部门集成、镇街统筹、村企协同,在全局上做好统筹,力量上做好聚合,政策上做好集成,保障上做好链接,以更强的合力推动"共富工坊"建设;着力提升工坊的品牌化经营,培育一批有特色有影响力的示范工坊,打造具有余杭辨识度的"余上富美"共富工坊品牌。

(三)增强治理效能,谱写平安法治余杭建设新篇章

高标准谋划平安法治建设,探索加快推进社会安全体系和能力现代化,建设更高水平"平安余杭"的方案,规划更高水平建设"平安余

杭"的行动纲领,全力以赴防风险、保安全、护稳定、促发展,精准把握全区平安态势,精细创建平安村社、平安家庭、平安行业等最小单元。以数字治理赋能平安建设,深化全省首家数字治理中心建设,完善平安风险预测预警防控,全省数字法治重大平台区县示范应用,实现跨部门、跨领域、跨区域风险预警全覆盖,为平安创建提供了强劲驱动力。狠抓矛盾化解。发挥三级社会矛盾纠纷调处化解暨综治中心"矛盾纠纷一站式接收、一揽子调处、全链条解决"的作用,落实领导接访下访和包案化解工作机制,着力化解各类信访案件和重大历史遗留问题。高度重视涉疫情矛盾纠纷的排查和防范化解工作,加强分析研究,积极协调解决,做到抓早抓小、应调尽调。狠抓专项行动。坚持问题导向,深入开展道路交通安全、安全生产、命案防控、电信(网络)诈骗防范、消防安全、平安宣传等六大平安建设专项行动,全力消除各类安全隐患,严防重特大安全事故的发生。紧盯"打伞破网""打财断血",扎实开展"十大专项行动",持续打击黑恶势力违法犯罪,奋力夺取扫黑除恶专项斗争全面胜利。狠抓风险防控。打好重大风险防范化解硬仗,探索开发社会风险"五色图",提升风险预测预警预防能力,切实推动风险防范关口前移。不断完善自然灾害、重大舆情等风险防控管理和应急处置机制,科学做好防汛防台和抢险救灾工作,维护人民群众生命财产安全。统筹发展和安全,牢固树立"大平安"理念,坚持底线思维、强化风险意识,深入实施"区域五治",持续推进"全域治理现代化"。夯实社会平安稳定基础。建立健全重大决策风险评估机制,不断完善风险预警监测、及时处置、舆情应对等工作体系,牢牢掌握防范化解风险的主动权。全面落实安全生产责任制,切实抓好道路交通、建筑施工、消防品、食品药品、危险化学品等重点领域的安全监管,提升应急管理数字化水平,保障人民生命财产安全。实施"县乡一体、条抓块统"改革,持续推进"一中心四平台一网格"区域社会治理体

系建设,构建高效协同基层治理格局。深入开展领导接访下访和包案
化解工作,着力化解各类信访案件和历史遗留问题。推进扫黑除恶长
效常治,严厉打击黑恶势力、新型网络犯罪等。数字赋能基层社会治
理。坚持"线上＋线下"深化三级社会治理综合服务中心建设,依托
"云上中心"整合"三源治理",确保矛盾纠纷调处化解"最多跑一地"
"解决在当地"。推进"城市大脑"与"镇街小脑""村社微脑"实时交互,
加快打通智治"最后一公里"。提升平安建设精密智控水平,实现由
"经验决策"向"大数据决策"转变。借着"杭州城市大脑"加快建设的
东风,与阿里巴巴集团等高科技企业合作研发了国内首个社会治理智
慧平台,在社会治理现代化的道路上按下了从"治安"到"智安"的快捷
键。持续完善数据驱动、人机协同、跨界融合、共创共享的数字化社会
治理模式。认真学习贯彻习近平法治思想,全面提升依法治理水平。
加强党内法规执行工作,强化法治政府建设,促进党委依法执政、人大
依法监督、政府依法行政、政协依法履职和司法机关公正司法。深化
法律顾问体系建设,实施好"法律援助惠民工程",加快建成覆盖城乡、
便捷高效、均等普惠、智能精准的现代公共法律服务体系。持续加大
"互联网＋普法"应用力度,加快形成"大普法"格局,促进全民守法,建
设法治社会。

(四)提升治理能力,建优建强素质全面过硬党组织

高水平建设杭州新中心,争创社会主义现代化先行示范区,关键
在党、关键在人,必须坚持党的全面领导,充分调动一切积极因素,广
泛团结社会各界力量。进一步造浓团结奋斗干事创业的氛围,持续深
入学习习近平新时代中国特色社会主义思想,并以此为根本遵循和强
大动力,推进各项工作落实落地。建立健全不忘初心、牢记使命长效
机制,压实意识形态责任制,加强队伍思想淬炼、政治历练、专业训练
和实践锻炼,推动广大党员干部增强"四个意识"、坚定"四个自信"、做

到"两个维护"。进一步锻造想为善为有为的干部队伍,不断提升干部能力素质,全面擦亮"守正创新、唯实争先、大气开放"的余杭干部品牌,着力打造一支适应社会主义现代化建设需要的干部队伍。进一步建优建强全面过硬的基层组织,深入开展村社带头人"红雁行动",推进"一肩挑"后村社骨干队伍教育管理,探索建立相应的村社权力运行和监督机制,建设担当有为的基层"领头雁"队伍。聚力党建引领乡村振兴,广泛建立产业党建联盟,探索乡村区域协同发展模式,抓好村级班子整固提升,不断增强村级"造血"功能。深耕党建引领社区治理,深化小区党建等工作,补齐基层治理短板。深入推进以整园建强、整楼推进、整线突破、全面提升为主要内容的"三整一全"建设工作,发挥全区数字经济综合党委牵头抓总作用,聚焦 5G、直播电商等数字经济新领域,打造数字经济"党建矩阵"品牌,持续推进两新组织扩面提质。进一步锤炼为民、务实、勤俭的优良作风,以持之以恒、久久为功的韧劲纠治"四风",高标准落实中央八项规定及其实施细则精神,持续整饬"六大顽疾"。进一步打造风清气正的良好政治生态,巩固深化"清廉余杭"建设成果。持续加强党风廉政建设,不断完善党委主体责任、党委书记第一责任、班子成员"一岗双责"、纪委监督责任"四责协同"机制。坚持将党纪挺在前面,精准有效运用监督执纪"四种形态",特别是第一种形态,做到监督常在、形成常态。进一步完善纪律监督、监察监督、派驻监督、巡察监督"四个全覆盖"监督格局,实现监督手段互补、信息互通、成果共享、效能提升。持续做好上级巡视、督察反馈、问题整改。扎紧扎密制度"笼子",坚决查处重点领域和群众身边的腐败问题,形成有力震慑,一体推进不敢腐、不能腐、不想腐。深入实施"党建双强"工程,统筹抓好各领域党建,推动基层党建全面进步、全面过硬。民主建设方面,丰富"众人的事情由众人商量"的实践形式,深化完善党建引领基层民主协商机制,畅通民意诉求表达渠道,落实为民办实事长效机制,推动大事商量着定、实事商量着办、难事商量着解,最大限度凝聚共识、凝聚人心、凝聚智慧、凝聚力量,形成共商共建共治共享的基层治理格局。余杭区还将基层民主协商作为推动中心工作、化解基层难题、夯实基层基础的一项重要法宝。通过多渠道收集议题,广纳贤才扩大参与,前中后环环相扣,全过程监督问效,解决好"议什么""谁来议""怎么议""议的效力"的问题。

第二章　坚持"两个毫不动摇"完善经济发展新机制

　　坚持和完善社会主义基本经济制度,毫不动摇巩固和发展公有制经济,毫不动摇鼓励、支持、引导非公有制经济发展,构建高水平社会主义市场经济体制,对于我国经济社会发展具有基础性作用,也是"八八战略"的题中之义。20 年来,余杭坚持"两个毫不动摇",不断发挥体制机制优势,促进多种所有制经济协调发展,成为杭州乃至浙江的经济强区,在完善社会主义市场经济体制方面走在前列。

第一节　余杭完善体制机制、推动经济发展的主要举措

　　体制机制事关发展全局。"八八战略"的第一条就是"进一步发挥浙江的体制机制优势,大力推动以公有制为主体的多种所有制经济共同发展,不断完善社会主义市场经济体制"。浙江的体制机制优势突出表现为"民营先发"和"市场先发"。同时,国有经济的资产结构和资

产质量不断优化,在全省国民经济中的主导作用更加突出。① 20 年来,余杭聚焦完善经济发展体制机制,推出了一系列举措,不断壮大国有经济,坚定支持民营经济,持续优化市场环境。

一、扎实推进国资国企改革,强化国有经济主导作用

坚持和完善社会主义基本经济制度,必须毫不动摇巩固和发展公有制经济,深化国资国企改革,加快国有经济布局优化和结构调整,推动国有资本和国有企业做强做优做大,提升企业核心竞争力。余杭扎实推进国资国企综合改革,实现了国有经济持续优化,强化了国有经济的主导作用。

一是与时俱进推进国资国企改革。2003 年,浙江省委明确提出,坚持"两个毫不动摇",再创浙江多种所有制经济发展新优势。对于国有经济发展和国企改革,提出要"加快国有经济布局的战略性调整,进一步'做优做强'国有经济。把推动国企改革和促进企业整合、增强企业活力结合起来,对现有国有企业,进行分类指导,发展壮大一批、优化重组一批、关闭退出一批"②。党的十八大以来,中央又对国有企业改革发展和党的建设作出新的重要部署,为余杭推进国资国企改革提供了重要遵循。2003 年后,余杭加快公有资产和股份退出竞争性行业的步伐,加快国有农林场和国有粮食收储企业改革,完善国有资产管理体制,组建了区投资控股有限公司。2004 年,完成 14 家企业转制扫尾工作,成立区国有资产处置公司。到 2006 年,全面完成国有农林场体制改革,26 家国有集体企业完成改制。此后 5 年,组建了城建、农

① 习近平.干在实处 走在前列:推进浙江新发展的思考与实践[M].北京:中共中央党校出版社,2006:79-80.
② 习近平.干在实处 走在前列:推进浙江新发展的思考与实践[M].北京:中共中央党校出版社,2006:86-87.

林、交通、旅游等国有公司,国有资本在项目推进、环境保护、区域开发等方面成效明显。2015 年,启动国有公司改革、出租车行业改革。2017 年,实施国企分类改革,推进国企整合重组,深化国企薪酬制度改革,加强国有资产监管。此后 5 年,国企改革聚焦增强国有公司经营能力、镇街国有公司清理整合、试点企业市场化实体化转型等方面扎实推进。2021 年调整行政区划后,完成国有资产划分,实施交通、金融控股等区直国有企业划转,优化整合直属国有公司。[①]

过去 5 年,余杭国资国企改革不断深入。建设了数字化管理平台,围绕国企工作堵点问题、国资监管痛点难题,谋划建立了"三重一大""财务一盘棋""资产一盘棋""监管一盘棋"等多项子应用场景,提高重点领域、关键环节实时化、全流程监管水平。坚持完整、准确、全面贯彻新发展理念,按照中国特色现代企业制度建设要求,推进国企市场化转型,完善国企法人治理体系,提升法人治理能力,做精主营业务、创新融资方式、探索多种经营,有序推进业务专业化整合,有效促进资源优化集聚,激发企业活力。坚持和加强党对国有企业的全面领导,把加强党的建设贯穿于国企改革发展全过程各方面,不断完善"三重一大"决策程序,加强国企领导班子和领导干部队伍建设,着力打造一支政治强、专业精、作风优的高素质、变革型的国有企业干部队伍。坚持勇于自我革命,抓铁有痕推进国企党风廉政建设和反腐败斗争,持续打造清廉余杭国企品牌。不断完善容错免责机制,旗帜鲜明为担当者担当、为干事者撑腰,营造干事创业、争先创优的良好氛围。

二是持续发挥国资国企对城市建设的支撑作用。20 年来,余杭基础设施日趋完善、城市建设持续推进,在杭州城市发展格局中发挥着越来越重要的作用。2007 年提出,在建设现代化都市新区基础之

---

① 余杭区政府工作报告(2022)[R/OL].(2022-02-24)[2023-04-07]. http://www.yuhang. gov.cn/art/2022/2/24/art_1229167325_4018527.html.

上迈上新台阶,此后 5 年,城市化进程不断加快,城市框架进一步搭建。2012 年提出,强化城市功能配套,加快建设宜居宜业的都市新区,此后 5 年,余杭加快融入杭州主城。2017 年提出,建设高品质大都市新区,加快城市更新,建设美丽乡村,加强未来科技城建设,打造杭州城西科创大走廊核心区、示范区、引领区和智慧余杭新高地。在余杭城市建设不断推进的过程中,国资国企始终发挥着重要的支撑作用。

2021 年行政区划调整后,余杭聚焦"建设杭州城市新中心"这一重要任务,优化国资国企布局,服务地方经济社会发展和民生保障。切实发挥好金融服务职能,做强做优产业政策资金引导管理、重大产业引进配套投资、高端人才引育,为重大创新平台建设、双招双引、"四高地一基地"产业培育等增添动力。聚焦城市功能配套项目建设,以高水平公共配套建设,不断提升公共服务水平,让群众看得见、感受得到新中心日新月异的变化。立足城市基础设施的建设、运营和养护等,不断提升业务能力水平,加快构建外联内畅的综合交通体系。引导国有企业在"靓城行动"计划中积极贡献,启动梦溪水乡、南湖、北湖综合保护工程,国际体育中心招标和五常大道、运河大桥等项目建设,加快良渚中央商务核心区综合提升,文一西路、莫干山路快速路等项目推进,完成未来科技城 70 万平方米地下空间、运溪高架、220 千伏科创输变电等项目投用,配合区内地铁、杭州西站和湖杭铁路等重大项目实施。着眼推进农文旅融合发展,持续拓展"绿水青山就是金山银山"转化通道,加快把文化优势、旅游优势、生态优势转化为发展胜势,为"建设杭州城市新中心,争当'两个先行'排头兵"贡献国企力量。

二、巩固民营经济先发优势,推进民营经济高质量发展

浙江的民营经济具有先发优势,而要"实现民营经济新飞跃",必须"从主要依靠先发性的机制优势,向主要依靠制度创新、科技创新和管理创新转变,提高民营经济的综合实力和国际竞争力"①。20 年来,余杭认真贯彻落实中央和省、市关于民营经济发展的部署,紧密结合地区发展实际,坚定不移支持和推动民营经济实现新飞跃,聚焦提升民营企业核心竞争力,促进各类民营企业健康发展。

一是推动以数字经济为龙头的创新发展,为民营企业发展提供了新动能和新空间。杭州是创新活力之城,在杭州点击鼠标,联通的是整个世界。在杭州以数字经济为特色的创新发展过程中,民营企业特别是余杭的民营企业创新作出了十分突出的贡献。2004 年,余杭提出推进企业信息化建设,力争百强企业全部实施信息化工作;2007 年正式提出,注重运用信息化改造传统产业,强化电子商务应用,全力打造数字余杭。同时提出引导民营企业创新产权制度和经营模式。这为企业在余杭创新创业、助力数字余杭建设提供了坚实保障。此后 5 年,余杭创新基地成为信息产业、服务外包和电子商务国家级拓展区,余杭被授予"中国电子商务服务外包基地",阿里巴巴淘宝城落户余杭。2012 年,余杭 3 家企业入选"中国民营企业 500 强"。"十二五"期间,余杭以信息经济、智慧应用"一号工程"为引领,信息产业等新兴产业集聚发展,创新空间加速拓展。2017 年提出深入推进"一号工程"。② 近年来,余杭把握国家和地方发展的新趋势、新要求,把数字经济作为创新驱动发展的主赛道之一,推进全省首批数字经济创新发展试验区建设,大力推进数字产业化、产业数字化,在巩固发展电子商务等传统优势产业的同时,壮大人工智能、云计算、大数据等新兴产业集

---

① 习近平.干在实处 走在前列:推进浙江新发展的思考与实践[M].北京:中共中央党校出版社,2006:94.

② 余杭区政府工作报告(2017)[R/OL].(2017-02-13)[2023-04-07]. http://www.yuhang. gov.cn/art/2017/2/13/art_1229167325_1394006.html.

群,推动产业集聚、提档升级,加快创新平台建设,努力在新旧动能转换中跑出加速度,这也为民营企业数字化发展创造了新的历史机遇。

二是统筹落实"制度创新、科技创新和管理创新"的要求,逐步形成了民营经济高质量发展的创新支持体系。在"八八战略"实施前,余杭已经基本完成国有、城镇集体企业转制工作,推动各级企业初步建立了现代企业制度,完成产权制度改革的乡镇企业全部成为民营企业。近 20 年来,在制度创新方面,余杭持续推动民营企业按照现代企业制度,深化产权制度改革、完善治理结构,鼓励民营企业参与混合所有制改革。在科技创新方面,强化民营企业创新主体地位,鼓励民营企业加大研发投入,持续推动特色小镇、孵化器与众创空间等各类创新创业平台建设,健全科技创新评价机制、知识产权保护机制、科技成果转移转化机制,积极营造充满活力的创新创业氛围。在管理创新方面,创新"联企两翼五力"商会工作新模式,加强民营企业家队伍建设,建立健全民营企业家关爱机制,分梯次实施民营企业家培训工程,支持民营企业提高经营管理水平。"十二五"期间,余杭的特色小镇建设数量居全省首位,市场主体创新活力不断迸发。2017 年提出,完善区域创新体系,突出企业创新主体地位,强化重点平台支撑,加大支持企业创新力度。立足行政区划调整后的崭新起点,2022 年初,余杭区召开"双千亿、新征程"高质量发展大会,在本次大会上,创新余杭"黄金68 条"产业政策正式发布。这是余杭在下一阶段深化创新发展的系统性举措。新的产业政策由 6 大板块、17 个方面共 68 条构成,进一步提升了政策精准度,确保政策力度继续领跑。力求"以黄金政策,打造黄金效应,吸引黄金资源",为未来余杭的高质量可持续发展提供重要支撑。创新余杭"黄金 68 条"覆盖了全面构建现代产业体系、积极营造创新创业生态、持续增强科技创新能力、精心培育壮大市场主体、促进内贸外贸协同发展、着力打造国际人才高地六个方面的内容,根据余杭区经济发展形势,重点加大对数字经济、新材料、生物医药、高端装备制造以及各类现代服务业的支持力度,为民营企业做深数字经济产业、做细生物医药产业、做强先进制造业、做优文化创意产业、做大新型电商产业提供了重要支撑和广阔空间。

三是分类引导支持民营企业做大做强。2003 年以来,余杭积极支持各类民营企业加快发展。2004 年,华立集团营业收入突破百亿,多家骨干企业龙头带动作用日趋明显,带动产业结构不断优化。2007 年提出进一步健全成长型企业扶持政策,2012 年提出优化中小微企业发展环境,推动科技型、创新型中小微企业快速发展。此后 5 年,余杭培育科技型中小微企业 3500 家,国家重点支持领域高新技术企业达 432 家,阿里巴巴成为全国首批企业双创示范基地。过去 5 年,余杭以"中国民营企业 500 强"企业为龙头,深入实施"雏鹰行动""雄鹰行动""鲲鹏计划",建立起创新型中小企业—省专精特新企业(省隐形冠军企业)—专精特新"小巨人"企业—单项冠军企业的"雁阵式"发展梯队,加大民营企业上市培育力度,推进中小微企业高质量发展。2020 年以来,积极有效应对新冠疫情影响和国际形势变化,支持民营企业用好国际国内两个市场、两种资源,推进跨境电商高质量发展,促进外贸出口持续稳定增长,鼓励民营企业参与"一带一路"建设,大力发展总部经济,推动开放型经济迈上新台阶,打开企业发展新局面。2022 年以来,余杭区在精心培育壮大市场主体方面推出一批新的重要举措。例如,对独角兽企业给予累计最高 1 亿元补助,认定当年即给予最高 2000 万元的一次性奖励,补助金额和模式全国领先。积极培育"专精特新"中小企业,对其设备投入给予最高 20% 的资助,同时给予 LPR(贷款基础利率)20% 的贴息补助。落实"凤凰行动"计划,上市奖励补助上不封顶,其中上市直接奖励最高可达 600 万元,并对企业股改给予奖励。创新举措鼓励以商引商,对专业招商机构按项目每

100 万元给予 1 万元奖励。营造更为浓厚的商业氛围,对商业集聚、特色街区、"老字号"、夜间经济、首店经济主体给予最高 300 万元奖励。针对外贸发展新形势,率先出台"物流补助政策",加大力度支持海外仓等外贸新业态发展,出口信保等各类涉外保险补助力度最高可达100%。这些政策都为各类民营企业做优做强提供了真金白银的支持,也体现了余杭对支持各类企业发展真心实意的态度。

四是引导企业合规经营,推动平台经济规范健康持续发展。目前,余杭纳入统计的平台企业共计 36 家,其中淘宝、天猫、飞猪等阿里系平台 9 家,平台内经营者累计超 800 万户,其他中小规模平台企业发展趋势良好,覆盖多个领域,平台经济在地方经济发展中发挥着重要作用。余杭坚持发展与规范并重,认真贯彻落实中央促进平台经济健康发展要求,建立健全平台经济治理体系,切实维护各方主体合法权益,为市场主体明确规则,防止资本无序扩张。建立涉案企业合规第三方监督评估工作机制,推进涉案企业合规改革工作。深化平台经济监管创新,完善平台企业合规管理、健康"体检"机制,加强平台经济行业自律和社会监督,促进平台经济健康发展。主管部门按照省、市、区三级分类分级督导原则,要求区内 36 家平台企业开展自查整改并进行督导,通过集体约谈、驻场指导和个别督导等方式,指导企业开展"全面体检"。整个督查整改期间共发现问题企业 19 家,发现问题 166项,即时整改 145 项,剩余 21 项因系统改造、技术升级等原因无法及时整改,按照既定时间节点,已全部完成整改。

三、强化市场环境优势,全面深化改革促进经济社会发展

完善社会主义市场经济体制,必须"强化市场化改革的先发优势,

主动变革一切不适应生产力发展要求的生产关系"①。这就要求不断深化改革,革除影响发展的体制弊端,特别是要处理好政府"有形的手"和市场"无形的手"之间的关系。② 党的十八大以来,中央系统谋划全面深化改革,坚持和完善社会主义基本经济制度,充分发挥市场在资源配置中的决定性作用,更好发挥政府作用,对构建"亲""清"政商关系、优化营商环境等作出明确要求。浙江以数字化改革为全面深化改革的总抓手,引领撬动各领域各方面发生广泛而又深刻的系统性变革。余杭在长期持续推进市场环境建设的基础上,按照省委统一部署,以数字化改革倒逼体制机制变革,培育发展新优势,加快取得新成果。

一是数字赋能政府管理和服务优化,构建亲清政商关系。2004年,余杭就提出"加快电子政务建设,完成第三轮行政审批制度改革"。到 2007 年,取消行政审批事项 448 项,公布保留行政许可事项 267项。此后 5 年,余杭深入推进电子政务建设,开通网上行政审批,推行项目审批代办服务,受理各类审批服务事项 103 万余件。2012 年提出:"加快推进行政审批制度改革,清理审批事项,简化审批程序,压缩办事时限。"此后,余杭加快政务信息化建设,实施"四张清单一张网"改革,依法清减行政审批事项 642 个,全面取消非行政许可事项,审批服务提速 50%以上,重点平台基本实现办事不出园区。深化商事制度改革,推行"五证合一""先照后证"。2017 年,余杭对"互联网＋政务服务"作出新部署,提出按照"最多跑一次"目标,健全"一次办结"机

---

①　习近平.干在实处 走在前列(代序)//潘家玮等.大道之行:深入实施"八八战略"[M].杭州:浙江人民出版社,2006:1.

②　习近平.干在实处 走在前列:推进浙江新发展的思考与实践[M].北京中共中央党校出版社,2006:86.

制,健全联系服务企业长效机制,构建"亲""清"新型政商关系。[①] 2020
年,中央进一步提出,要优化政府管理和服务,全面推行权力清单、责
任清单、负面清单制度,加快构建"亲""清"政商关系。2021 年以来,
余杭搭建"亲清余杭"企业服务平台,通过打造"惠企政策""亲清要闻"
等功能模块,总结梳理全区各部门政策,推动践行"数据多跑路,企业
不跑路"的服务理念,为构建亲而有度、清而有为的政商关系装好"助
力器",推动政府和企业双向发力,做到亲不逾矩、清不远疏、有为有
畏。余杭还建立平台经济监管联席会议,加强线上线下、部门横向之
间的系统合作,保持监管到边、查处到底、取缔到位的高压态势。同
时,深化"互联网＋监管""互联网＋服务""互联网＋信用",推进政府、
平台、商家之间数据协同共享,监管精准深入。

二是数字赋能企业办事创业,打造一流营商环境。2007 年提出,
巩固市场经济体制先发优势……鼓励企业上市融资,加快发展行业协
会和中介组织,强化市场监管和体系建设,营造有利于市场主体创新
创业的体制环境。体现出余杭对于深化市场化改革、优化营商环境的
高度重视。2012 年提出,切实做好服务企业、服务基层工作,竭力为
基层和企业排忧解难。2018 年推出 60 条 151 项优化营商环境举措,
发展环境不断优化。2020 年提出,对标世界银行营商环境考评指标
体系,实施营商环境便利化行动,发挥"亲橙办""亲企办""亲禾办"等
服务主体作用,畅通"亲清直通车"。[②] 2022 年,余杭在杭州国家营商
环境创新试点中积极行动,全面落实市场准入负面清单制度。以数字
化改革提升行政服务便利化水平,深化"信用余杭"建设,推进"一址多

①　余杭区政府工作报告(2017)[R/OL].(2017-02-13)[2023-04-07]. http://www.yuhang.gov.cn/art/2017/2/13/art_1229167325_1394006.html.
②　余杭区政府工作报告(2020)[R/OL].(2020-01-22)[2023-04-07]. http://www.yuhang.gov.cn/art/2020/1/22/art_1229167325_1393998.html.

照"住所承诺制改革,持续推进企业开办"分钟制"和项目审批"小时制"改革,通过智能审批系统促进开办企业便利化。深化税收征管改革,推动智慧税务建设,推行、拓展"非接触式"办税缴费服务等惠企便民数字化举措。持续推进政务服务"一网通办"、涉企事项"一照通办",深化"一件事"集成改革、"大综合一体化"行政执法改革,推动改革向基层延伸,深化"网上办、掌上办、就近办、一次办"改革,实现线上线下深度融合、协调发展。运用数字化方式加强公共资源交易监管,优化公共资源交易管理制度体系。

三是营造爱才惜才的浓厚氛围,激发人才创新创业的活力。20年来,余杭始终高度重视人才工作和人才环境建设。2004年提出,大力实施人才强区战略,继续加强人才、智力引进和开发利用。2007年提出,深入实施人才强区战略,大力引进各类人才。到2012年,累计引进人才16957名,培训企业经营管理人才9980人次。到2017年,余杭区人才总量和增量均列全省首位,提出"10＋X"人才新政,实施人才国际化战略,深化引才"十百千"工程,完善人才政策体系。[①] 行政区划调整后,余杭着力打造国际人才高地,持续推进一体化、国际化、数字化人才服务,实现人才服务一站办理、提供国际化高品质生活保障、深化"人才贷＋人才投＋人才保"金融服务、迭代人才项目全生命周期管理系统,持续打造"我负责阳光雨露,你负责茁壮成长"的最优人才生态。与此同时,推出一系列人才政策,不断优化完善高层次人才分类认定目录,在市级政策基础上额外对人才给予最高5000元/月、最长5年的租房补贴以及各类健康体检和国内学术休假活动。联合社会资本组建10亿元人才基金池,对领军人才项目给予最高1200万元的研发费用补助,对海内外高层次人才给予最高800万元的奖励补

---

① 余杭区政府工作报告(2018)[R/OL]. (2018-02-06)[2023-04-07]. http://www.yuhang.gov.cn/art/2018/2/6/art_1229167325_1394005.html.

助,为全省最优。继续加大人才创业险支持力度,人才创业险保额最高1000万元,为全省首创。这些有力度、有温度的人才支持政策为企业发展增添了不竭动力。

四是数字赋能共同富裕机制创新,助力共同富裕先行。2021年,中央赋予浙江高质量发展建设共同富裕示范区的光荣使命。浙江提出,将数字化改革、全面深化改革和共同富裕重大改革一体推进。余杭区按照中央和省市部署,坚持数字赋能共同富裕,争当共同富裕示范区排头兵。着力打造全民全程健康服务体系、育儿友好型社会、老年友好型社会、"扩中提低"、大社保大救助、便民服务一件事、三大文化金名片等方面的标志性成果;探索缩小"三大差距"、促进社会公平、高质量就业创业体系改革、普惠性人力资本提升、生态产品价值实现机制等领域的共富创新模式;谋划教育资源优质共享体系改革、创新创业集成改革、"未来社区＋未来乡村"集成改革等一批重大改革方案。其中在数字赋能方面,着力推进数字社会应用场景综合集成,加快"余杭一码通""幸福计算器"等应用场景的优化提升,培育一批创新性、实用性强的新应用,加速"七优享"落地,推动数字社会系统应用落地共同富裕现代化基本单元。

五是积极应对疫情变化,深化改革,推出一揽子稳经济政策措施。面对2022年中旬以来国内疫情防控和经济社会发展的新形势,余杭认真贯彻落实党中央"疫情要防住、经济要稳住、发展要安全"的要求和国家33条、浙江省38条、杭州市52条稳经济措施,按照全面顶格、能出尽出、精准高效的原则,结合余杭区实际,制定印发《余杭区贯彻落实国家、省、市稳住经济一揽子政策措施实施方案》,共8个方面58项措施:财政支持措施7项,包括进一步加大增值税留抵退税政策力度、加快涉企资金兑付进度、优化采购流程扶持中小企业提质增效等,直接帮助企业降本增效;金融支持措施7项,包括实施还本付息政策应延尽延、加大对普惠小微贷款支持力度、继续推动综合融资成本稳中有降等,切实助力稳企业、惠民生;扩投资措施 5 项,包括加快推动基础设施投资、稳定和扩大民间投资等,为各类主体投资提供便利和支持;促消费措施 19 项,包括支持商业活动、节庆活动、发放消费券、发展首店经济、繁荣夜间经济、支持线上消费、优化消费金融服务等,从需求侧为企业打开市场;稳外贸稳外资措施 6 项,包括支持外贸企业开拓国际市场、培育外贸新增长点、推进重大外资项目等,促进国内国际双循环相互促进;保产业链供应链稳定措施 7 项,包括降低市场主体生产经营成本、优化企业复工达产政策、完善保通保畅政策等,畅通国内大循环,打通堵点,为产业链供应链的安全稳定提供全方位保障。此外还有粮食能源安全措施 3 项、保基本民生措施 4 项。这些措施再一次体现了余杭在推动市场化改革方面的坚定态度和创新力度,对实现经济稳进提质发挥了重要作用。

第二节　余杭完善体制机制、推动经济发展的主要成效

经过 20 年的改革与发展,余杭的经济结构和社会面貌发生巨大变化,经济社会发展迈上新台阶,体制机制创新取得一系列显著成果。国资国企改革不断取得新突破,民营经济迅速崛起成为发展排头兵,营商环境保持一流水平,数字赋能共同富裕迈出坚实步伐。

一、国资国企在服务区域发展战略方面取得新突破

经过几轮国资国企改革,国有经济的主导作用得到更好发挥,在推动区域创新发展、服务重大战略、促进共同富裕过程中日益占据重要位置。在创新载体建设方面,建成投用之江实验室一期、中国美院

良渚校区、浙大校友企业总部经济园一期等产学研平台,人工智能小镇成功创建省级特色小镇,梦想小镇输出模式入选全省首批长三角一体化"最佳实践"案例,钱江经济开发区被评为省级双创示范基地。迭代升级大孵化器战略,新增孵化载体 32 个、物理空间 158.83 万平方米,新增省级以上孵化器、众创空间 15 家。在城市建设方面,城市有机更新加快推进,完成老旧小区改造 22.3 万平方米,闲林老街精彩开街,8 个镇街获评美丽城镇省、市样板,5 个社区入选省级未来社区创建试点。公开出让经营性用地 1867 亩,其中住宅用地 1060 亩、商办用地 807 亩,全力保障职住平衡。① 在促进共同富裕方面,2022 年,在全省国资国企重大改革项目"揭榜竞优"名单中,余杭绿色产业发展集团有限公司成功入选国企共同富裕模式机制改革"揭榜竞优"单位,成为全省唯一一家入选的区(县)级国有企业。在助力地区重大战略方面,2022 年余杭创新投资有限公司企业债券发行规模 5 亿元,票面利率 3.59％,全场倍数 3.76 倍,投资者认购热情高涨,创浙江省有史以来同评级同期限发行利率新低,持续助力杭州未来科技城(海创园)建设和城西科创大走廊发展。2022 年,杭州余杭国有资产投资运营集团有限公司、杭州余杭城市发展投资集团有限公司、杭州余杭交通投资集团有限公司、杭州余杭文化旅游投资集团有限公司等四家区直属国有企业正式亮相,标志新余杭的国资国企改革取得重要进展,一批定位明确、主业清晰、实力雄厚,有竞争力、影响力、引领力的市场主体正在形成,必将为余杭经济高质量发展作出更大贡献。

二、发达的民营经济助力余杭成为高质量发展排头兵

20 年来,民营经济在余杭经济总量、外贸、投资、就业、税收等方

---

① 余杭区政府工作报告(2022)[R/OL].(2022-02-24)[2023-04-07]. http://www.yuhang. gov.cn/art/2022/2/24/art_1229167325_4018527.html.

面作出了巨大贡献,在推进产业结构调整、提升创新发展活力等方面发挥了巨大作用,为余杭成为全省经济强区、高质量发展排头兵、创新创业主战场作出了重要贡献。在全国工商联发布的"2022 年中国民营企业 500 强"榜单中,余杭企业阿里巴巴(中国)有限公司和华立集团股份有限公司上榜。此外,阿里巴巴和华立集团分别还进入服务业民营企业 500 强和制造业民营企业 500 强。阿里巴巴(中国)有限公司年营业收入 8364.05 亿元,仅次于京东集团,居榜单第 2 位;华立集团股份有限公司年营业收入 317.17 亿元,居榜单第 370 位。余杭充分发挥龙头企业带动作用,在创新引领企业发展方面持续取得新的突破。在 2022 年浙江省经济和信息化厅公布的新一批省"专精特新"中小企业名单中,余杭区有杭州德创能源设备有限公司、杭州思看科技有限公司、杭州持正科技股份有限公司等 44 家企业上榜。在 2022 年杭州市独角兽(准独角兽)榜单中,余杭区共有 94 家企业上榜。在余杭数字经济持续领跑、生物医药迅速壮大的过程中,民营企业都发挥了排头兵的作用。2021 年经历区划调整,一年后余杭区实现数字经济核心产业增加值 1605.7 亿元,生物医药制造业产值增长 70.5%,健康制造业增加值增长 133.8%。余杭的先进制造业也加快发展,实现规模以上工业增加值 248.44 亿元、增长 16.7%,新增省、市级智能工厂(数字化车间)6 家。① 余杭的创新创业平台建设成效显著,民营企业对外贸易活跃,在杭州对外经济中发挥了主力军作用。总之,发达的民营经济已经成为余杭创新发展的重要引擎。

在经济数据的背后,发达的民营经济离不开党建引领作用的发挥。余杭区共有商会组织 30 余个,其中独立登记注册 19 个,目前已成立党组织 16 个。2022 年,余杭区商会综合党委成立,这是浙江省内

---

① 余杭区政府工作报告(2022)[R/OL].(2022-02-24)[2023-04-07]. http://www.yuhang.gov.cn/art/2022/2/24/art_1229167325_4018527.html.

率先创新成立的县(区)商会综合党委。通过形成全区商会党组织全覆盖和"大党建"格局,突出商会政治引领,增强商会党组织的影响力和凝聚力,充分发挥商会党员的先进性和先锋模范作用,服务企业助力高质量社会发展,践行"两个健康"发展理念,增强民营经济人士凝聚力,推动构建"亲""清"新型政商关系,助推高质量建设共同富裕示范区。民营经济领域往往也是新就业形态劳动者集中的领域,余杭紧紧围绕"党建引领、数字赋能"总体思路,探索"一三五"工作法,统筹推进、建章立制、团结协作,全力打造产业工人队伍,建设改革工作新格局。强化产业工人队伍党建工作,发挥劳模工匠示范引领作用,培养"有理想守信念"产业工人队伍,加快产业工人技能素质提升,加强产业工人政治保障、权益保障、财政保障、就业保障、数字保障。特别是针对新业态新就业群体设计开发"余工码",根据职工的基本信息、活动信息形成职工画像,提供个性化服务和定向推送信息;搭建以网上工会会员实名制为基础的,集网站、微信、微博和智慧工会管理系统于一体的网上工会"职工之家"。建立网上工会会员实名制信息库,打造深化上下级工会对接的工会系统网上办公平台、开通微信服务大厅的"O2O"职工服务平台和依托余杭工会"两微一站"的宣传引导平台等三大网上平台,目前全区95%以上的基层工会已实现网上办公。这些措施为民营企业长期健康发展提供了有力支撑。

三、一流的营商环境成为余杭发展的重要优势

在数字化改革的引领下,余杭不断改革体制机制,优化营商环境,为发展社会主义市场经济提供有力支持。2021年以来,余杭深入实施"创景计划",以"大场景小切口"为抓手,建成上线一批具有引领性、示范性和典型意义的重大应用,31个场景入选省级以上试点,8个项目入选省"揭榜挂帅"名录,形成75项理论制度成果。"城市CT"在省

数字化改革例会上演示,入选全省最佳应用。一体化智能化公共数据平台归集数据 65.2 亿条,总调用量超 15 亿次,考核获全市第一、全省第二。深化"最多跑一次"改革,优化"亲清余杭",实现"一网通办"事项 1000 余项,政务服务 2.0 网办事项比例达 85% 以上,入选"2021 中国数字治理百佳县市"。[①] 其中,"亲清余杭"新型政商关系数字平台累计上线政策 452 条,服务企业 6085 家(次),共有约 4000 人次兑现各类资金约 111486.67 万元,搜集并解决企业诉求 50 余件,诉求反馈率 100%;开发"政策计算器"模块,帮助 200 余家(次)企业成功进行政策匹配;上线"智能机器人"功能,帮助 300 余家(次)企业在非工作时段获取咨询回应。

2022 年以来,余杭区聚焦营商环境、柔性执法、服务赋能,助力市场主体稳进提质取得显著成效。1—6 月新设立市场主体 20671 家,同比增长 13.47%。其中,企业 9520 家,同比增长 24.9%;个体工商户 11148 户,同比增长 5.29%。积极推进"一址多照""一照多址""智慧秒批"改革试点,上半年企业集群注册点 34 个,落户企业 6000 余家、个体户 4000 余家,通过"智慧秒批"新设企业 641 家。推行"一址多照、住所托管"的电商产业集群注册新模式,成功打造"云上百丈"电商虚拟产业园。成立个体工商户纾困专班,依托"贷款码"对 1745 家市场主体开展授信用信工作,获贷主体贷款总额约 57 亿元。[②] 推进"产业大脑+未来工厂"融合发展,以政府端的经济管理机制变革驱动企业端的生产方式转变、产业链重构和生态重塑,为产业数字化提供支撑。数字赋能下的管理和服务机制改革,有力促进了余杭经济社会健

---

① 余杭区政府工作报告(2022)[R/OL].(2022-02-24)[2023-04-07]. http://www.yuhang. gov.cn/art/2022/2/24/art_1229167325_4018527.html.

② 余杭发布.三项指标全市第一!上半年余杭新设立市场主体 2 万多家[R/OL].(2022-08-16)[2023-04-07]. https://mp.weixin.qq.com/s/TYXrX0dTsFhr04UssiKnDg.

康发展,让余杭成为市场活跃、人才汇聚的创新创业热土。当前,余杭正在深入落实"营商环境60条",加快改革进程,全力打造国际一流营商环境,努力把余杭打造成为最优营商环境示范区。

四、数字赋能共同富裕的实践迈出新步伐

余杭在"共同富裕先行"的浙江实践中,创新出台共同富裕"支点计划",开展数字治理赋能行动、产业创新发展行动、文化引领强区行动、教育高质量发展行动、医疗卫生普惠行动、就业保障提质行动、西部富美振兴行动、生态环境提升行动、未来城市建设行动、住有宜居改善行动等10个专项行动和"N"个重点领域攻坚行动,坚持在做大"蛋糕"的基础上分好"蛋糕",在发挥数字赋能作用的过程中实现了统筹经济高质量发展与社会治理水平现代化,统筹城乡融合发展,统筹物质富裕和精神富有,取得一系列具有推广价值的重要实践成果。

一是推动重大项目日常管理与风险防范并重。在瓶窑镇试运行的"项目e生"场景应用,积极探索数字化管理手段,实现更高效安全的全周期项目管理。该应用将瓶窑镇88个项目全部纳入管理,涵盖土地、园区空间、建设工地等要素。目前应用累计办结安全巡检事件1.7万件,实现招商转化率提升20%、项目进度达成率提升18%、工地安全事件发生率降低45%、项目验收时间缩短15天。"大余智水"水利工程公权力大数据监督应用亮相,该应用旨在推动打造"清廉水利"。该应用重点聚焦项目立项、项目设计、招标投标、项目实施、项目验收5个阶段,通过解构、建模和数据读取等手段,深入剖析公权力行使中的廉政风险。目前,该应用不仅直接服务保障在余杭新开工总投资58亿元的西险大塘达标加固工程,还被省纪委在全省进行推广。

二是推进乡村振兴示范,实现乡村基层智治。深入实施"数商兴农",积极发展未来农场、电商专业村、数字乡村,以新技术、新业态、新

模式助力农业增效、农民增收。在余杭街道，"稻梦空间"应用打通了苕溪以北 8 村农田良种良法、数智化管理、农文旅发展等方面的业务壁垒，为"禹上稻乡"生产经营发展赋能，构建乡村、企业、个人的链接和群众有感的共富图景。在瓶窑镇西安寺村，通过建立全村"钉钉"群，拉近村民和村委的距离，让沟通更加便捷有效；数字赋能"党建引领、数字农业"等多种场景，打造数字乡村样板；建设"生活垃圾数字化"收集点，专业破解垃圾分类难问题，提升村民垃圾源头分类正确率；依托"钉钉"平台实现村民养老数字化，包含食堂就餐、远程就诊、紧急呼叫等功能的个人专属"养老码"已成功注册 1000 余人次。在径山镇，形成以民主协商为法宝的"三三三"社会治理体系，积极打破行政区域治理壁垒，按照"地域相邻、产业相近、优势互补"原则，充分发挥小古城、径山、前溪 3 个核心村辐射带动作用，以"1＋X"模式联动其他村建立 3 个乡村新社区。建设"云上径山"特色应用场景，开发"众人议事厅"App，打破治理信息隔阂和行政区域治理壁垒，完善线上预警预判、流转处置、指挥调度、结果反馈的工作闭环，推动由"干部干群众看"变"干部群众一起干"，由"政府主动、百姓被动"变"政府引导、百姓主动"，由"要我商量"变"我要商量"，实现社会美、环境美、产业美。目前，径山镇"三三三"社会治理模式已在余杭全区推广，切实提高了全域治理现代化的成效和水平，余杭区获评平安中国示范区。

三是数字赋能历史文化名城的新中心。良渚文化的保护利用是余杭的重要课题之一。全新开发的"良渚遗址 5000＋"数智应用，聚焦大遗址保护利用全生命周期，建设了空间管治、网格智治、价值共享、"文物＋"四个子场景，构建了良渚文化遗址、遗迹、遗物等 10 大类数据库与良渚文化知识图谱，还打造了包括展示、旅游、创意等多场景的智慧应用。在治理端，通过旅游热力分布图和文创产品全渠道趋势分析，可以引导职能部门有针对性地策划活动、打造"爆款"，助推文物活化"新生态"。此外,该应用还首次提出了重大考古发现数智化处置机制。通过人防、物防、技防对现场全面保护,实现考古过程"一屏管控"。此外,余杭还致力于打造生态文明之都的新中心,通过数字赋能创建"绿色建筑全生命周期管理",围绕建筑规划、设计、施工、运行等周期,开展绿色协同治理,如通过物联网采集建筑分项能耗数据并计算碳排量,实现绿色低碳数字化监管,践行建筑领域"双碳"行动。

第三节 余杭完善体制机制、推动经济发展的经验与启示

回顾 20 年来特别是新时代以来余杭发挥体制机制优势、完善社会主义市场经济体制的主要举措和实践成果,展望新时代新征程上的目标任务,我们可以总结出如下几方面的经验和启示。

第一,必须坚持"两个毫不动摇",不断完善社会主义市场经济体制。要在学习贯彻习近平新时代中国特色社会主义思想与学习贯彻党的二十大精神过程中,不断深化认识,创新实践,使高水平社会主义市场经济体制成为建设创新余杭的重要支撑。党的二十大强调:"构建高水平社会主义市场经济体制。坚持和完善社会主义基本经济制度,毫不动摇巩固和发展公有制经济,毫不动摇鼓励、支持、引导非公有制经济发展,充分发挥市场在资源配置中的决定性作用,更好发挥政府作用。"20 年来的实践有力证明,将"有为政府"与"有效市场"紧密结合,推动公有制为主体、多种所有制经济共同发展,是余杭经济社会发展的重要基础和体制优势。新时代新征程上,必须坚持"两个毫不动摇",以高水平现代市场体系推动余杭高质量发展。

第二,必须全面深化改革,以改革创新激发新的活力,创造新的优

势。"浙江的活力之源就在于改革，就在于率先建立了能够调动千百万人积极性的、激发千百万人创造力的体制机制。"①党的二十大报告指出："深入推进改革创新，坚定不移扩大开放，着力破解深层次体制机制障碍，不断彰显中国特色社会主义制度优势，不断增强社会主义现代化建设的动力和活力，把我国制度优势更好转化为国家治理效能。"这些年来，余杭将"加大改革力度，完善改革举措，加快取得更多实质性、突破性、系统性成果，为全国改革探索路子、贡献经验"的重要指示落到实处，以数字化改革引领全面深化改革，取得了一些可推广复制的标志性成果。新时代新征程上，余杭要继续当好改革标杆，深度融入国家战略，真刀真枪推进更深层次改革，推动各领域制度重构、流程再造、系统重塑。

第三，必须深化国资国企改革，推动国有经济更好发挥主导作用。完善社会主义市场经济体制，必须始终坚持公有制经济的主体地位，毫不动摇巩固和发展公有制经济，发挥国有经济的主导作用。党的二十大报告指出："深化国资国企改革，加快国有经济布局优化和结构调整，推动国有资本和国有企业做强做优做大，提升企业核心竞争力。"在新时代新征程上，必须系统总结、全面巩固国资国企改革的经验和成果，立足长三角区域发展重大战略和新时代杭州的城市发展目标，锚定"杭州城市新中心"建设重大任务，优化国资国企布局，支撑重大项目和平台建设，服务保障城市运行和社会民生，充分展现社会主义经济制度和体制优越性。

第四，必须持续巩固民营经济特色优势，坚定不移推动民营经济实现新飞跃。浙江的体制机制改革带来的活力"首先又体现于具有先

---

① 习近平.干在实处 走在前列:推进浙江新发展的思考与实践[M].北京:中共中央党校出版社，2006：85.

天市场属性的民营经济的发展"①。党的二十大报告指出:"优化民营企业发展环境,依法保护民营企业产权和企业家权益,促进民营经济发展壮大。完善中国特色现代企业制度,弘扬企业家精神,加快建设世界一流企业。支持中小微企业发展。"因此,发挥体制机制优势,必须理直气壮支持民营经济发展,优化民营企业发展环境,持续推动民营经济实力跃升,更好发挥民营企业 500 强企业对全区创新发展的带动作用,激发企业家创新创业创造激情和担负社会责任的行动自觉,为社会主义市场经济作出更大贡献。

第五,必须把优化提升营商环境作为新征程上的"一号改革工程"。优化营商环境是中央的明确要求,也是坚持"两个毫不动摇"的重要体现。党的十八大以来,我国市场化、法治化、国际化营商环境建设加速。党的二十大报告指出:"完善产权保护、市场准入、公平竞争、社会信用等市场经济基础制度,优化营商环境。"浙江提出加快实施营商环境优化提升"一号改革工程",这为余杭工作提供了重要指引。必须紧密结合国际国内经济发展新形势、新变化,不断优化政策和服务,不断完善现代市场体系,持续优化企业发展环境,在杭州打造最优营商环境城市的建设过程中争做示范、勇立潮头。要推动平台经济规范健康持续发展,支持平台企业在引领发展、创造就业、国际竞争中大显身手。通过全面提升营商环境的市场化、法治化、国际化水平,推动全球各类要素、长三角地区高端资源进一步汇聚余杭,让余杭的创新创业氛围更加活跃,发展动力更加强劲。

---

① 习近平.干在实处 走在前列:推进浙江新发展的思考与实践[M].北京:中共中央党校出版社,2006:85.

第四节　余杭创新经济发展体制机制的前景展望

"在今后的发展中,如何继续保持已经取得的阶段性先发优势,不断创造新的体制优势,并把体制优势转化为加快发展的竞争优势,任务仍然十分艰巨。"[①]党的二十大对全面建设社会主义现代化国家作出了全面部署,浙江省第十五次党代会吹响了推进"两个先行"的号角,杭州市正在深入贯彻中央和省委重大部署,奋力打造世界一流的社会主义现代化国际大都市。在这一背景下,余杭正在向着"建设杭州城市新中心、争当'两个先行'排头兵"的目标奋力前进。展望未来,必须忠诚践行"八八战略",把完善社会主义市场经济体制摆在更加突出的位置,以体制机制改革创新推动实现新征程上的发展目标。

一、以体制机制改革推动创新发展取得新突破

党的十九届五中全会提出了坚持创新在我国现代化建设全局中的核心地位,党的二十大报告对教育、科技、人才工作加以统筹部署,进一步强调:"深入实施科教兴国战略、人才强国战略、创新驱动发展战略,开辟发展新领域新赛道,不断塑造发展新动能新优势。"杭州市第十三次党代会提出杭州要跻身全球创新型城市前列,"创新余杭"也是余杭新时代的第一名片。余杭锚定建设杭州城市新中心目标,发布"十大工程",排在首位的就是"创新策源工程",即建设最优创新策源地、最优人才集聚地、最优成果转化首选地。推动创新余杭建设,既需

① 习近平.干在实处 走在前列:推进浙江新发展的思考与实践[M].北京:中共中央党校出版社,2006:84.

要加强科技体制、人才体制改革,还需要深化经济体制机制创新,充分发挥市场对于人才、资本、技术、数据等要素配置的决定性作用,更好发挥政府作用,激发各类人才创新活力,推动产学研协同发力。第一,加强对科技体制改革和经济体制改革的一体化统筹,优化管理体制,出台专门政策,加强数字赋能,更好保障和强化企业创新主体地位,支持企业在创新链、产业链融合方面发挥更大作用,特别是要发挥城西科创大走廊的独特优势,支持企业牵头与高校院所、新型研发机构组建创新联合体,打造人才集团与科研机构等人才智库联盟。第二,以市场需求为牵引,以科技战略力量为依托,进一步转变科技创新的组织方式、评价模式,特别是改变以政府"出题"为主的科技管理模式,进一步发挥企业"出题者"作用,壮大科技创新主力军,加强名校名院名企创新资源联动,构建富有活力的顶尖战略实验室平台体系、"名校名院名所"合作平台体系、专项服务机构平台体系三级科创平台矩阵,赋予创新项目负责人更大自主权,推进重点项目协同和研发活动一体化。第三,加强对科技成果转化全链条体制机制支持,聚焦科技成果转化首选地这一目标,以政策扶持加机制优化的方式,强化科技成果转化中心建设支持力度,进一步探索"技术经纪人""揭榜挂帅"制度,加强知识产权全链条保护,在培育知识产权示范企业、提升培育高价值专利方面加强制度供给和政策激励,加快推进职务科技成果权属改革,实现科技成果产业化畅通无阻。第四,在推动数据要素市场化机制建设方面先行先试,发挥余杭数字经济和数字治理领域的优势,推动政产研协同开展相关领域制度体系研究,加速探索数据要素市场化的余杭方案,以余杭实践助力杭州在创建国际数字贸易中心、推动数据综合开发利用方面走在全国乃至全世界前列。第五,在人才体制方面深化改革,拓展"人才飞地"模式创新。余杭区未来科技城创造性地实现创新人才"工作生活在杭州,服务贡献在全省",成为带动全省科技和人才共富新模式,为全省偏远地区引才聚才提供极大便利,为浙江打造人才生态最优省作出全新探索和贡献。应该进一步总结梳理相关经验,在体制机制层面继续大胆探索、先行先试,增强人才引进、使用、管理等方面的灵活性,发挥人才对于创新的基础性作用,为更大范围内的人才自由流动、地区协调发展提供重要经验。

二、构建更高水平开放型经济新体制

党的二十大提出,未来 5 年的主要目标任务包括"社会主义市场经济体制更加完善,更高水平开放型经济新体制基本形成"。杭州市第十三次党代会提出,新征程上,杭州要"努力建成开放之窗……高能级开放平台体系不断完善,高水平开放型经济新格局加快形成,营商环境竞争力跃居全球前列,争取世界城市名册排名跻身前 60 强"。余杭作为杭州经济发展排头兵和城市新中心,在融入长三角一体化发展、构建新发展格局和打造开放型经济方面具有独特优势和重要地位,必须实行更加积极主动的开放战略,全面对接国际高标准市场规则体系,实施更大范围、更宽领域、更深层次的全面开放。一是抓住杭州亚运会等契机,全面对标全球竞争力排名前列城市,全面梳理余杭在开放型经济建设方面的体制机制短板,特别是在数字经济、金融科技、高端制造、国际消费中心建设等领域,清理与国际化建设不相适应的政策、文件,不断提升经济发展国际化水平。二是聚焦创建全球数字贸易中心,加快自由贸易试验区等对外开放高地建设。主动参与"一带一路"建设,打造"数字丝绸之路"枢纽,发挥自贸区杭州片区余杭联动创新区制度优势,促进跨境电商产业升级,助力杭州办好全球数字贸易博览会、打造国际数字口岸、高质量建设国家服务外包示范城市、国家数字服务出口基地和国家文化出口基地。三是健全高水平开放政策保障机制。进一步促进对外贸易多元化和贸易高质量发展,提升出口产品附加值,推动加工贸易和服务贸易创新发展。推动规则、规制、管理、标准等制度型开放,促进内外资企业公平竞争,保护外资合法权益。创新对外投资方式,实施国际投资贸易专项行动,提升对外投资质量。

三、以体制机制创新探索共同富裕新路径

党的二十大报告强调:"共同富裕是中国特色社会主义的本质要求","必须坚持在发展中保障和改善民生,鼓励共同奋斗创造美好生活"。余杭必须锚定"共同富裕示范区排头兵"和"最具幸福感城市新中心"的建设目标,更好统筹城乡发展,补足公共服务短板,从体制机制上探索缩小"三大差距"、推动全体人民全面发展的可行路径。一是探索建立以"扩中提低"为导向、以数字赋能为支撑的收入分配机制、社会保障机制、三次分配机制。实现共同富裕,关键在于收入分配,要坚持按劳分配为主体、多种分配方式并存的基本经济制度,围绕促进高质量就业和提升就业能力,加强就业政策与社保、收入分配等配套制度的衔接,实施"扩中""提低"行动,推进"支点计划",提高居民人均可支配收入,缩小城乡居民收入倍差,稳步提高最低生活保障水平。要充分运用数字化工具、数字化思维,打造共同富裕数智平台,做好中低收入群体的就业、收入、生活支出情况摸底和智能分析。要对照中央提出的"规范财富积累机制"等新要求,积极探索有效的改革方案,强化智库支撑,倾听民众呼声,汇集众智,为科学决策、机制优化提供数据支撑、学理支持、政策参考。二是在促进城乡融合发展方面形成行之有效的新体制机制。坚决破除城乡之间、区域之间的发展壁垒,大力推进产业发展联动、公共资源共享。要深入推进山城协作联合体建设,将行之有效的新举措固化为城乡区域协同发展的新机制。加大资源统筹、产业统筹、要素统筹力度,完善以生态补偿为重点的转移机制,加快推动落实农村集体经营性建设用地入市,促进土地、劳动力、

资本等要素市场化流动取得新突破，为缩小"三大差距"提供有力制度保障。三是以促进人的全面发展为目标，把高质量教育体系建设摆在更加突出的位置。共同富裕的落脚点是人的全面发展，而人的发展能力的提升也是共同富裕的内在支撑。党的二十大报告将教育、科技和人才工作加以统筹部署，进一步凸显了优先发展教育、推进科教兴国战略对于国家发展和人的全面发展的重要意义。必须加快补齐教育短板，构建高质量教育体系，增强规划的前瞻性，借鉴深圳福田区等人口流入地教育体系建设的先进经验，深入打造"未来教育"品牌，引培名优教师，开展名校合作办学，打造一批省现代化学校等示范标杆学校，全力创建全国学前教育普及普惠区、全国义务教育优质均衡区、浙江省教育现代化区。在此过程中，还可以充分发挥数字化优势，在全国教育数字化战略行动中积极作为，争取形成一批先行示范成果。四是探索公共服务优质均衡共享的新机制。要坚持以人民为中心的发展思想和改革思路，坚持系统观念，加强体系建设，全方位降低生活成本，提高生活品质。健全公共卫生体系，优化医疗资源供给，强化养老托育体系，完善住房保障体系，全面推动安置房、公租房、人才房建设。在优化公共服务和公共资源供给机制的过程中，尤其可以在公共服务数字化、未来社区和未来乡村建设等方面输出更多的标准化、制度性成果。此外，在完善大健康体制机制、推出新生育政策的配套支持措施、健全都市圈生活同城化保障机制等方面，可以积极借鉴国内外先进经验，敢啃"硬骨头"，敢先行先试，满足人民群众对美好生活的向往，争取早日取得更大突破，为全市、全省共同富裕和现代化建设提供更多的有益经验。

第三章　提质余杭经济 打造数商高地

自 2018 年开始,余杭的地区生产总值拿下浙江省首位,并蝉联第一。余杭经济发展不仅在浙江占得鳌头,更在全国位居前列。在《2019 中国城区综合竞争力百强研究》中,余杭区位列全国第十二位。在《2020 年中国城区高质量发展白皮书》中,余杭区位列全国第七位。通过梳理余杭经济发展的昨天,我们能够更清楚地看见余杭经济发展的今天,并憧憬余杭经济发展的明天。

第一节　高质量发展的余杭经济

余杭经济发展的驱动力来自创新。人才强省、创新强省是浙江省的发展战略,而作为创新策源地的一大核心载体就是位于余杭的城西科创大走廊。可以说,正是由于余杭区一直坚持"人才引领、创新驱动"的发展策略,以数字经济为引领,赋能高质量发展,才能够逐渐实现城市的亮丽发展,促进人与自然关系的和谐发展,最终不断提升百姓生活的幸福感,高质量实现共同富裕。

一、数字经济引领,推动经济高质量发展先行示范

第一,发挥数字经济引领作用。聚力打造"四高地一基地",深入实施数字经济"一号工程"2.0版。发挥省级数字经济创新发展试验区示范作用,大力发展人工智能、集成电路、区块链、新一代通信和物联网技术等关键产业,2022年实现数字经济核心产业增加值增长7%以上。

第二,持续推进"新制造业计划"。开展新一轮"腾笼换鸟、凤凰涅槃"攻坚行动,放大"415"产业集群带动效应,深入实施"3655梧桐计划",2022年实现规模以上工业增加值增长8%以上,新增"未来工厂"、智能工厂(数字化车间)8家以上。推动老旧工业园区和存量工业用地有机更新,保障工业发展空间。

第三,筑牢平台发展阵地。统筹未来科技城、良渚新城、钱江经济开发区三大产业平台错位布局、联动发展。未来科技城聚焦发展新一代信息技术、生物医药、科技服务、总部经济等产业,确保创建省级高新区,全力争创国家级高新区;良渚新城聚焦数字文化、生命健康、总部经济"2+1"产业定位,全力打造城北新中心、产业新高地;钱江经济开发区聚焦智能制造,大力发展新材料、新装备、新能源产业,加快开发区整合提升步伐,向省级经济开发区第一方阵迈进。深入实施"雄鹰计划""双百计划""凤凰行动",积极培育新增一批高能级企业。

第四,特色小镇特色发展。提质发展梦想、梦栖、人工智能、生命科技等省级特色小镇,梯度培育小镇集群,打造特色小镇2.0版。未来科技城以科创为核心,梦想小镇、人工智能小镇的发展力图构建互联网、金融服务为核心的新兴产业体系,力图建设成为杭州西部副中心。梦栖小镇、生命科技小镇位于良渚文化城,聚焦于数字文化和生命健康两大核心产业,力图建设成为杭州城北副中心。临平创业城以

众创为核心,艺尚小镇、产业互联网小镇重点发展时尚服装、研发设计等产业,力图建设成为杭州东部副中心。①

第五,推进数字经济与实体经济协调发展。强化大中小企业融通发展机制,建立健全契合中小微企业特点的多层次资本市场普惠服务体系,推动金融、房地产同实体经济协调发展。

二、提升发展质量,推动经济协调发展

第一,"机器换人",找准共富新方向。余杭区深入贯彻落实农业"双强"行动,围绕水稻、茶叶、生猪三个特色产业,以示范基地建设为抓手,找准了共富新方向,让"三农"人切实感受到当农民的幸福。截至2022年,余杭已建成104个现代农业园区,395个粮食生产功能区、农机综合服务中心5家、全程机械化应用基地9家、农机创新试验基地3家、数字农机应用基地4家。余杭区会继续加大农业机械化和数智化培训,提供更多有力政策,推进乡村振兴,促进农民共富。

第二,"品牌＋数字",实现共富新路径。提升产品品质的同时,挖掘文化内容,创建个性化的品牌,提升产品的知名度和影响力。通过互联网大数据,依靠5G物联网和区块链技术,让产品更好地传播和销售。

第三,"山城协作",共建富美西部。余杭区致力于促进未来科技城与西部五镇"1＋5"山城协作发展,激发产业发展活力。2021年力争实现低收入农户人均可支配收入增长10%以上,农产品网络销售额突破10亿元,新时代美丽乡村覆盖率达到60%以上。建成省级未来社区3个、市级未来乡村4个,争创市级未来社区14个,打造黄湖"未

① 特色小镇成余杭高质量发展重要引擎[N/OL]. 余杭晨报,2021-01-09(1)[2023-04-07]. http://yhcb.eyh.cn/html/2021-01/09/content_2081_3867631.htm.

来乡村实验区"省级标杆。余杭实施西部富美计划，围绕打造"乡村振兴样板典范、共同富裕示范窗口"一个总体目标，实施"环境提升、产业发展、民生改善"三大攻坚行动，惠及西部 5 镇（径山镇、黄湖镇、鸬鸟镇、百丈镇和瓶窑镇苕溪以北区域），兼顾其他农村地区；在原有政策基础上 3 年新增区财政投入不少于 50 亿元。

第四，"扩中提低"，经济发展更公平。其一，实施"扩中""提低"行动，推进"支点计划"，2022 年余杭居民人均可支配收入达到 7 万元，城乡居民收入倍差缩小到 1.58 以内。推进村级留用地安置清零 3 年行动收官，完成村级留用地安置 898 亩。其二，实施"强村兴业富农 30 条"新政，深化"1＋5"山城协作联合体建设，全面消除集体经济营收 100 万元以下相对薄弱村，农村居民人均可支配收入超 5 万元。其三，稳步提高最低生活保障水平，确保低收入群体收入增长 10％以上。其四，落实浙江省"四大建设"发展布局目标，统筹实施新型城镇化和乡村振兴战略，联动推进农业"双强"、乡村建设、农民共富行动，打造山海协作升级版，加快构建山区共同富裕现代化基本形态，以数字变革、绿色低碳变革开辟城乡区域协调发展新路径。

三、先富带后富，建设共同富裕示范先行区

中国式现代化是全体人民共同富裕的现代化。浙江被赋予了高质量发展建设共同富裕示范区的光荣使命。杭州坚持以人民为中心的发展思想，连续 15 年蝉联中国最具幸福感城市，被评为全国唯一的"幸福示范标杆城市"，在做大"蛋糕"的基础上分好"蛋糕"，缩小区域、城乡和收入差距，稳步推进共同富裕，让幸福城市成色更足。

2022 年 7 月《余杭高质量发展建设共同富裕示范先行区实施方案（2021—2025 年）》出台，将共同富裕先行示范的具体工作目标和举措清楚落实。七项具体工作目标是：其一，共同富裕的体制机制和工作

体系基本建立,努力在改革探索中示范先行;其二,创新驱动高质量发展模式基本确立,努力在经济高质量发展中示范先行;其三,中等收入群体为主的橄榄型社会结构基本形成,努力在优化收入分配上示范先行;其四,优质均衡的公共服务体系基本建成,努力在共建共享品质之区上示范先行;其五,中华文明圣地魅力更加彰显,努力在物质精神共富上示范先行;其六,美丽余杭生态底色更加亮丽,努力在全域美丽大花园建设上示范先行;其七,共建共治共享的社会治理体系更加完善,努力在全域治理现代化上示范先行。七项具体工作举措是:其一,提升创新策源能级,推动经济高质量发展争先;其二,全面落实收入双倍增计划,推进收入分配制度改革争先;其三,坚持以人为本,推进公共服务优质共享争先;其四,实施"西部富美""靓城行动",推进城乡区域协调发展争先;其五,全面打造文化文明高地,推进先进文化发展争先;其六,建设全域美丽大花园,推动生态文明建设争先;其七,坚持和发展新时代"枫桥经验",推进社会治理争先。

第二节 "腾笼换鸟、凤凰涅槃"的理论内涵

2003 年 7 月,中共浙江省委第十一届四次全体(扩大)会议召开,完整地、系统地提出了"发挥八个方面的优势""推进八个方面的举措"的决策部署,简称"八八战略"。而"腾笼换鸟、凤凰涅槃"就是在实施"八八战略"的过程中提出的,其根本性意涵在于推动经济结构的战略性调整和增长方式的根本性改变。

率先发展的浙江,面临着资源要素紧缺和发展需要大量资源要素之间的矛盾。2003 年,浙江规模以上制造业的增加值率仅为 22.8%,而且更令人感到揪心的是经济发展带来的环境污染问题,"2003 年,

浙江每创造 1 亿元 GDP 需要排放 28.8 万吨废水，创造 1 亿元工业增加值需排放 28 亿标准立方米工业废气，产生 0.45 万吨工业固体废物"①。从国际环境上来看，浙江遭遇美国、印度等 12 个国家提起的"两保一反"调查 54 起，从打火机、轴承、眼镜、纺织品、茶叶、小龙虾、蜂蜜、家具到鞋类，几乎涉及了浙江全部大宗出口商品。浙江经济发展增长方式粗放，产业层次不高的弊端显露无遗。在破解资源环境约束，解决经济粗放发展的问题上，浙江的改革迫在眉睫。

2004 年底，浙江省经济工作会议明确提出了"腾笼换鸟"的改革思路，"浙江只有凤凰涅槃，才能浴火重生"。2005 年 4 月 8 日，《浙江日报》第一版刊登了《"腾笼换鸟"促发展》一文，全面又通俗易懂地论述了"腾笼换鸟"的发展理念："腾笼换鸟"，说到底，就是要换来新的产业、新的体制和新的增长方式。2005 年 11 月 23 日，《浙江日报》"之江新语"专栏发表的《转变经济增长方式的辩证法》一文对"腾笼换鸟"和"凤凰涅槃"的关系作出了进一步阐释，"我们应有充分的思想准备，在制定有关政策、确定有关举措时把握好度，掌握好平衡点，既要防止经济出现大的波动，更要坚定不移地推进经济增长方式转变，真正在'腾笼换鸟'中实现'凤凰涅槃'"。② 2006 年 3 月，习近平同志以"哲欣"（取"浙江创新"之意）的笔名发表文章《从"两只鸟"看结构调整》，首次系统阐述了"腾笼换鸟、凤凰涅槃"，明确提出"推动经济结构的战略性调整和增长方式的根本性转变"要养好"两只鸟"："一个是'凤凰涅槃'，另一个是'腾笼换鸟'。所谓'凤凰涅槃'，就是要拿出壮士断腕的勇气，摆脱对粗放型增长的依赖，大力提高自主创新能力，建设科学强

---

① 周咏南，刘乐平."两只鸟论"的浙江实践——我省以改革牵引高质量发展纪实[N/OL].浙江日报，2018-02-28(1)[2023-04-06]. http://zjrb.zjol.com.cn/html/2018-02/28/content_3119949.htm? div=-1.

② 习近平.之江新语[M].杭州：浙江人民出版社，2007：159.

省和品牌大省,以信息化带动工业化,打造先进制造业基地,发展现代服务业,变制造为创造,变贴牌为创牌,实现产业和企业的浴火重生、脱胎换骨。所谓'腾笼换鸟',就是要拿出浙江人勇闯天下的气概,跳出浙江发展浙江,按照统筹区域发展的要求,积极参与全国的区域合作和交流,为浙江的产业高度化腾出发展空间;并把'走出去'与'引进来'结合起来,引进优质的外资和内资,促进产业结构的调整,弥补产业链的短项,对接国际市场,从而培育和引进吃得少、产蛋多、飞得高的'俊鸟'。实现'凤凰涅槃'和'腾笼换鸟',是产业高度化发展的客观趋势和必然选择。"①

跟随"腾笼换鸟、凤凰涅槃"的重要论述,一张蓝图绘到底,一以贯之谋发展,推进经济发展方式转变,成为历届浙江省委、省政府的不懈追求。十一届省委提出了"八八战略",以"凤凰涅槃"的勇气、"腾笼换鸟"的举措、"浴火重生"的气魄,推进发展方式转变,把浙江转变经济发展方式推上新台阶。十二届省委深入实施"八八战略"和"创业富民,创新强省"总战略,形成了加快转变发展方式、推进经济转型升级的新局面。2017年,浙江装备制造、战略性新兴、高新技术等产业增加值分别比上年增长12.8%、12.2%和11.2%,增速均高于规模以上工业,增加值占规模以上工业的39.1%、26.5%和42.3%。作为浙江着力打造的八大万亿产业之首,信息经济核心产业增加值占全省生产总值的比重为9.4%,继续创2015年以来的新高。② 2018年,在浙江省第十三届人大一次会议上,省政府工作报告中明确作出判断:"浙江的发展方式发生了根本性转变!"这个"根本性转变"不单是在经济体量上实现了突破,更是在发展内涵上实现了升华。由"低、小、散"向

① 习近平.之江新语[M].杭州:浙江人民出版社,2007:184-185.
② 中华人民共和国中央政府网.2017年度浙江经济社会发展状况[EB/OL].(2019-02-13)[2023-04-10].http://www.gov.cn/guoqing/2019-02/13/content_5365255.htm.

"高、新、尖"发展，由块状经济向产业集群转化，由"浙江制造"向"浙江创造"跨越。①

第三节　余杭经济 20 年发展的"腾"与"换"

一、数字经济先行，加快现代产业体系构建

数字经济是全球新一轮科技革命和产业变革的重要机遇，提升数字经济产业的发展水平，有助于加快新旧动能的转变，助力产业结构的优化升级。与传统经济比较，数字经济重构了经济发展的结构、创新了动力模式、推动了产业结构的升级改造。2017 年 12 月，浙江省经济工作会议提出要实施数字经济"一号工程"，全面推进数字产业化、产业数字化的经济转型。2018 年，《浙江省国家数字经济示范省建设方案》和《浙江省数字经济五年倍增行动计划》出台。2022 年 9 月，杭州以数字化改革为牵引，以科技创新为核心动力，以打造智能物联产业生态圈为重点，开展实施"1248"计划。

2018 年，余杭区明确了数字经济作为价值链高端产业的地位，提出要以数字经济为引领、实体经济为着力点，实施经济发展质量的提升行动。通过深入实施"一号工程"，余杭数字经济增加值达 1340.87 亿元，增长 20.3%，服务业增加值、规模工业增加值分别增长 13.6%、7%，高新技术产业增加值占规模工业比重达 64.5%。2019 年，余杭数字经济增加值保持了 18% 的增长，围绕着建设全国数字经济先行区

① 周咏南，刘乐平."两只鸟论"的浙江实践——我省以改革牵引高质量发展纪实[N/OL].浙江日报，2018-02-28(1)[2023-04-06].http://zjrb.zjol.com.cn/html/2018/02/28/content_3119949.htm?div=-1.

这一目标,余杭大力发展信息软件、大数据、人工智能等优势产业,谋划布局 5G 商用技术、量子科技等未来产业。2020 年,余杭数字经济的增长势头依然强劲保持在 15% 以上。余杭巩固提升了电子商务、大数据、云计算等优势产业,并积极引进 5G 应用、区块链、虚拟现实、下一代半导体等新兴产业,争创国家新一代人工智能创新发展试验区、核心区。通过全力推进阿里全球总部、vivo 全球 AI 总部、OPPO 全球移动终端研发总部等数字经济领域重大项目,提升发展 5G 创新园、区块链产业园等载体,增强数字经济发展后劲。巩固工业互联网先发优势,充分发挥阿里 SupET、工业富联等工业互联网平台作用,实施工业互联网试点项目 300 个。2021 年,余杭实现数字经济核心产业的增加值为 747.6 亿元,继续领跑全省,规模工业增加值增长 26.9%,达到了 116.03 亿元,获评"中国产业区块链城市 10 强核心聚集区"、全省"加快传统制造业改造提升成效明显区"。2022 年,余杭深入实施数字经济 2.0 版,发挥省级数字经济创新发展试验区示范作用,大力发展人工智能、集成电路、区块链、新一代通信和物联网技术等关键产业,实现数字经济核心产业增加值增长 7% 以上,打造全球数字经济创新高地。

余杭数字经济的先行示范作用已经突显出来,而实体经济则是余杭经济发展的着力点,用数字经济引领实体经济的高质量发展。在制造业的发展中,余杭坚持有所为有所不为,将"腾笼换鸟、凤凰涅槃"攻坚行动进一步深化,推动制造业向高端化、数字化、绿色化转型,确保制造业实现高质量发展。良渚新城聚焦"2+1"(数字文化、生命健康+总部经济)的产业定位,建立"众创空间预孵化+孵化器成长+加速器壮大+产业园腾飞"的接力式孵化与转化体系。钱江经济开发区以成为长三角智能制造产业示范区、长三角创新发展总部基地引领区、杭州产城人文融合发展样板区为目标,把建设"未来工厂"作为推进制造业高质量发展的重要抓手,智能制造创新创业产业园、浙江大学先进电气装备创新中心、紫创未来智造谷相继开园。杭州未来科技城强力链接重点实验室、重点科研高校、科技引擎企业,促进创新链与产业链深度融合,把创新势能转化为构建新发展格局和推动高质量发展的强大动能。未来科技城已集聚近万家数字经济企业,OPPO 全球移动终端研发总部、vivo 全球 AI 研发中心、字节跳动杭州(余杭)研发中心等数字经济头部企业在未来科技城相继落地。可以说,在高能级产业大平台带动下,余杭率先形成了数字经济高质量发展新格局。

二、打造现代农业,推进农业高质量发展

余杭曾经是一个农业大区,并且一直是浙江省重点产粮区。可以说,农业一直是余杭的"优良传统",只是随着未来科技城的建设,以及阿里巴巴等互联网公司的入驻,数字经济的发展才成为余杭的"新贵"。

2003 年,全区生产总值中第一产业 21.5 亿元、第二产业 110.5 亿元、第三产业 72 亿元,建成了鸬鸟蜜梨、仁和苗木等 10 个特色园区,余杭高新农业示范中心是省级农业高新技术示范园区。从这组数据看,余杭的农业占据了整体经济的一定份额,而各类服务业的发展却不够明显。2004 年,余杭农业总产值 37.6 亿元,发展了径山茶、中泰苦竹等特色品牌。2005 年到 2009 年之间,余杭农业的发展呈现出缓慢上升趋势,总产值分别为 41.1 亿元、44.5 亿元、48.41 亿元、52.89 亿元、55.71 亿元。2009 年,余杭开始布局发展休闲观光农业,完成了良渚农耕文化、径山禅茶文化、运河生态农业、塘栖枇杷、余杭创意农业等 5 个总体规划。2011 年,塘栖枇杷、径山茶、生态渔业、生态竹业四大产业板块建设全面启动,实现农业总产值 59.57 亿元。2012 年,余杭农业总产值 72.95 亿元,提出了"规模化、企业化、现代化"的现代农业发展目标。2014 年,余杭实现农业总产值 72 亿元,新增省级现代农业园区 3 个,培育国家级农民专业合作社 3 家,成功创建了省农业标准化综合示范区。2017 年,国家农村产业融合发展示范区创建在余杭区有序开展,大径山农业产业集聚区建设全面启动,粮食生产实现"三连增"。2018 年和 2019 年,农业增加值增长均为 2% 以上,余杭现代农业产业园成功入选国家级创建名单,获评全国数字农业农村发展水平评价先进区。

2021 年 8 月,浙江省召开农业高质量发展大会,部署实施科技强农、机械强农"双强行动",要求"以数字化改革为牵引,以科技强农、机械强农为切入点,尽心尽力抓好农业高质量发展"。2021 年底,余杭区获评浙江省第一批两个综合性农业"机器换人"高质量发展先行县(区),这也是杭州唯一的一个。余杭区深入贯彻落实农业"双强行动",成立区级创建工作领导小组,研究制定了《余杭区深化机械强农行动 推进农业"机器换人"高质量发展的实施方案》,围绕生猪、水稻、茶叶三个特色产业,以示范基地建设为抓手持续深化先行建设,推动"机器换人"高质量发展。余杭农业以生猪养殖数字化为典型,进一步扩大数字化在畜禽养殖、疫病防控上的实际应用,提升了数字畜牧管理水平,帮助养殖企业既降低了成本又提升了成效。基于强大的数字化基因优势,余杭区农业的"双强行动"跑在了全省的前列。

三、技术创新引领,先进制造业的升级发展

余杭区历届区政府一直将"先进制造业"作为政府的重要工作来抓,引领余杭制造业转型升级,淘汰"高耗低效"的落后产能,培育吃得少、产蛋多、飞得高的"俊鸟"。

2004 年 2 月 26 日,余杭区第十二届人民代表大会第二次会议明确了当年的主要工作任务之一就是"着力拓展电子信息、生物工程等高新技术产业,努力打造先进制造业基地"。2007 年,余杭区政府工

作报告中明确提出在经济发展上要及时帮扶困难企业,积极开展"腾笼换鸟",并将 2007 年政府工作重点之一放在"努力提高自主创新能力,力求在加快新型工业化进程上迈出新步伐",尤其是在科技创新、产业提升、园区发展三方面加速工业发展的转型升级。2008 年,余杭下决心"加快构筑传统优势产业为基础、装备制造业为主导、高新技术产业为支柱的先进制造业体系"。2009 年,仁和先进制造业基地完成概念性总体规划编制,整治废弃矿山 1000 亩。2011 年,余杭区政府编制完成现代工业产业集群发展规划、"工业强区"和先进制造业"三区八园"三年行动计划。

2012 年,余杭区产业结构进一步优化,三次产业结构比例为 5.9∶52.5∶41.6。先进装备制造业、高新技术产业产值占规模工业的比重分别达到 29.9% 和 30.2%。2013 年,余杭区加快改造提升传统优势产业,引导传统产业向价值链高端升级,绿色能源、生物医药产业增速明显,产值分别增长 11.8%、25.8%。鼓励企业"机器换人",提高装备水平,促进先进技术推广应用,全面推进以"四减两提高"为目标的技术改造。强化节能减排倒逼机制,关停高污染高能耗企业 31 家,加快推进"腾笼换鸟"。2014 年,余杭区政府提出要进一步优化产业结构,大力发展先进装备制造、生物医药、新能源、节能环保等新兴产业,鼓励传统产业加强技术创新、产品创新、组织创新和商业模式创新,加快形成产业特色、产出规模和技术优势。2015 年,余杭区全面启动信息经济、智慧应用"一号工程",着力推进产业结构调整和发展方式转变,经济增长质量和效益得到提升。实施资源要素市场化配置改革,建立以企业亩均效益为核心的综合评价体系。深入推进"四换三名",关停搬迁高污染高能耗企业 40 家、石料加工企业 322 家,完成工业技改投入 104.91 亿元,167 个工业园区提升改造项目竣工。2016 年,余杭区高新技术产业产值占规模工业比重达 45.5%,新产品产值率达 38.8％,淘汰落后产能企业 25 家、生产线 35 条。在"十二五"期间,余杭经济结构向更高端迈进,主要经济指标增幅持续高于全国和省、市平均水平,综合实力位居全国百强市辖区第 8 位。万元生产总值综合能耗预计比 2010 年下降 25％,化学需氧量、二氧化硫、氨氮减排任务提前一年完成。在信息经济、智慧应用"一号工程"的引领下,信息产业、先进装备制造、生物医药、新能源等战略性新兴产业集群集聚发展态势良好。

　　2017 年,余杭政府深入推进"一号工程",落实"中国制造 2025 浙江行动"余杭试点方案,实施工厂物联网和工业互联网试点项目 21 个、两化融合项目 12 个,规模工业增加值增长 7.6％,关停淘汰落后产能企业(生产线)116 家(条),关停取缔"低、小、散、差"生产经营单位 6747 家。2018 年,余杭加快"推进转型升级,着力构建高端现代的产业体系",规模工业增加值增长 7％,高新技术产业增加值占规模工业比重达 64.5％。推动智能制造,启动工业互联网"百千万"工程,实施工厂物联网和工业互联网项目 28 个,"上云企业"累计达 13660 家。深化"亩均论英雄"改革,试点实施工业园区提升改造,关停淘汰落后产能和污染隐患企业(生产线)166 家(条),关停取缔"低、散、乱"生产经营单位 11841 家。2019 年,余杭启动实施"新制造业计划"。2020 年,余杭全面实施"新制造业计划"。大力培育高端装备、生物经济、节能环保、新材料等战略性新兴产业。加快智能制造,推动规模以上企业数字化改造全覆盖,实施"机器换人"项目 100 个,建设无人工厂("黑灯车间")3 个以上。继续深化"亩均论英雄"改革,加快淘汰落后产能和污染隐患企业,提升改造仓前高桥、开发区印染区块等工业园区。余杭区三次产业结构优化为 1.7：22.2：76.1。

　　2021 年,余杭区行政区划调整,余杭由此翻开崭新篇章。为抢占产业高质量发展先机,余杭区政府实施"新制造业"计划,培育数字化车间 20 个,实施工业互联网试点项目 100 个。打造全球生物医药研发高地,引进培育一批创新药物成药性评价、智能诊疗设备创新中心等公共服务平台,科学布局生物医药、医疗器械产业园,推动创新成果产业化落地,实现生物医药制造业产值增长 16%。打造全球未来新兴产业发展高地,聚焦前沿新材料、车(飞)联网、区块链等新兴产业,实施未来产业孵化与加速计划。2022 年,余杭先进制造业加快发展,实现规模以上工业增加值 248.44 亿元、增长 16.7%,新增省、市级智能工厂(数字化车间)6 家。生物医药产业蓬勃发展,生物医药制造业产值增长 70.5%,健康制造业增加值增长 133.8%。未来产业前瞻布局,启动未来产业先导区(人工智能)建设,"余杭人工智能产业群"入选第一批省级"新星"产业群培育名单。[①] 之江实验室 22 个月内落实国家重大科技基础设施项目"浙大超重力离心模拟与实验室装置",这是和北京正负电子对撞机、上海光源、天眼 FAST 射电望远镜同等级别的"国之重器"。

四、"腾笼换鸟、凤凰涅槃",打造现代服务业集聚平台

2006 年,在《杭州市国民经济和社会发展第十一个五年规划纲要》中,杭州市政府就明确了实施"退二进三"政策,积极发展高附加值服务业。2009 年,《关于实施"服务业优先"发展战略进一步加快现代服务业发展的若干意见》等政策文件出台,鼓励城区企业实施"退二进三""腾笼换鸟"政策,积极支持以划拨方式取得土地的单位利用工业厂房、仓储用房等存量房产发展信息服务、研发设计、创意产业等现代服务业。2010 年出台了《杭州市服务业集聚区总体布局规划》《杭州

---

① 余杭区政府工作报告(2022)[R/OL].(2022-02-24)[2023-4-28].http://www.yuhang.gov.cn/art/2022/2/24/art_1229167325_4018527.html.

市现代服务业重点集聚区认定管理暂行办法》,重点打造数字服务、科技服务、金融服务、文化服务、旅游休闲、商务服务、健康服务、物流服务这八大类产业服务集聚平台。2020年以来,浙江省发展改革委相继制定出台了《高质量建设全省现代服务业创新发展区的实施意见(2021—2025年)》《浙江省现代服务业创新发展区建设导则(试行)》《关于公布首批浙江省现代服务业创新发展区名单的通知》,加强对现代服务业发展的政策支撑和引导。

2005年,余杭区政府明确,要加快提升改造传统服务行业步伐,大力发展现代服务业,并提出具体的工作计划,以杭州农副产品交易中心、杭州湾国际建材装饰城等重点项目为基础,大力推进高集聚度商品交易市场、特色商贸基地和商业街区、大型物流基地建设。2009年,余杭开始大力实施现代服务业三年行动计划,提出要积极培育新型业态,努力促进金融、保险、信息等现代服务业发展,推动阿里巴巴淘宝城落户余杭。2010年,余杭区通过制定实施一系列推进现代服务业发展的政策意见,理顺工作机制,文化创意产业实现增加值44.35亿元。2012年,余杭区现代服务业快速发展,实现旅游收入75.2亿元,比2006年增长173.9%;信息服务业、物流业、商贸业、金融服务业增加值年均分别增长59.2%、11.6%、14.5%和17.8%。2013年,余杭区现代服务业实现增加值366.79亿元,增幅居省市前列。在"淘宝"项目带动下,信息服务业高速增长,实现增加值102.40亿元,增长62.1%。实现旅游收入89.29亿元,增长19.0%。文创产业实现增加值103.12亿元,增长46.0%。2015年,现代服务业实现增加值613.04亿元,增长14%。电子商务服务收入增长40.3%。规模以上信息软件业实现主营业务收入595.44亿元,增长37.9%。旅游收入125.79亿元,增长17.3%。文创产业增加值增长28.3%。2017年,现代服务业作为余杭区经济发展"主引擎"的地位进一步巩固,预计实现增加值 700 亿元,增长 16%,增幅居全省前列。2018 年,余杭区通过推动服务业与制造业深度融合,积极发展信息服务、研发设计、智慧物流等现代服务业,使得服务业增加值增长 12% 以上。2019 年,继续推动服务业与制造业深度融合,积极培育研发设计、智慧供应链等生产性服务业,现代服务业增加值增长 9.5%。2020 年,余杭区大力提升创业孵化、研发设计、科技金融等生产性服务业,推动现代服务业与先进制造业深度融合,确保服务业增加值增长 8.5%。2021 年,余杭区服务业增加值为 2125.5 亿元,是杭州唯一一个破 2000 亿元的城区。① 2022 年,余杭未来科技城创建省首批现代服务业创新发展区,蝉联服务业发展综合评价全省第一。杭州余杭的未来科技城创新发展区招引了大批总部中心,预计 2023 年服务业营收可达 7000 亿元。

余杭区历届区政府主动落实浙江省政府一系列支持现代服务业发展的政策,加强合理布局和能效提升,余杭区的三次产业结构比例愈发高级化,服务业占生产总值的比重逐年提升。余杭与阿里巴巴签约建设淘宝城,以及在城西挂牌成立创新基地,让余杭区真正抓住了产业互联网、工业互联网发展的机遇,真正积累了创新增量,实现了在发展中的持续领先。2022 年,余杭服务业增加值 1055.11 亿元,是全省唯一增加值超千亿的区(县)。

20 年来,余杭三次产业结构不断优化,由 2001 年的 12.4∶53.6∶34.0 转变为 2020 年的 1.7∶22.2∶76.1。在这组数据上,我们看到了余杭经济结构的优化升级,从一个农业大区转变为以智能服务为主的科创大区。余杭数字经济的发展持续领跑全省,根据 2022 年数据,余杭人口规模不过占杭州的 11%,而 GDP 则占杭州的 14%,财政总收入占杭州的 15%,人才总量占杭州的 12%,数字经济核心产业增加

---

① 余杭区人民政府. 服务业激活余杭经济"强引擎"[EB/OL].（2022-08-15）[2023-04-17]. http://www.yuhang.gov.cn/art/2022/8/15/art_1532124_59022359.html.

值占杭州的 1/3。可以说,余杭区是杭州名副其实的"大区",而先进制造业和数字经济是推动余杭经济腾飞的双引擎。

第四节 余杭经济高质量发展的经验启示

首先,依托"人才＋创新"的双轮驱动,以"平台、产业、人才"创新发展模式,余杭实现了经济高质量发展。其次,"文明是实践的事情,是社会的素质"[①],文化软实力对城市发展有着积极的反作用,城市的文化吸引力成为吸引人才、提升城市素质的关键。再次,公平的分配能够激发人们劳动的主动性和积极性,协调发展将更好地促进生产力的发展。最后,"数字化改革"是重要抓手,服务型政府的构建为高质量发展提供了保障。我们希望从创新活力、文化赋能、协调发展、数字化改革切入,管窥余杭经济高质量发展的经验启示。

一、"人才＋创新"双轮驱动,激发余杭高质量发展的创新活力

党的二十大报告中将"教育、科技、人才"看作"全面建设社会主义现代化国家的基础性、战略性支撑"。杭州市 1988 年首次提出"科技兴市"战略,进入新时代后进一步加大了对创新创业的支持力度,推动了引才引智的政策计划,加强了教育的投入,聚集了人才、技术、项目、资本等高端要素,把创新创业引入深入。

第一,科技是第一生产力,余杭创建全域创新策源地。从 20 世纪 90 年代开始,科教兴区的建设就已经在杭州开始了。余杭每年政府

---

① 中共中央马克思恩格斯列宁斯大林著作编译局.马克思恩格斯文集(第一卷)[M].北京:人民出版社,2009:97.

工作报告中必有的部分就是对"科技创新"的扶持。2006 年,余杭深入实施科教兴区战略,加快培养科技创新人才,积极培育科技创新主体,大力建设科技创新平台,加快发展高新技术产业。2007 年,余杭获得"全国科技进步示范区"称号,实现规模以上高新技术产业产值307.73 亿元,增长 7.3%。从 2013 年开始,余杭实施科技创新"523"计划,力争 3 年内在环杭州主城区建设 50 个创新园区,物理空间达到200 万平方米以上,培育引进 3000 家科技型中小微企业。2014 年,余杭被评为全国科技进步先进县(市)。同年,余杭科技创新"523"三年计划圆满完成,特色小镇创建数量居全省首位,余杭经济技术开发区升级为国家级开发区,未来科技城成为杭州创新发展的重要增长极。2018 年,余杭深化科技创新"523"计划,新增国家级众创空间 5 家,引培科技型中小微企业 1274 家。新增省级企业研究院 16 家、高新技术企业研发中心 63 家,新增数居全省首位。新增国家重点支持领域高新技术企业 134 家、省科技型中小企业 226 家。发明专利授权 658件,新产品产值率达 44.2%。2021 年,之江、湖畔、良渚三大实验室入选省实验室,创建梦想小镇、梦栖小镇等 5 个省级特色小镇,中国(杭州)区块链产业园、5G 创新园等建成开园,孵化载体达 167 个、物理空间超 800 万平方米,获得浙江省首批"科技创新鼎"。余杭以超常规力度打造城西科创大走廊核心区,加快培育战略科技力量,全力服务"互联网+"、生命健康、新材料三大科创高地建设。2022 年 6 月,天目山实验室成立,浙江省实验室"十兄弟"中,之江、良渚、湖畔、天目山实验室汇聚余杭,余杭也成为浙江省级实验室布局最多的区县(市)。2022年,余杭连续第二次获得"科技创新鼎"。

第二,实施"美好教育工程",提升教育质量。对照余杭作为杭州城市新中心的定位来说,余杭的优质教育发展与人民群众对于美好教育的向往之间还存在着一定差距。2019 年,余杭区开始了"美好教育"行动,实施新一轮教育质量提升计划,探索集团、联盟、共同体等多形态办学模式。其一,加快发展职业教育,促进产教融合,打造特色专业。其二,2020年落实学校项目建设三年行动计划,开工建设良熟九年一贯制学校、风荷路中学等26个学校项目,建成启用新塘栖中学、新城东中学等21所学校。深化教育人才引培,引进区外名优教师100名。其三,构建现代职业教育体系,谋划职业学校建设,推动职教创新和产教融合。其四,抓好"阳光体育"、5G智慧校园建设、AI课程全覆盖等教育民生热点,提高群众对教育的满意度。

第三,构筑人才蓄水池,全域打造国际化高端"人才特区"。科技是第一生产力、人才是第一资源、创新是第一动力,余杭着力构建创新平台,全面提高人才自主培养质量,造就拔尖创新人才,聚天下英才而用之。其一,打造产业创新平台。之江实验室、阿里达摩院是余杭的两大创新平台,充分发挥这些平台的"灯塔效应",将更快促成国内外一流科研资源的聚集,并带动更多企业创新平台的形成。余杭将加快构建"城市群—创新大走廊—科技城—特色小镇群"的现代化创新空间体系,将科技城建设作为大湾区经济发展的核心枢纽,打造一批高端创新资源集聚、创新制度完善、新兴产业集群培育的大平台。其二,孵化产业体系。以海创园、梦想小镇等科创平台集群为核心,打造"种子仓—孵化器—加速器—产业园"接力式产业培育链条和政策体系。积极引进各类金融机构,促进人才链、资本链、产业链的有机融合,加速形成从人才体系到初创企业群再到新兴产业集群的完整孵化经济业态。其三,汇聚人才。深化推广"人才＋资本＋民企"模式,全面推进人才特区和人才高地建设。吸引集聚以"阿里系、浙大系、海归系、浙商系"为代表的双创"新四军",推进"精英创业"和"大众创业"。

二、文化赋能，擦亮余杭文化产业创新之窗

良渚文化、运河文化、径山文化汇聚余杭，五千年的良渚文化、两千年的运河文化、一千年的径山文化奠基了余杭深厚的历史根脉。而且，余杭的红色文化资源丰富。可以说，余杭是文化大区、文化富区、文化强区。

第一，赓续良渚文明文脉。其一，提升良渚古城遗址作为中华文明圣地的国际辨识度及世界影响力。2001 年，浙江省政府批准设立杭州良渚遗址管理区。2003 年 7 月，时任浙江省委书记的习近平赴良渚调研，对良渚文化遗址的历史地位作出了阐释："良渚遗址是实证中华 5000 年文明史的圣地。"2016 年，宿白、谢辰生、黄景略、张忠培四位著名的考古学家致信习近平总书记，希望促成良渚遗址早日申报世界文化遗产。习近平总书记作了批示，肯定了良渚文明的重大意义："要加强古代遗址的有效保护，有重点地进行系统考古发掘，不断加深对中华文明悠久历史和宝贵价值的认识。"2019 年 7 月 6 日，良渚古城遗址列入《世界遗产名录》。余杭更是将良渚博物院、杭州国家版本馆、良渚古城遗址公园等"文化明珠"串珠成链，形成良渚文化艺术走廊，建设具有世界影响、余杭特色的历史文化集群。其二，高水平推进大运河国家文化公园建设，展现"千里运河、美在余杭"锦绣画卷。加快良渚生态艺术岛、于谦廉政文化陈列馆、良渚滨河景观带、仁和红色田园等项目建设，推动运河沿线的非遗项目串珠成链，争创省级大运河文化传承生态保护区。其三，打响径山文化品牌。增强对"径山茶宴"、沈括故里、章太炎故居以及苕溪文化等文化资源的整合，打造具有余杭特色的宋韵文化金名片，启动创建径山国家级旅游度假区，建成径山主题文旅项目 7 个。

第二，守好红色文化根脉。在仁和街道花园村林家兜，有见证余

杭党组织诞生、发展、壮大曲折过程的中共西镇区委旧址,展示了党领导农民开展革命斗争的历史;在径山镇双溪村双溪老街有中共临余工委旧址;在鸬鸟镇山沟沟村茅塘有新四军随军被服厂旧址,是杭州地区较为全面系统地反映新四军战史的纪念馆;在鸬鸟镇太公堂村有余杭抗日战争纪念馆,现为杭州市党史学习教育基地;还有五常的"五九批示"纪念馆、仓前的"余杭四无粮仓陈列馆"、小古城村的"樟树下议事"等丰富的红色资源和新时代中国特色社会主义优秀文化的资源。余杭要挖掘和守护好仁和西镇区委旧址、五常"五九批示"精神、仓前"四无"粮仓等本土红色文化资源,擦亮"樟树下议事"品牌,做深做透"众人事情由众人商量"红色溯源文章。

第三,推进未来科技文化中心建设。与良渚文化艺术走廊交相辉映的是杭州未来科技文化中心,包括了科技馆、图书馆、美术馆、文化馆、博物馆和青少年活动中心等不同的区块,是杭州新一代城市公共中心。其中,国际体育中心是浙江省专业程度最高的综合性体育场馆,包括 60000 座满足国际足联标准的专业足球场、19000 座满足国际赛事标准的专业体育馆、800 座区级游泳馆等,建成后余杭可以获得更多国际一流赛事的主办权。此外,余杭还将通过完善东西部镇街综合文化站、打造"余阅"空间等方式,促进区域公共文化服务均衡协调发展。

三、城乡协调发展,建设"共富"家园

第一,守牢耕地红线,打造人与自然和谐共生的田园城市。截至 2020 年,余杭的永久农田为 41.8 万亩,占杭州市总量的 16％。正是因为余杭对耕地红线的坚守,粮食生产才能够实现连续的增长。城市发展不可能越过耕地面积的"红线",那么如何协调好城市、人与环境发展的关系问题,就成为对余杭的考验。杭州云城规划面积 58 平方公里(未来科技城为 10 平方公里),而且在规划区域中约有永久基本

农田 22.7 平方公里,占了云城规划面积的近一半。保护环境就是保护生产力,改善环境就是发展生产力。余杭区尽最大可能保护了永久基本农田份额一分不少,并大力发展观光农业、都市农业、现代农业,市民得以在田园中诗意栖居,农民可以在城市中惬意耕作,构建了人、自然与城市发展的和谐美景。

第二,"三产融合"打造现代农业,助力乡村振兴。2018 年,余杭推出农业"三产融合"区域共用品牌"禹上田园",打造标杆农业园区 5 家,创建大径山省级现代农业园区,争创国家现代农业产业园,衍生出径山茶、鸬鸟蜜梨等一批优势特色产业。余杭区以径山茶为主导产业,依托 34.5 万亩的国家现代农业产业园,围绕"种茶、做茶、卖茶、讲茶"四篇文章,深入挖掘弘扬径山茶的历史文化,全面推动茶叶生态种植、精深加工、品牌营销、茶旅融合发展。2020 年,径山茶品牌价值超过 25 亿元,产业园主导产业产值达 47.91 亿元,带动 3.7 万人增收致富;鸬鸟镇是浙江省"蜜梨之乡",为促进鸬鸟镇蜜梨产业发展,余杭蜜梨"科技小院"依托共建单位力量,邀请中国工程院院士、中国农业大学教授张福锁团队,浙江大学环境与资源学院教授吴良欢团队等专业人员入驻,为鸬鸟蜜梨"看诊把脉、对症下药"。余杭区紧紧围绕发展现代农业,通过加快农业现代化、推动农文旅融合、壮大村集体经济,推进农村一、二、三产业融合发展,构建现代乡村产业体系,助力余杭西部成为乡村振兴样板。

第三,科技赋农,走好未来农业共富路。首先,以政策保障为指引。2018 年,余杭区制定了全省首个含金量最高、覆盖面最全的《关于进一步加强"三农"人才工作的实施意见》。加大高端农业科技人才引进激励力度,吸引大学生和农业科技人才从事现代农业,开展优秀农村工作人才选聘工作,扶持培育村级经营管理人才和团队,扶持农村电商创业孵化和青年创客发展,强化农业科技下乡服务,开展基层农业技术推广人员定向培养，挖掘培养乡土人才，推进新型职业农民培育。其次，以技术创新为突破。大力发展数字农业，用好10支专业技术团队和90名专家"一对一"指导，实施"三新"技术项目20个以上，校地合作项目10个以上，创建2家省级绿色农业科技示范基地，建成浙大—余杭农业科技创新园。积极服务优质农业企业落户余杭，2021年新增农业高新技术企业14家，增长率达133%，培育本地优质农业龙头企业14家。最后，以农机推广为支撑。聚焦高精尖研发，鼓励首台"套农机"引进与试验示范，茶叶、蔬菜等种植关键环节取得有效突破。加快宜机化改造，实施蔬菜农机研制推广一体化试点，推进高标准农田建设和长效管护。创新靠前式服务，加快北斗农机推广应用，推进农事服务综合示范平台和6个农事服务中心建设，建成全程机械化示范基地9个，获评全省首批综合性农业"机器换人"高质量发展先行县。[①]

第四，启动"五名"工程，构建"1+5"山城协作共富机制，推进"西部富美"。首先，启动"五名"工程。名师发挥带头作用，为共富工坊提供公益咨询和专业指导；名品发挥特色品牌带动效益，拓宽共富工坊产品销售渠道；名校发挥结对高校优质资源及技术产业资源优势，提高农产品的附加值；名基地发挥农业基地、农产品基地等资源集聚的作用，以基地制造扩大产销的规模；名企业发挥龙头企业、重点企业在市场营销、销售渠道等方面的带动作用，参与共富工坊建设，带动农民增收、企业增效。通过"名师、名品、名校、名基地、名企业"的带领效应，扎实推进"西部富美"。其次，推进"1+5"山城协作联合体。充分利用未来科技城招商引智优势资源，强化西部五镇产业链与产业平台精准匹配，构建瓶窑、径山、黄湖、鸬鸟、百丈西部五镇协作发展机制，

---

① 余杭连获3项省级荣誉 农业现代化发展筋骨更壮[N/OL].余杭晨报,2022-09-19(1)[2023-04-17].http://yhcb.eyh.cn/htm//2022-09119/contem-2081-6742084.htm.

形成"1＋5"山城协作联合体，推进农货进城、农民入企、产业落镇、资金下海、人才上山等十大举措，将更多资金、项目、人才、技术等资源要素向乡村集聚，将更多绿水青山作为未来科技城越级发展的第二空间，构建全域城乡融合发展推动共同富裕的新模式。2021年，西部五镇落户项目33个，投资逾3000万元的项目8个，累计总投资已超过1.5亿元，并且实现了首家农业龙头企业的成功上市。

第五，高水平建设美丽乡村，推进未来乡村建设。实施农业"双强"行动，打造径山茶、瓶窑粮蔬、仁和渔业等6条农业全产业链，争创省级农产品标准化生产示范区。2022年开始，余杭持续深化"千万工程"，制定实施新一轮美丽乡村建设三年行动计划和未来乡村示范带建设行动计划，推进10个市级未来乡村试点村建设，创建省级新时代美丽乡村达标村10个，争创全省新时代美丽乡村标杆区。深入推进余杭区未来乡村总体建设规划编制，积极打造"千村示范万村整治工程"升级版。强化要素保障，整合部门资源，推进基础设施、环境优化、民生改善、公共配套、产业发展等方面的建设。开工建设"四好农村路"，对照"一统三化九场景"建设要求，重点推动新港村、永安村、青山村、径山村4个未来乡村创建工作，打造一批未来乡村精品村。

四、"数字化转型"为抓手，推进数字"智造"和数字"智理"

在农业文明和工业文明之后，世界进入了数字文明的时代。机器设备扩展了人的体力，数字计算机延伸了人的脑力，人机交互使得人改造自然和自我的能力进一步提升。那些看似繁芜丛杂的数据已经成为能够推动人类社会发展的"新石油"，人工智能、大数据、云计算等等信息技术的发展必将推动众多产业发生变革。随着科技革命的不断深入发展，经济社会数字化转型已经不是一道"选择题"了，只有在新一轮科技革命中把握先机，回答好"数字化转型"这个时代必答题，才能够真正促进生产力的发展，在竞争中"后来居上"。

第一，数字经济与制造业双向奔赴，从"制造"到"智造"。制造业是经济发展的基础，也是余杭经济实现高质量发展的基石，更是余杭着力发展的重要经济增长极。余杭充分利用未来科技城、钱江经济开发区、良渚新城这三大平台的辐射带动作用，依托数字经济的创新策源优势，持续推进数字产业化和产业数字化转型升级，构建了以数字经济为引领、新制造业为基石的现代产业体系。余杭锚定了"智造单元—数字化生产线—数字化车间—智能工厂—未来工厂"这一条渐进式新"智造"的发展路径，力图构建"产业大脑＋未来工厂"的新产业生态。

第二，数字化赋能城市现代化，从"治理"到"智理"。数字化改革为余杭的城市现代化治理提供了新路径，使余杭的社会治理更智慧。例如，余杭推出了"平安风险预警预测防控"应用，将余杭的社会治安、社会矛盾、城市运行、企业经营、公共交通等 11 个领域的内容全部覆盖，通过各种数字化手段，形成了风险预测预警"一张网"；"数智大市场"实现了农副产品物流中心的转型升级，保证了居民"菜篮子"和"米袋子"的稳定供应；"一键达海外仓"让出口、跨境电商企业的营商环境更加优化。数字化改革重塑了余杭社会治理系统，实现了从事后应对转为事前预测防范、从碎片化管理到全周期闭环式管理、从模糊管理到精准施治的转变。

第三，数字点亮生活，服务型政府让人民生活更幸福。2021 年开始，余杭结合自身发展的特点和情况实施了数字化改革"创景计划"，通过打造一批多跨场景的应用，让人民生活更美好。例如，面向居民生活，"余杭一码通"实现了出行、办事、入园、入馆、就医、就餐、创业这 7 个领域的"一码通行"，既避免了各种"码"繁多造成市民使用的不便，更使得分散的数据集中起来，政府能够更好地分析各服务场所供给的数据，方便掌握城市运行的状况，为政府决策助力。

余杭政府持续推进完善区级顶层设计,促使不同领域、不同场景的应用上线接续和迭代升级。推进"清朗网络智治平台""法治政府建设监督""数字政协""才金直通车"等区级应用,完善余杭党政机关整体智治的门户建设;谋划 37 个多跨场景应用并上线运行"一键低碳回收"等 6 个应用,完善数字政府系统建设;建立以"E 企成长"为核心的多跨场景应用,完善数字经济系统建设;打造了"入学早知道""家政一键通""舒心育儿"等 27 个辨识度高的场景应用,完善数字社会系统建设;开发上线"社会矛盾风险智能预警处置"等场景应用,完善数字法治系统建设。

通过"数字化转型"这个抓手,余杭区构建了以数字经济为核心引领的现代化产业体系,打通政府和各部门之间的数据壁垒,实现了资源整合和数据协同,让各种不同的生活场景链接数字化,推动了全区域、全领域、全方位向数字化、网络化、智慧化大步迈进。

五、优化营商环境,推进余杭经济高质量发展

全国工商联发布的《2022 年万家民营企业评营商环境主要结论》报告中显示,杭州在营商环境城市排名中连续四年位列全国第一,浙江在营商环境省份排名中获全国第一。改善营商环境就是提升生产力,余杭持续推进实施营商环境优化提升"一号改革工程"。

第一,深入推进全链条优化审批,让营商环境更"高效"。余杭区发改局持续提升投资便利度,不断推进全链条优化审批,持续完善新增出让工业用地项目从谋划到投产运营全周期推进机制,实现项目从拿地到开工"最多三个月"。余杭区审判管理办公室联合市场监管局等相关部门,不断完善办事流程,将歇业备案、社保、医保、税务、公积金缴存等歇业相关流程整合为"歇业一件事"应用场景,实现"一窗、一网、一日"办结。针对中小企业融资难、融资贵的问题,余杭区税务局积极开展税务宣讲培训，并与金融机构密切合作，筛选信用好、有市场、有潜力的企业推介给银行，助力企业以"信"换"贷"，降低中小企业融资成本。

第二，创新服务产品，让营商环境更"舒心"。通过筛选分析企业住房公积金缴存数据信息，比对企业社保数据，以"缴存期限、缴存人数、人均缴存额"为准入条件，余杭区公积金中心推出"余公助企贷"，帮助企业缓解资金流动压力，让公积金信用"变现"。余杭区司法局启动服务市场主体提质增效行动，向社会正式发布50项法律服务产品。

第三，数智赋能，让营商环境更"便捷"。余杭区财政局优化打造"亲清余杭企业综合服务平台"，主动帮助企业发展找政策，助力企业发展。余杭区委宣传部积极探索数字人民币惠企新方式，为企业提供纾困援助。余杭区科技局实行科技惠企政策"一站受理、一站审核、一站拨付"，科技资金兑付实现"秒审核、秒兑现、秒到账"。余杭区总工会分16个行业不同标准对全区企业进行梳理，对符合要求的小微企业工会经费全额返还。

综上所述，经过20年的发展，余杭经济实现了产业结构的升级，经济实现了高速增长，产业结构更加高级化，促进了生产力的发展，提升了人民生活水平。党的二十大报告提出了"建设现代化产业体系"的新要求，"坚持把发展经济的着力点放在实体经济上，推进新型工业化，加快建设制造强国、质量强国、航天强国、交通强国、网络强国、数字中国……推动制造业高端化、智能化、绿色化发展"。制造业支撑着实体经济的发展，创造出更多高质量和高科技含量的产品，实现产业的持续稳定发展和财富的增长，才能更好地推动共同富裕。在未来，余杭继续用好数字经济和制造业这两个驱动余杭经济创新性发展的引擎，加快推动制造业数字化转型升级，打造余杭特色的现代化产业体系，走高质量发展之路。

第四章 融入区域战略 全面提升开放水平

　　开放促改革,促发展,促创新。一般而言,经济增长有两条路径:一是增加资本、劳动力等生产要素的投入;二是重组与优化生产要素,提升生产质量与效率。进入 21 世纪,依赖劳动力、资本等生产要素投入的传统发展模式弊端愈显。2001 年,中国加入世贸组织,改革开放也进入新的历史阶段。提高生产质量和效率成为新阶段的主要任务。科技是第一生产力,创新和技术发展是提高生产效率的最主要途径。创新与技术发展需要更广泛的社会分工和更高效的市场竞争。这就要求主动接轨世界,充分参与全球市场竞争,向全球产业链与价值链的高端攀升。与此同时,开放的压力将内化为改革与创新的动力。因而,习近平同志主政浙江期间审时度势,制定"八八战略",为浙江省的发展谋篇布局,其中第二条便是"进一步发挥浙江的区位优势,主动接轨上海、积极参与长江三角洲地区合作与交流,不断提高对内对外开放水平"。

　　自此,余杭开始以"八八战略"为指引,持续推进对内对外开放。余杭地理位置优越,且具有外贸传统。自改革开放以来,余杭积极引进外资外商,始终走在改革开放的前列。外资和外贸也成为余杭经济社会高速发展的重要推动力。进入 21 世纪,余杭高举"八八战略"旗帜,在战略部署上不断推进开放进程。2006 年,余杭发布《杭州市余杭区国民经济和社会发展第十一个五年规划纲要》,将开放创新确立为拓展经济发展空间,提升核心竞争能力的主要举措。2011 年,余杭发布《余杭区开放型经济发展"十二五"规划》,明确建设开放型经济的整体思路和主要目标。2016 年,余杭发布《余杭区"十三五"商务发展规划》,将坚持开放发展理念作为余杭区经济发展的基本要求。2022 年,余杭发布《杭州市余杭区国民经济和社会发展第十四个五年规划和二〇三五年远景目标纲要》,再次将深化改革开放作为主要指导思想。20 年间,余杭坚持一张蓝图绘到底,打造开放型经济,推动高质量对内对外开放,助力浙江"开放之窗"建设。

第一节　建设都市圈新核心,融入长三角一体化

习近平总书记指出:"跳出浙江,发展浙江。"余杭抓住历史契机,发挥自身区位优势,不断扩大对内开放。一方面,余杭历经两次行政区划调整后,逐渐从城郊转向城区,融入杭州都市圈,并承担辐射都市西部和南部地区的任务。另一方面,充分发挥毗邻上海的区位优势,大力推进长三角"金南翼"建设。

一、融入杭州都市圈,提升区域核心地位

20 余年间,余杭实现两次转折性的身份变迁,完成从杭州郊区县到杭州核心区的华丽转变。其中包括三次标志性的历史事件:一为 2001 年,余杭撤县级市改区,成立杭州市余杭区;二为 2015 年,杭州市发布《关于进一步加快萧山区余杭区与主城区一体化发展的若干意见》,推动余杭区与主城区的户籍等 9 个方面的公共服务一体化,余杭

区融入杭州都市核心圈的脚步大大加快;三为 2021 年,新的一轮杭州行政区划调整,新余杭区建立,城西科创大走廊成为杭州发展的重中之重。余杭的发展目标也从原来的全面加快融入主城转变为打造杭州第三中心。

第一,加快建设现代交通网络,打造高能级交通枢纽。交通基础建设滞后一直是制约余杭发展的痛点。余杭地处杭州西部,偏离市中心,与跨江的萧山和滨江的通行时间过长。为此,余杭加速构建快速路网体系,修建运溪高架路、莫干山路快速路、文一西路隧道,大大缩短与杭州市区的通行时间。与此同时,轨道交通作为现代城市出行的主要交通工具,是余杭交通网络体系的重点。当前,余杭已融入杭州的地铁网,地铁 3 号线、4 号线、5 号线、10 号线和机场轨道快线等多条地铁主干线穿越余杭,大大便利余杭民众的出行。杭州西站的修建更是大大增强余杭服务、辐射都市圈西部的能力,提升余杭的区域地位。

第二,打造新兴产业中心,迈向政治、产业双中心。一方面,余杭已经成为杭州都市圈产业发展的新引擎。2012 年,阿里巴巴等科技企业开始大量入驻未来科技城。经过 10 余年时间发展,余杭已经拥有未来科技城、良渚新城、钱江经济开发区三大重点产业平台。这些平台吸引大量企业总部入驻,孵化了一大批独角兽、准独角兽企业。与此同时,余杭还建成之江实验室、良渚实验室、湖畔实验室等国家级实验室,搭建全新科技成果转化平台,成为杭州的科创产业中心。另一方面,余杭利用数字产业的优势,发展智能制造,推动传统产业转型升级。余杭承接数字经济系统"产业大脑＋未来工厂"试点,大力发展量子科技、航空航天装备、新一代信息技术等前沿产业。余杭的产业结构调整引领杭州发展从投资驱动向创新驱动转变。当前,余杭正全力发展城西科创大走廊,目标是建设杭州城市新中心。

第三,统一社保标准,补齐公共服务短板。首先,统一主城区与余杭区的社保制度框架,规范全市医保两定机构管理标准,将余杭区社保纳入市本级统筹,实现医保消费实时互认。其次,统一社会优抚和社会福利标准。城乡居民最低生活保障,残疾人基本生活保障标准,困难群众水、电、气定额补贴和临时价格补贴标准,两区高龄补贴和散居孤儿基本生活费标准均已执行市本级标准。再次,加快教育融合和互通。一方面加快基础教育的融合。仅 2021 年,余杭便与杭州主城区 14 所初中学校开展合作办学。[①] 与此同时,余杭抓住杭城名校集团化办学契机,成立杭州二中未来科技城学校,推动余杭中学与杭州二中、余杭太炎中学和临安中学签订合作协议,加快高中段学校招生一体化。另一方面,加强高等教育的合作。余杭大力引入杭州地区的部属、省属、市属大学开办分校。目前,余杭区内已建成杭州师范大学仓前校区、浙江理工大学时尚学院、中国美术学院良渚校区。

二、全面接轨上海,融入长三角一体化

长三角地区经济基础雄厚,市场经济繁荣,科教文化发达,其中核心城市上海更是中国经济发展的龙头。党中央高度重视长江三角洲区域一体化建设。2018 年,习近平总书记在首届中国国际进口博览会上宣布,支持长江三角洲区域一体化发展,并上升为国家战略。2019 年,中共中央、国务院发布《长江三角洲区域一体化发展规划纲要》,长三角一体化发展进入新阶段。

余杭在"八八战略"的指引下,发挥自身优势,积极响应长三角合作计划,加快融入长三角的步伐。2011 年,余杭发布《余杭区开放型经济发展"十二五"规划》,直接提出建设长三角南翼节点城市的目标。

---

① 与杭州主城区名校全部结对 余杭加速义务教育优质均衡发展促共富[N/OL].杭州日报,2022-06-25 [2022-11-01]. https://baijiahao. baidu. com/s? id ＝ 1736594732002825212&wfr ＝ spider&for＝pc.

在长三角一体化成为国家战略后,余杭加快融入长三角的步伐。2022年,余杭发布《杭州市余杭区国民经济和社会发展第十四个五年规划和二〇三五年远景目标纲要》,进一步提高自身定位,提出打造长三角一体化发展"桥头堡"的目标。

第一,互联互通,完善区域基础设施建设。余杭不断加强与长三角节点城市在交通基础设施方面的互联互通,重点建设沪昆高速(G60)和杭州西站项目。20 世纪 90 年代末,沪昆高速浙江段开通,便利余杭民众交通出行,加强与上海等长三角地区的物流联系。2011年,沪昆高速全线通车,成为勾连长三角地区的交通主干道。2016年,上海制造业大区松江区首提 G60 科技走廊概念,开拓长三角沪昆高速的节点城市协同科技创新的新思路。历经 6 年高速发展,2021 年科技部等六部门联合发布《长三角 G60 科创走廊建设方案》,为长三角的科技合作提供具体指导。杭州西站是"轨道上的长三角"重要节点工程,规划引入沪乍杭、杭临绩、湖杭、杭温四条铁路,是长三角高铁网的关键一环。杭州西站的修建为余杭打造地区的综合物流中心,夯实长三角地区的经济合作提供基础条件。

第二,创新平台,优化产业动态格局。余杭通过打造钱江经济开发区与梦想小镇两大平台,深度参与长三角的产业链整合和创新合作。一方面,钱江经济开发区成为余杭融合长三角的制造产业链,打造地区先进制造业中心的关键平台。钱江经济开发区的前身是仁和先进制造业基地。2018 年,仁和先进制造业基地蜕变为钱江经济开发区,不断加强与上海、合肥等地区的科研院校合作,引入了菜鸟物流、比亚迪汽车等知名企业,承担了先进制造业数字化示范改造项目、"未来工厂"培育项目、智能工厂培育项目等一批长三角重大科技成果产业化项目,现已成为长三角高端制造合作园。另一方面,余杭通过共建梦想小镇,加快长三角地区的创新合作。2014 年,余杭区仓前街道筹划建设全国首个"梦想小镇"。梦想小镇主要围绕互联网创业和天使投资两大核心业务,形成"苗圃＋孵化器＋加速器"的产业孵化完整链条,打造富有活力的创业生态系统。此后,余杭梦想小镇茁壮成长,成为浙江省首批被命名的特色小镇,入选国家发展和改革委员会的"第一轮全国特色小镇典型经验"。在积累了丰富的前期经验后,余杭开始与其他城市分享经验,推广梦想小镇模式。2019年上海梦想小镇沪杭创新中心成立,其主要目标是打造在沪精英、高端人才创新创业的新平台,杭企在沪研发的新基地。2020年,合杭梦想小镇在安徽第一区包河区成立。合杭梦想小镇基于合肥产业发展特色,计划打造成新兴文化科技融合产业集群。三地的"梦想小镇"不断加强跨地区联通,疏通项目异地孵化落地渠道,加强人才之间的交流。这有力促进了杭合创新带建设,加强了长三角地区的创新合作。

第三,整合发展,推进区域文旅融合。文旅产业合作是余杭参与长三角一体化的重要内容。一方面,余杭通过良渚遗址的申遗、共保和开发,挖掘与整合长三角的历史文化旅游资源。良渚遗址主要分布于太湖流域和钱塘江流域等长三角腹地。2019年7月,杭州良渚遗址成功列入《世界遗产名录》。这为推进长三角区域的文化资源共同发掘、梳理、阐释和保护提供重要抓手。2020年,余杭还以线上直播的方式承办"余杭文旅长三角云推介会",共同研讨开发长三角重要的文化旅游资源。另一方面,余杭大力发展文化创意产业,挖掘长三角文旅产业合作的新增长点。2020年3月,中国(良渚)数字文化社区先导区开园,引进淘宝直播综合体、创梦天地华东总部等11个重点项目。同年11月,余杭组织举办第三届国创动画发布会,承办长三角青年动漫创新创业大赛。2022年11月,哔哩哔哩电竞浙江总部也落户未来科技城。

第四,融合创新,共享优质公共服务资源。余杭积极参与共建长三角跨地区政务服务网络。2020年,余杭行政服务中心的商事登记窗口,设立"长三角一网通办"专窗。这有助于推进长三角的一网通办理,便于企业异地办理企业设立、变更、注销登记等业务。与此同时,余杭加入长三角优质教育资源共建共享计划,打造长三角南翼人才特区。2021 年,余杭与上海徐汇中学等 13 所知名学校签订合作办学意向。此外,余杭还积极引入长三角优质医疗资源,推动上海高水平医院在杭建设各类分支机构,吸引长三角地区的医学专家来杭给予技术和科研指导。

第二节 全面推进对外开放,打造开放合作新高地

20 年间,余杭不断推进对外开放的进程,招商引资实现规模和质量的双重增长,对外贸易完成结构性转型。与此同时,余杭企业走出国门,打响"海外余杭"品牌。高水平对外开放格局已然形成。

一、引资规模和质量双提升,开创招商引资新局面

20 年间,余杭不断提升对外开放的能力,实现引资规模与质量双重提升,打造了未来科技城等重点招商平台,开拓招商引资的新局面。

第一,持续增长,不断扩大引资规模。2003 年,余杭新批外商投资企业 84 家,增资企业 24 家;2011 年,余杭新批外资项目增至 76 个;2020 年,余杭区新设外商投资企业进一步增加至 116 家。这直接带动了余杭引资规模的增加。2003 年,余杭区实际利用外资 7088 万美元,2011 年已经扩大至 4.1 亿美元,2019 年再升至 10.52 亿美元。更难能可贵的是,在新冠疫情冲击、全球消费低迷等不利因素的影响下,2020 年,余杭区实际利用外资规模逆势增至 15.78 亿美元。2021 年,全区实际利用外资规模依然维持在 11.51 亿美元。

第二,名企增加,提升招商引资的结构与质量。外资的投资目标从最初的纺织业和食品粗加工项目转换到信息传输等高新科技产业项目。这直接表现在世界知名企业数量的增加,单项投资规模的扩大。2010年,余杭一年引进世界500强企业3家(法国威立雅公司、美国礼来公司、瑞士诺华公司),但仍以纺织企业为主。2020年,先进信息传输、软件和信息技术服务外企成为外商新主体。其中,外企投资总额3000万美元以上企业6个,投资总额49.14亿美元,占总数比重的95.86%。这种质量提升也反映在企业资质检查上。2011年,全区外商投资企业总数627家,投产企业404家。经考核合格或确认的外商投资技术先进企业仅4家。2020年,开展外商投资企业年度报告工作,参检企业850家,参检企业合格率为100%。

第三,平台引领,打造招商引资新高地。现代产业园区有助于集中落实优惠政策,便于外商外资进入市场,增强产业集聚效应。进入21世纪,以临平工业区、余杭经济开发区为龙头的工业园区成为余杭招商引资的主体。2010年,余杭经济开发区累计完成合同利用外资增至3亿美元,实际到账外资5972.5万美元,实际利用市外内资14亿元。近年来,未来科技城作为新兴科技产业园区,成为余杭引进外资和国际人才的主要平台。2020年,未来科技城实际利用外资3亿美元,累计引进培育海外高层次人才4080人。其中,"两院"院士25人、海外院士9人,国家级海外高层次人才160人,浙江省领军型创新创业团队15支。累计引进金融机构1455家,管理资本3158亿元。阿里巴巴达摩院全球总部项目、之江实验室、良渚实验室、湖畔实验室、天目山实验室等国家级、省级实验室也先后落户未来科技城。

二、外贸转型升级,培育外贸发展新优势

20年间,余杭一直保持外贸增长,发展服务贸易,推动出口结构升级,提升产品国际竞争力。

第一,保持优势,出口领先全省。2003 年,余杭全年完成外贸出口总额 6.15 亿美元;2011 年,全年全区出口 35.07 亿美元,进口 3.84 亿美元;2019 年,出口 441.23 亿美元,进出口总额 478.56 亿美元。新冠疫情中,余杭外贸依然逆势增长。2020 年,余杭全年进出口总额 530.66 亿美元,其中进口 37.48 亿美元,出口 493.18 亿美元。高于杭州市 7.6 个百分点,浙江省 2.46 个百分点,全国 7.6 个百分点。

第二,产业升级,优化出口结构。余杭外贸出口结构长期以中低端商品和一般贸易为主。2011 年,余杭外贸流通企业、自营生产企业和外商投资企业分别占全区出口的 36.47%、38.11%、25.43%。一般贸易和加工贸易出口分别占全区出口的 92.04% 和 7.96%。机电产品、纺织品和服装三大主要出口品分别占全区出口的 30.70%、25.03%、18.93%。历经 10 余年的快速发展,余杭本土制造业实力不断增强,自营生产型企业的工业品成为余杭主要出口产品,技术含量显著提升。2020 年,余杭自营生产企业出口额最高,达到 314.37 亿元;外贸流通企业出口 116.77 亿元。其中高科技产品出口增长势头明显。2020 年,高新产品出口 46.69 亿元,增长 7.81%。而传统的家纺服装出口 148.89 亿元,仅增长 3.00%。由于新冠疫情全球肆虐,医疗物资出口表现尤为亮眼。诸如"健拓医疗""微策生物""博拓生物""隆基生物"等生物医药龙头企业的出口额大幅增长。健拓医疗的红外耳式体温计和红外额温计、血糖仪和血糖试纸产品热销海外,微策生物的新冠抗原检测试剂迭代产品,约 15 分钟就能检测出是否存在抗原,其检测试剂盒已出口西欧、中东欧、东南亚、西亚等 50 多个国家和地区。2020 年,余杭医疗物资出口白名单企业累计出口 37.97 亿元,增长 333.9%,带动全区出口增长 5.5 个百分点。

第三,发展服务外包,培育外贸新增长点。服务外包业务包括流程外包、信息技术外包和知识流程外包。发展国际外包业务不仅有利于增加服务业在 GDP 中的比重,优化产业结构,还能够推动对外贸易增长方式转型,形成贸易新增长点。2009 年,杭州就已经成为国家服务贸易创新发展试点。近年,由于余杭营商环境的改善与数字产业的崛起,服务外包已经成为余杭外贸的新引擎,其中信息技术外包和知识流程外包最为迅速。2011 年,余杭服务外包离岸合同金额为2924.12 万美元,服务外包离岸合同执行金额为 2012.23 万美元。2020 年,余杭服务外包离岸合同执行金额增至 6.01 亿美元,当年新认定服务外包企业 28 家。

三、对外投资持续增长,开拓国际合作新局面

企业走出国门,与国际上优秀企业同台竞技,能够全面提升企业国际竞争力。20 年间,大量余杭优秀企业通过直接投资、并购等方式走出国门,打响"海外余杭"品牌。

第一,企业出海,打造"海外余杭"品牌。余杭对外投资的规模和层次不断提高。一方面,余杭对外投资的规模不断攀升,出口国家数量也不断增长。2011 年,余杭对外投资总额 3814.5 美元,新批境外企业(机构)14 家,批准增资项目 1 个,完成中方投资额 3707.18 万美元。2020 年,全区办理境外项目备案(新设、变更、注销)78 个,新增中方境外投资额 1.51 亿美元。余杭的境外投资足迹从东南亚国家和地区,扩展至亚洲、欧洲、北美洲、大洋洲、非洲等 40 多个国家和地区。另一方面,余杭企业境外投资项目质量进一步提高,涉及的行业和领域更趋多元化,其中实体经济和技术研发投资比例不断上升。2017年,余杭区 49 个境外投资项目中,30 个属于境外生产性或研发型项目,项目涉及投资总额 13121.41 万美元,占全年投资总额的 81.2%。

第二,共建"一带一路",扩大海外商业版图。余杭的大型跨境电

商积极开拓"一带一路"沿线国家市场，完善国际营销网络。其中"全球速卖通"表现最为出色。其贸易额增加快速，贸易网络覆盖"一带一路"沿线全部国家。2020 年，"一带一路"沿线国家用户在"全球速卖通"用户的总占比上超过 45％。其中俄罗斯、乌克兰、以色列、白俄罗斯和波兰是购买力排名前五的"一带一路"沿线国家。与此同时，余杭中小外贸企业也不甘落后，通过抱团参展等形式积极参与"一带一路"建设。2021 年，余杭共完成"一带一路"投资项目 20 个，涉及境外投资额 3920.10 万美元；完成并购项目 5 个，涉及境外投资额 2877.56 万美元。①

第三节　创新机制体制，对接对外开放大战略

余杭的行政级别虽仅是区县级，但是余杭充分发挥自己的区位优势，不断推出创新举措，创造以县域对接国家对外开放大战略的新模式，建设高水平的对外开放格局。

一、落实"走出去"战略，实现跨越式发展

进入 21 世纪，党中央在对外开放的长期实践中，逐步确立"走出去"战略。此后，余杭开始体制机制的摸索创新，鼓励余杭企业"走出去"，余杭的海外版图逐步形成。

党中央审时度势，确立"走出去"战略。中国加入世贸组织后，对外开放进入新阶段，中国企业面临全新挑战和机遇，亟须提升国际竞

---

① 2021 年杭州市余杭区国民经济和社会发展统计公报[R/OL]. (2022-03-11)[2023-04-11]. http://www.yuhang.gov.cn/art/2022/3/11/art_1229178044_4022302.html.

争力。因而 2000 年,《中共中央关于制定国民经济和社会发展第十个五年计划的建议》提出"鼓励能够发挥我国比较优势的对外投资,扩大经济技术合作的领域、途径和方式,支持有竞争力的企业跨国经营,到境外开展加工贸易或开发资源,并在信贷、保险等方面给予帮助。抓紧制定和规范国内企业到境外投资的监管制度,加强我国在境外企业的管理和投资业务的协调。继续发展对外承包工程和劳务合作,在竞争中形成一批具有实力的对外承包工程企业"。① 此后,"走出去"成为继"引进来"战略的新国家发展战略,有效整合和利用国内和国外"两个市场、两种资源"。在改革发展的实践过程中,"走出去"战略在不断完善。2002 年,党的十六大报告中指出:"实施'走出去'战略是对外开放新阶段的重大举措。鼓励和支持有比较优势的各种所有制企业对外投资,带动商品和劳务出口……积极参与区域经济合作与交流。"②2007 年,党的十七大报告中又指出:"把'引进来'和'走出去'更好结合起来,扩大开放领域,优化开放结构,提高开放质量,完善内外联动、互利共赢、安全高效的开放型经济体系,形成经济全球化条件下参与国际经济合作和竞争新优势。"③

　　"走出去"战略确立后,余杭开始改革体制机制,帮助企业开展国际经济合作。2005 年,余杭区对外贸易经济合作局开始收集企业境外投资的意向,主动提供各类境外投资信息,组织企业参加境外投资信息发布会、洽谈会,提前介入项目调查研究,积极为项目报批提供服

---

① 　中共中央关于制定国民经济和社会发展第十个五年计划的建议［R/OL］. (2000-10-11)［2023-04-11］. http://www. gov. cn/gongbao/content/2000/content_60538. htm.
② 　全面建设小康社会,开创中国特色社会主义事业新局面——江泽民在中国共产党第十六次全国代表大会上的报告［R/OL］. (2002-11-08)［2023-04-11］. http://www. gov. cn/test/2008-08/01/content_1061490. htm.
③ 　高举中国特色社会主义伟大旗帜 为夺取全面建设小康社会新胜利而奋斗——在中国共产党第十七次全国代表大会上的报告［R/OL］. (2007-10-15)［2023-04-11］. http://www. gov. cn/ldhd/2007-10/24/content_785431. htm.

务,努力为企业"走出去"提供方便。[①] 2006 年,余杭区发布《杭州市余杭区国民经济和社会发展第十一个五年规划纲要》明确提出:"积极实施'走出去'战略,鼓励我区自主品牌出口企业在内外贸一体化的基础上加快'走出去'步伐,加快融入国际产业分工体系,大力发展'余杭人经济'。"[②]2011 年,余杭发布《余杭区开放型经济发展"十二五"规划》又指出:"进一步加快实施'走出去'战略,积极参与国际竞争和区域经济合作是我区提升经济国际化发展空间,推动境外投资进入新阶段的战略重点。'十二五'时期,要加快我区融入经济全球化进程的步伐,推动企业国际化发展进程,引导和鼓励企业积极参与全球竞争。加快建设境外工业园区,多渠道构建境外投资平台。大力发展'余杭人经济',提升我区开放型经济的国际竞争力。"[③] 2016 年,余杭区发布《余杭区"十三五"商务发展规划》又进一步明确:"进一步提升国际竞争力,强化'走出去'意识,整合利用境内外要素资源,积极培育本土跨国公司。"[④]

余杭企业积极响应"走出去"战略,出海开拓市场。进入 21 世纪,余杭企业在面临国际市场激烈竞争的同时,也受到国内人才、技术和资本等生产要素短缺的制约。因而,余杭企业主动响应"走出去"战略,开展国际化经营。2000 年,华立在泰国开设新公司,开启余杭企业对外投资。2001 年,华立收购飞利浦的 CDMA 手机芯片设计及手机整体解决方案设计部门,完成从劳动密集型企业向高技术企业、国

---

① 吴坚奋,张建祖.走出去化解贸易摩擦——余杭建立境外机构 30 家[N].城乡导报,2005-12-11(1).

② 杭州市余杭区人民政府办公室.杭州市余杭区国民经济和社会发展第十一个五年规划纲要[R/OL].(2006-03-10)[2023-04-12].http://www.yuhang.gov.cn/art/2022/3/30/art_1229174981_4027262.html.

③ 杭州市余杭区人民政府办公室.余杭区开放型经济发展"十二五"规划[R/OL].(2011-09-01)[2023-04-12].http://www.yuhang.gov.cn/art/2021/7/2/art_1229541472_3894750.html.

④ 杭州市余杭区人民政府办公室.余杭区"十三五"商务发展规划[R/OL].(2016-05-16)[2023-04-12].http://www.yuhang.gov.cn/art/2016/1/22/art_1532518_27754173.html.

内企业向跨国公司的双重身份转变。此后,余杭企业走出去的步伐大大加快。2005 年,余杭批准成立 30 家境外企业和机构。2017 年,老板电器在美国加利福尼亚州成立创新中心,成为中国厨电行业首个海外研发中心。2018 年,浙江铁流离合器股份有限公司投资 4782 万美元 100% 收购了德国盖格制造技术有限公司。同年,贝达药业股份有限公司投资美国 Xcovery 公司,共同开发新一代靶向药 Ensartinib(X-396),这种靶向抗癌药有望成为第一个由中国公司主导的在全球同步上市的靶向抗癌药。2019 年,万通智控并购海外商用车解耦管路系统及解耦元件知名生产商 WMHG,大幅提升公司企业核心竞争力。

二、践行"一带一路"倡议,培育开放合作新平台

"一带一路"倡议是新时代中国构建全方位对外开放格局的重大举措,是践行人类命运共同体理念的重要平台。余杭率先推出配套措施,鼓励余杭企业参与"一带一路"建设。

2013 年,习近平总书记在出访中亚和东南亚国家期间,先后提出共建"丝绸之路经济带"和"21 世纪海上丝绸之路"的重大倡议。2015 年,国家发展改革委、外交部、商务部联合发布了《推动共建丝绸之路经济带和 21 世纪海上丝绸之路的愿景与行动》。党的十九大报告再次明确指出:"要以'一带一路'建设为重点,坚持引进来和走出去并重,遵循共商共建共享原则,加强创新能力开放合作,形成陆海内外联动、东西双向互济的开放格局。"[①]"一带一路"倡议贯穿亚欧大陆,有力促进基础设施建设和互联互通,加强经济政策协调和发展战略对接、促进协同联动发展、实现共同繁荣,现已发展为当今世界范围最大、规

---

① 决胜全面建成小康社会 夺取新时代中国特色社会主义伟大胜利——在中国共产党第十九次全国代表大会上的报告[R/OL].(2017-10-18)[2023-04-15]. http://jhsjk. people. cn/article/29613660.

模最大的国际合作平台。

　　余杭率先响应倡议,服务企业参与"一带一路"建设,扩大开放能级。2016 年,《余杭区"十三五"商务发展规划》提出:"紧抓'一带一路',挖掘对外投资新亮点,鼓励企业参与境外工程承包项目建设。"①同年,余杭成为全省首个与中信保险公司签订服务"走出去"战略合作协议的区县,提升了余杭企业承担境外投资风险的能力。2018 年,余杭又出台了"对外经贸十条",其中两条鼓励余杭企业参与"一带一路"建设,一条为"鼓励企业开展境外投资。对批准设立的境外营销网络项目、境外生产项目、资源能源开发项目、产品和技术研发中心以及境外并购类项目,按照项目分类予以补助,每年可补 100 万元,补助三年;对企业投保的'海外投资险',按其当年实际支付保费的 40% 给予资助,上不封顶";另一条为"支持企业参加出口信用保险。对市级及以上'出口名牌'企业、时尚产业企业投保的'出口信用'险给予 50% 的保费补助,其他企业给予 40% 的保费补助,上不封顶"。②《杭州市余杭区国民经济和社会发展第十四个五年规划和二〇三五年远景目标纲要》中再次明确:"深度参与'一带一路'建设。着力深化与共建'走出去'国家、非洲国家的贸易合作。鼓励外贸企业利用 RCEP 自由贸易协定,进一步拓展协定国家出口市场,加强原材料、大宗商品的进口,优化贸易结构。以境外投资带动外贸出口,鼓励企业以'走出去'国家主要节点城市为主,布局建设一批境外经贸合作区、海外仓等。"③

　　余杭企业积极参与共建"一带一路",先后建成泰中罗勇工业园区

---

　　① 杭州市余杭区人民政府办公室. 余杭区"十三五"商务发展规划[R/OL]. (2016-05-16)[2023-04-12]. http://www.yuhang.gov.cn/art/2021/7/2/art_1229541472_3894750.html.

　　② 践行"一带一路"倡议 快速推进"海外余杭"建设[N/OL]. 余杭晨报,2018-08-10[2022-9-11]. http://yhcb.eyh.cn/html/2018/08/10/content_50792_321717.htm.

　　③ 杭州市余杭区人民政府办公室. 杭州市余杭区国民经济和社会发展第十四个五年规划和二〇三五年远景目标纲要[R/OL]. (2021-08-23)[2023-04-12]. http://www.yuhang.gov.cn/art/2021/8/30/art_1229174813_3929237.html.

和北美华富山工业园两座境外工业园区。华立中泰罗勇工业园区是余杭企业参与"一带一路"项目的标志性成果。2006年,华立集团联合泰国安美德集团在泰国重要的工业基地罗勇府成立主要面向中国投资者的泰中罗勇工业园区。2013年,"一带一路"倡议提出,泰中罗勇工业园区进入加速发展期。泰中罗勇工业园区通过积极承接中国传统制造产业的产能,现已成长为一个集制造、仓储物流、商业生活区于一体的现代化综合工业园。目前,"罗勇工业园已吸引170多家企业入驻,带动中国企业对泰投资超41亿美元,累计工业总值超220亿美元。园区内现有泰国员工4.5万余人,待全部开发后,将为泰国创造多达10万个就业岗位"①。北美华富山工业园是华立集团推动建立的第二个海外工业园区,是余杭企业共建"一带一路"的又一重要平台。2015年,北美华富山工业园由华立集团、富通集团联合墨西哥当地SANTOS家族在墨西哥新莱昂州首府蒙特雷都市北郊成立。该工业园区是中国与墨西哥共建"一带一路"项目的产能合作平台,特色明显,为国内企业提供"中文一站式"服务。目前,海信、顾家、新坐标、一汽富奥等16家知名企业已经入驻,带动中国对墨投资超4亿美元,带动墨西哥当地4000人就业。② 华富山工业园现已成为浙江省级境外经贸合作区。

三、构建"双循环"新发展格局,实现发展模式转型

当今世界正经历百年未有之大变局,新冠疫情冲击和经济全球化逆流严重制约国际外部循环。构建以国内大循环为主体、国内国际双

① 赵益普.泰中罗勇工业园——促进泰国工业和产业发展完善[N/OL].人民日报,(2022-07-10)[2022-11-02].http://www.scio.gov.cn/31773/35507/35513/35521/Document/1727221/1727221.htm.
② 王曼.北美华富山工业园:中企开拓北美市场的重要平台[N/OL].中国贸易报,(2022-04-18)[2022-12-01].https://investgo.cn/article/yw/tzyj/202204/595200.html.

循环相互促进的新发展格局成为新阶段的发展战略。与此同时,余杭主动求变,参与构建双循环新发展格局。

构建"双循环格局"是新时期高水平对外开放的要求。2020 年 4 月 10 日,习近平总书记在中央财经委员会第七次会议上强调要构建以国内大循环为主体、国内国际双循环相互促进的新发展格局。2021 年 3 月,《中华人民共和国国民经济和社会发展第十四个五年规划和 2035 年远景目标纲要》也提出,加快构建以国内大循环为主体、国内国际双循环相互促进的新发展格局。2022 年党的二十大报告又再次明确"必须完整、准确、全面贯彻新发展理念,坚持社会主义市场经济改革方向,坚持高水平对外开放,加快构建以国内大循环为主体、国内国际双循环相互促进的新发展格局"。[①]"双循环"新发展格局绝非中国闭门造车,而是充分发挥全球超大规模市场作用,施行高水平的对外开放,打破国内国际双循环的制度性壁垒,实现经济高质量发展。

余杭开拓创新,摸索构建新发展格局的县域路径。一方面,"坚持实施扩大内需战略同深化供给侧结构性改革有机结合,增强循环畅通能力,全面促进消费,拓展有效投资空间,形成国内大循环的强劲动力源"。第一,发展服务制造业,增强循环畅通能力,为制造业企业提供"制造+服务"整体解决方案,创造新需求。服务制造业是面向制造业的生产性服务业,有助于加强制造业和服务业的融合发展。第二,积极打造智慧化供应链体系,大力推动菜鸟网络中国智能骨干网(杭州项目)和智慧产业园项目建设,提高产业链的效率。第三,创新推出"一键达海外仓"应用场景,为企业搭建海外仓资源对接平台,便利中小外贸企业开展海外业务。余杭"一键达海外仓"应用场景已被省商

---

① 高举中国特色社会主义伟大旗帜 为全面建设社会主义现代化国家而团结奋斗——在中国共产党第二十次全国代表大会上的报告[R/OL].(2022-10-25)[2023-04-12].http://jhsjk.people.cn/article/32551583.

务厅确立为海外智慧物流平台(海外仓服务在线)共建单位。第四,培育消费新业态、新模式,助力杭州建设国际消费中心城市。消费是畅通国内大循环的关键环节。余杭通过举办"2022杭州数智消费嘉年华"等活动,创造数智消费新商品、新模式、新场景。第五,深入参与长三角一体化,加快长三角统一大市场的打造,整合区域科创等资源,落实长三角生态绿色一体化,以点带面打通国内大循环。

另一方面,余杭积极推动制度性开放,全面参与《区域全面经济伙伴关系协定》(RCEP)与进出口博览会,推进高水平对外开放。《区域全面经济伙伴关系协定》是当今世界最大的制度型开放平台,能有效降低区域间经贸合作门槛,推动开放型区域经济一体化的进程。余杭区开展专项业务培训,鼓励和扶持企业参与《区域全面经济伙伴关系协定》,扩大市场版图。《区域全面经济伙伴关系协定》更是直接给泰中罗勇工业园区带来新机遇,让工业园区的企业在东盟国家获得更加广阔的市场。与此同时,余杭企业还积极参与中国国际进口博览会,扩大自己的"朋友圈"。中国国际进口博览会既是构建双循环新发展格局的重要连接点与桥梁,也是中国市场和高水平对外开放的重要展示窗口。2022年11月,第五届中国国际进口博览会中有多家余杭企业及其关联公司参加。其中"程天科技""思看科技""强脑科技"等余杭科技企业为首次亮相。此外,余杭还提出要"高水平推动企业走出去,增强全球资源配置能力,鼓励龙头企业建立海外研发机构、生产基地和营销网络,加快国际产业合作园区建设,在更高水平上融入全球产业链、价值链分工"。

第四节　以开放促进改革,提升品质之区国际化水平

进入 21 世纪,余杭面临更加激烈的国际竞争。面对新的挑战,"刻舟求剑不行,闭门造车不行"。余杭通过提高对外开放水平,提升引资规模和质量,加快外贸转型升级,加强国际合作,有力推动深层次的改革,破除体制机制障碍,建立竞争有序的现代经济制度,以适应国际经贸规则,提升国际竞争力。

一、优化营商环境,提升服务水平

对外开放需要政府管理者保持开拓进取,不断优化管理体制,提供一个充满活力和富有竞争力的市场。余杭不断推进体制机制改革,优化营商环境,助力杭州成为国家首批营商环境创新试点城市。

第一,开拓进取,城市管理者保持竞争意识。余杭以制度设计不断推动对外开放水平提升。2011 年,余杭发布的《杭州市余杭区国民经济和社会发展第十一个五年规划纲要》指出:"适应 WTO 过渡期结束的新形势,深化经济体制改革,健全市场体系,以推进要素市场化改革为重点,建立和完善既符合区情,又与国际经济规则相适应的经济运行机制。"[①]2016 年,余杭发布《余杭区开放型经济发展"十二五"规划》又明确提出:"着力健全开放型经济体系,完善贸易和投资便利化体系、科学评价激励体系、经济运行预警与防范体系和政策扶持体系,

---

① 杭州市余杭区人民政府办公室.杭州市余杭区国民经济和社会发展第十一个五年规划纲要[R/OL]. (2006-03-10)[2023-04-12]. http://www.yuhang.gov.cn/art/2022/3/30/art_1229174981_4027262.html.

不断壮大外经贸人才队伍,为开放型经济进一步发展提供制度、人力、财力及公共服务等基本保障。"[①] 2022 年,余杭发布《余杭区"十四五"商务发展规划》,进一步细化目标:"把商务领域重大项目用地需求列入国土空间规划,优先保障高端外资项目、重大商贸基础设施、公益性商贸设施等项目的用地需求。加大对招商引资、国内贸易、对外贸易、电子商务等领域的资金和政策支持,为企业发展提供便利。"[②]

第二,脚踏实地,全面落实"最多跑一次"改革。余杭确立窗口问责制,规范统一审批事项、优化审批流程,缩短外商投资企业准入的办理时间,将外商投资企业准入从原来的审批制改革为备案制,实现"跑零次"的目标。余杭还通过电话回访、上门走访等方式开展精准服务,及时了解与解决外商投资企业在业务办理中的困难。2020 年余杭区发布《余杭区深化"最多跑一次"改革,推进"放管服"工作要点》的通知,要求:提升政务服务能级,打造优质高效政务服务体系,推动"网上办""掌上办"集成优化,迭代升级群众企业"一件事",推广"无证明化"改革。打造最优营商环境,深化企业开办"一日办结",推进企业注销便利化,深化投资审批和工程建设项目审批制度改革,提升公共资源交易服务管理水平,推进水、电、气、网等公用事业服务便利化,推进不动产交易登记服务便利化,推进纳税服务便利化,做好营商环境评价工作;创新和加强事中事后监管,深入推进信用监管,探索包容审慎和智慧监管。深化教育、医疗、养老、文化、旅游、体育等公共服务领域"最多跑一次"改革,推进与"互联网+"深度融合,创新服务模式、提高服务质量,推动公共场所服务大提升。深化机关内部"最多跑一次"改

① 杭州市余杭区人民政府办公室.余杭区开放型经济发展"十二五"规划[R/OL].(2011-09-01)[2023-04-12].http://www.yuhang.gov.cn/art/2021/7/2/art_1229541472_3894750.html.

② 杭州市余杭区人民政府办公室.余杭区"十四五"商务发展规划[R/OL].(2022-05-05)[2023-04-11].http://www.yuhang.gov.cn/art/2021/7/2/art_1229541472_3894750.html.

革,梳理实施机关内部"一件事",全面开展"移动办公之区"建设。深化社会治理领域"最多跑一地"改革,构建区域社会治理新模式,推进信访工作提质增效、组织保障,健全工作体系,优化督查考评,注重宣传推广。

第三,创新引领,不断优化营商环境。2012 年 4 月,杭州余杭区工商部门制定了服务实体经济发展的 18 条新政,随即登上《人民日报》。这 18 条新政是余杭工商部门通过前期走访调研,疏通实体经济发展痛点和难点的专项政策,主要包括非禁即入、支持新兴产业发展、拓宽企业融资渠道、扩大债权出资范围、支持企业重组并购、暂免吊销执照等措施,对陷入经营困难、濒临破产的实体经济企业伸出援手。其中至少 13 条与市场主体准入有关,是对原有政策的创新与突破。其中"非禁即入"政策鼓励创办新型电子商务企业,促进创新产业发展。拓宽企业融资渠道是通过鼓励企业知识产权入资,指导企业利用股权出质、商标专用权质押等方式,帮助企业实现多渠道融资。① 2020 年 6 月,余杭经济技术开发区又率先推出"首席创新官"机制,依托企业创新联络员队伍,由园区或企业高管以上科技创新负责人负责园区内企业科技创新规划、布局及战略,为区域科技创新政策及服务建言献策。

当前对外开放已经进入新阶段,余杭顺势而为,加强与国际规则制度衔接。2018 年,余杭出台《关于扩大开放积极利用外资的若干政策意见》,成为杭州第一个针对外资出台完整政策的县(区)。"外资十条"主要内容包括培育发展新动能、加大优秀外资项目引进力度、鼓励企业做优做强、降低外资产业项目成本、全力支持重大及引擎项目、鼓励盘活存量资产新办外资项目、加强外资项目用地支持、着力促进多

---

① 徐方顺.浙江余杭推出 18 条举措 服务实体经济发展提升[EB/OL].(2012-04-09)[2022-11-03]. http://district.ce.cn/zg/201204/09/t20120409_1306841.shtml? from = groupmessage&isapp installed = 0.

元方式利用外资、建立健全项目落地推进机制、外资企业同等享受产业扶持政策。这十条政策为引导外资外企进入信息经济、高端装备、生物医药、现代服务等余杭重点发展产业，发挥高端资本要素的引领作用，推进余杭区产业的国际竞争力。[①] 2022 年 2 月，余杭区又推出"黄金 68 条"产业政策，其中强调用一流营商环境护存量引增量，具体举措包括发展楼宇总部，奖励从区外企业入驻楼宇、新引进总部企业；鼓励独角兽企业发展，出台独角兽企业、准独角兽企业及独角兽培育计划，帮助产品应用推广、给予活动经费支持、加强支持产权保护、提供金融专项服务等；创新举措鼓励以商引商，鼓励与奖励专业招商机构及园区运营商引入或新注册企业，助推优质项目招引工作；更有其他便利外贸外资的专项政策。

第四，助推企业上市，打造余杭板块的资本市场。企业上市能突破资金制约，进入更广阔的资本市场，获得新的发展机遇。余杭制定各项政策，鼓励与扶持区内优质企业筹备上市。2009 年，余杭出台《促进企业上市的实施意见》，对资金、税收、项目立项、规划选址等给予倾斜。2018 年，余杭又出台企业上市新政十条，主要包括简化流程优化服务、加大股权扶持力度、鼓励募投项目落地、促进并购重组发展、加强上市资源引进、优化资源要素配置、设立上市并购基金等方面。[②] 与此同时，余杭首创企业上市分段奖励机制，设立"上市服务专班"，联合相关部门和乡镇（街道），积极为区内企业上市提供各种服务工作，助力有上市潜力的成长型企业成功上市。2010 年，老板电器在深圳证券交易所成功上市，成为余杭首家境内上市企业。同年，南方

---

① 杭州市余杭区人民政府办公室. 关于扩大开放积极利用外资的若干政策意见［R/OL］. (2018-03-19)［2023-04-12］. http://www. yuhang. gov. cn/art/2018/3/21/art_1229174795_894005. html.

② 企业上市十条［N/OL］. 余杭晨报，(2018-03-27)［2022-12-01］. http://yhcb. eyh. cn/html/2018-03/27/content_3_8. htm.

泵业在深圳证券交易所成功上市，成为余杭第一家创业板 A 股上市企业。2020 年，亿邦国际控股公司成为余杭首家登陆纳斯达克的企业。2021 年，归创通桥医疗科技股份有限公司，成为余杭首家香港 H 股上市的人才企业。截至 2022 年 10 月，余杭上市企业数量达到 28 家，其中境外上市企业有 17 家。还有更多企业进入上市培育企业库，2021 年，余杭已经整合 300 家上市培育企业全量数据。[①]

第五，完善人才政策，打造国际人才的蓄水池。科学技术是发展生产力的关键动力，人才则是发展科学技术的第一资源。杭州自 2015 年开始推出专项人才政策后，不断增强"人才引领创新制胜"，陆续推出"鲲鹏行动""西湖明珠工程""钱塘学者"等重点人才计划，成效显著。2017—2021 年，杭州已连续三年保持人才净流入率、海外人才净流入率、互联网人才净流入率全国第一。余杭在落实杭州人才政策的同时，还依据区产业政策、发展目标等实际情况制定区级人才政策。余杭区每年举办人才科技活动周和"国际人才月"活动，开展校地战略合作机制，与浙江工业大学、浙江财经大学、浙江理工大学等省内知名高校签订区校合作协议，成立校地合作联盟，吸引高端毕业生和高端科技人才来余杭区创业就业。

行政区划调整后，余杭在不增加机构和职数的条件下，探索新的人才组织架构体系和工作机制方法，成立招才局，打造招才引智的新引擎。余杭结合未来科技城、良渚新城和钱江经济开发区三大产业平台特点，设立招才分局，提供个性化和有针对性的人才招引。2021 年 12 月 31 日，余杭区出台《余杭区关于进一步推进人才最优发展生态建设的若干政策意见》，提出人才新政"黄金二十条"，描绘了未来之星计

---

① 王丽娟，白赟. 一年飞出 7 只"金凤凰"，还有 12 家在排队 推动企业上市余杭逆势飙出"加速度"[EB/OL]. (2021-01-12)[2022-12-10]. https://baijiahao.baidu.com/s? id＝1688637846232534742&wfr＝spider&for＝pc.

划与"引才图谱",打造重大人才赛会品牌、高层次人才活动品牌、人力资源产业品牌、人才服务阵地品牌。2022 年 7 月,余杭发布《杭州市余杭区服务保障高层次人才创新创业政策实施细则》,重点完善对博士后的培育和资助,鼓励进行创新创业,提供专项资金扶持,提升人才与项目结合程度。2021 年,全区累计引进及合作"两院"院士和海外院士 48 名;新增国家级海外高层次人才 14 名,共 179 名;新增省级海外高层次人才 24 名,共 266 名;新增浙江省领军型创新创业团队 1 支,共 16 支;新落地人才项目 179 个,其中重点人才项目 22 个;新增 4 家博士后工作站,共 19 家;新增 5 家院士(专家)工作站,共 16 家;新引进高校毕业生 5.45 万人;人才资源总量 31.18 万人。[①]

二、深化数字创新驱动,大力发展跨境电商

余杭利用自身数字经济先发优势,大力发展跨境电商业务,推进杭州跨境电商综试区和浙江自由贸易试验区杭州片区的建设,助力杭州打造全球数字枢纽。

第一,紧跟时代潮流,发展电子商务。20 世纪 90 年代后期,华立等余杭企业便开始尝试推动外贸信息化。1999 年,阿里巴巴在杭州成立,掀开杭州电子商务的新篇章。余杭立足自身纺织业的优势,重点推动纺织企业的电子商务发展。2004 年,余杭成立第一家纺织企业及其行业资讯、电子商务全国性行业网站——中国纺织网。2007 年,余杭又推出中国首家服装行业类采购平台——中国服装采购网。2008 年,阿里巴巴与余杭区正式携手,成立浙江淘宝城实业有限公

---

① 区委组织部(人才办)."12345",透过数字看 2021 年余杭人才工作![EB/OL].(2022-01-20) [2022-11-10]. https://mp.weixin.qq.com/s? biz = MzA5MDg1ODgxNw = = ＆mid = 2650402958＆idx = 1＆sn = 4583c5df1ba9722d0a72812e90176e80＆chksm = 880864a0bf7fedb67abcfbc7b2fd8a5cc38468949f94f93694fb4dffa5e1c63d5be27349f5c6＆scene＝21＃wechat_redirect.

司。自此余杭电子商务进入大发展时期,余杭政府也出台一系列措施,扶持电子商务平台,培育电子商务应用人才。如 2018 年,余杭发布《余杭区支持电子商务产业发展若干政策意见》(简称"电子商务新政十条")及实施细则的通知,推动电子商务产业园区的建设,培养与引进跨境电商人才。

第二,创新模式,开拓跨境电子贸易。余杭依靠前期积累的电子商务方面的经验和人才,大力发展跨境电子贸易,为余杭企业走出国门提供平台。首先,余杭通过承办会议、报刊、电视等多种途径宣传跨境电子商务,营造发展电子商务的商业氛围,鼓励余杭传统制造企业开拓电子商务新业务。其次,企业主对跨境电子商务的认知不足和专业跨境电子商务的人才匮乏是制约传统企业发展跨境电子商务的最大难题。由此余杭加强对跨境电子商务人才的引入和培育,举办电子商务专题培训,帮助服装、日用品等主要外贸出口品企业培训从业人员。再次,余杭持续深化家纺服装、休闲产品产业集群跨境电商综合发展试点建设。截至 2020 年末,"阿里巴巴—余杭产业带专区"累计入驻家纺服装企业超过 200 家,实现交易额超过 6000 万美元。两大产业集群累计实现销售额超 9 亿美元,带动全区跨境电商逆势增长。最后,余杭推动世界电子贸易平台(eWTP)秘书处落户西溪,为余杭跨境商务发展提供新机遇。

第三,以点带面,打造数字外贸生态。余杭推进杭州跨境电商综试区与数字外贸服务平台建设。2015 年,杭州成立跨境电子商务综合试验区。当年,余杭发挥电子商务方面的优势,成功获批中国(杭州)跨境电子商务综合试验区余杭园区,搭建了以临平创业城、良渚文化城、未来科技城为核心的跨境电子商务产业生态。2016 年,余杭获批省首批产业集群跨境电商综合试点。余杭集聚了包括七格格、浙江全麦网尚电子商务有限公司、浙江物产电子商务有限公司、杭州子不语贸易有限公司等一批专业跨境电子商务企业与总部,带动大量中下游电商入驻。其中临平新城跨境电商发展氛围尤其浓厚。临平新城施行全球跨境电商创新服务中心计划,举办2019年中国(杭州)跨境电商峰会。截至2019年底,临平新城共集聚电商企业943家,其中跨境电商企业325家,网上交易突破90亿元,跨境电商交易额4.54亿美元,实现税收超2亿元,导入产业人口超18000人。[①] 跨境电子商务已经成为余杭经济发展的重要推动力。2020年,余杭跨境电商交易额达19.04亿美元,其中跨境出口13.92亿美元,较上一年度增长20.03％,引进跨境电商、直播电商产业链企业各80余家。

第四,协同发展,推进自贸区建设。余杭积极参与中国(浙江)自由贸易试验区杭州片区建设。2020年9月21日,国务院发布《中国(浙江)自由贸易试验区扩展区域方案》,浙江自贸试验区杭州片区正式挂牌。杭州片区的主要定位是"打造全国领先的新一代人工智能创新发展试验区、国家金融科技创新发展试验区和全球一流的跨境电商示范中心,建设数字经济高质量发展示范区"。余杭片区是杭州联动创新区的重要组成部分,占地25.35平方公里。余杭积极发挥自贸区联动创新区优势,发展新一代信息技术、高端装备制造、生物经济、人工智能、服务贸易、电子商务等产业,并逐步加强与我市其他联动创新区的合作。

三、推进公共服务国际化,增强国际吸引力

公共服务的国际化有利于增强对外商外资的吸引力,助力提升城市国际化水平。余杭大力推进公共服务的国际化,提升城市的国际竞争力。

---

① 孙明妹.余杭致力打造跨境电商新高地 中国(杭州)跨境电商峰会在我区举行[N/OL].余杭晨报,2019-07-13[2022-11-10]. http://yhcb.eyh.cn/html/2019-07/13/content_215408_1261833.htm.

第一,教育国际化。一方面,加强基础教育的国际化。余杭创建杭州市仁和外国语学校、杭州市英特西溪外国语学校、杭州市育海外国语学校等国际学校。同时,推进浙江省"千校结好"行动。2012年,缅因州肯纳邦克高中与余杭高级中学、缅因州斯特恩斯高中与余杭第二高级中学、佛蒙特州勒兰德格瑞中学与余杭中学、南达科他州格兰特杜尔高中与瓶窑中学、佛蒙特州隆萃尔中学与英特西溪外国语学校分别签署《建立姐妹学校关系谅解备忘录》。2019年余杭高级中学与德国慕尼黑市戴尔克森私立高级中学结为姊妹学校。2021年比利时杜伊能餐饮学院与良渚职业高级中学建立了姐妹学校关系,填补了余杭区职业学校与国外学校结对的空白。另一方面,推进高等教育的国际化。积极筹建中法航空大学等国际高等学校,助力西湖大学创建世界一流高校。

第二,医疗卫生服务国际化。余杭创立良渚国际生命科技小镇,规划集医疗服务、国际健康管理、教学科研、产业孵化、集团办公等功能于一体的树兰国际医学中心,其中树兰国际医学中心一期工程——树兰国际医院项目已定为三级综合医院,占地437亩,规划床位数2000张,为全球患者提供医疗服务。2022年8月,浙大一院国际保健中心运行,为浙江省唯一的国际医疗服务价格改革试点单位。

第三,推广国际社区。从2014年开始,杭州市就围绕打造高品质国际化生活社区的目标,推进国际社区示范点建设。余杭在国际友人聚居的社区,普及中英"双语指示"路标,增强社区服务人员中英双语交流能力,完善服务国际友人的法规咨询。余杭国际社区还举办包粽子等传统文化活动,组建国际义工队伍,调节社区外籍人士的邻里关系。余杭区南苑街道新梅社区已成为2022年杭州国际化示范社区,余杭仓前街道也在积极打造新型国际化社区。

四、推进国际人文交流，打响余杭人文品牌

余杭拥有美丽的自然风景和悠久的历史文化遗产。余杭打造专属文化 IP，推动国际人文交流，助力杭州建设国际休闲中心和国际会展中心。

第一，挖掘人文资源，发展文旅产业。余杭加快开发京杭大运河和良渚古城遗址的人文资源。2014 年 6 月 22 日，第 38 届世界遗产大会宣布，中国大运河项目成功入选《世界文化遗产名录》，成为中国第 46 个世界遗产项目。余杭是京杭大运河的南方门户，塘栖古镇更是因京杭大运河而兴起。目前，余杭塘栖古镇正在快步建设大运河国家文化公园，增强对国内外游客的吸引力。与此同时，2019 年 7 月，良渚古城遗址成功列入《世界遗产名录》，余杭加快良渚遗址古城的开发与保护进度，打造"世界级文化金名片"。2020 年，良渚古城遗址公园、良渚博物院接待国内外游客 150 余万人次。

第二，承办国际会议，扩大城市影响力。余杭承办一系列的国际高端会议，助力杭州打造国际会展中心。2022 年，余杭发布《杭州市余杭区国民经济和社会发展第十四个五年规划和二〇三五年远景目标纲要》明确提出："大力培育和引进一批有世界影响力的国际会议、品牌会展、高端论坛等国际商务活动。"余杭近年先后召开世界区块链大会、全球人工智能技术大会、中国世界文化遗产年会暨城市市长论坛等国际性会议。其中仅 2021 年全球人工智能技术大会系列活动，就吸引 800 余位人才到场、逾 1300 万人次关注参与。

第三，助力亚运会，打造城市新品牌。余杭积极投入亚运会和亚残运会赛事组织服务工作，放大亚运会的综合效应。承办亚运会排球、足球两大赛事的余杭体育中心、体育馆和承办杭州亚运会排球、橄榄球两大比赛项目的杭州师范大学仓前校区体育馆已经高标准地完

工。余杭还开展了全民健身嘉年华,推进"'迎亚运'城市环境大整治、城市文明大提升"专项行动,提升余杭区域环境品质,提升文明城市建设水平。此外,余杭制定具有高辨识度和特色的体育赛事体系规划,举办诸如电竞等一系列具有国际特色的职业体育赛事。

第五章　展现余杭新发展 创建杭城新格局

　　共同富裕是社会主义的本质要求,是人民群众的共同期盼。党的十九大提出到本世纪中叶"全体人民共同富裕基本实现",党的十九届五中全会对扎实推动共同富裕作出重大战略部署。国家"十四五"规划纲要明确提出,"十四五"时期要实现全体人民共同富裕迈出坚实步伐。目前,我国发展不平衡不充分问题仍然突出,城乡区域发展差距较大,持续促进城乡区域向更高水平更高质量协调发展迈进,在发展中营造新的相对平衡,是推动共同富裕的重要举措。浙江提出"两个先行"的号召振奋人心——在高质量发展中奋力推进中国特色社会主义共同富裕先行和省域现代化先行。其中城乡协调与区域均衡发展,就是浙江勇争"先行"的底气之一。从整体上看,浙江有山、有海,山海协作不断碰撞出精彩火花;从区域着眼,县域乃至镇街范围内,各地正以丰富的城乡形态,不断探索着新型镇街模式。

　　在全面建成小康社会的新征程中,杭州始终坚持把城乡协调发展放在发展全局的重要位置,为理顺发展关系、拓展发展空间、提升发展效能提供了根本遵循。从推行"区县协作"机制,再到实施"拥江发展"战略,随着一系列重大决策部署陆续实施,杭州区域发展协调性显著增强,城乡区域发展差距呈缩小之势。位于城西科创大走廊核心区,产业、人才、城市基础较好的余杭被寄予厚望。余杭区既有现代城区也有美丽乡村,有区位优势更有世界文化遗产。在争当共同富裕示范区排头兵的赶考路上,余杭始终坚持以人民为中心的发展思想,加强基础性、普惠性、兜底性民生保障,大力发展美好教育,着力建设一批嵌入式体育设施,高水平推进健康杭州建设,加快打造"一老一小"友好型社会,着力构建共建共享公共服务体系。不断推进城乡社区现代化建设,以党建统领基层治理,深入实施"红色根脉强基工程",创新推进未来社区建设,扎实开展未来乡村建设试点,重点推进城郊接合部融合型大社区大单元治理,选优配齐社区"两委"班子和专职社区工作者,做实共同富裕的基本单元,全力打造高质量发展、高标准服务、高品质生活、高效能治理、高水平安全的人民幸福美好家园。在发挥自身优势,稳抓高质量经济发展的基础上,努力展现余杭的时代担当。

第一节　余杭区缩小东西部差距的典型性

中共中央支持浙江高质量发展建设共同富裕示范区,既是对浙江改革开放取得重大历史成绩和发展基础条件的充分肯定,更是赋予新发展阶段浙江新的历史性重大使命,对中国特色社会主义伟大事业发展的全国大局意义重大、影响深远。高质量发展建设共同富裕示范区,也让浙江迎来了为推动共富提供省域范例的新历史使命。《中共中央 国务院关于支持浙江高质量发展建设共同富裕示范区的意见》对浙江提出了建设"城乡区域协调发展引领区"的战略定位,并把"缩小城乡区域发展差距,实现公共服务优质共享"作为六大任务之一。浙江是我国城乡协调发展水平较高的地区,近年来在推进城乡融合发展、缩小城乡差距方面进行了大胆的积极探索,建设城乡区域协调发展引领区具有较好的基础和条件。在全面建设社会主义现代化国家新征程中,浙江通过示范区建设,不断推动乡村振兴与新型城镇化全面对接,促进城乡深度融合发展,全面打造高质量的城乡区域协调发展引领区,充分发挥其引领、示范、标杆和带动作用。

在县域共富层面,以"强县模式"著称的浙江有着诸多亮眼表现,其中杭州余杭区就是一个值得注意的存在。2021年全区实现地区生产总值(GDP)2502.20亿元,按可比价计算,同比增长7.5%。主要经济指标继续位居省市前列。余杭区获评"国家生态文明建设示范区"、平安中国建设示范县,入选"2021中国县域综合实力百强榜",位列全国第五、全省第一。从GDP构成看,第一产业增加值39.74亿元,增长1.7%;第二产业增加值336.98亿元,增长13.5%;第三产业增加值2125.48亿元,增长6.7%。全区三次产业结构由2020年的1.7:12.7:85.6调整为1.6:13.5:84.9。其中全区数字经济核心产业实现增加值1605.70亿元,占生产总值比重为64.2%。城镇和农村常住居民人均可支配收入分别达到77184元、48705元,增长9.2%、10.4%。城乡居民收入差距继续缩小,由2020年的1.60:1缩小为1.58:1。2022年前三季度,余杭区村集体经济经营性收入达5.51亿元,村均385万元;村民可支配收入达41330元,城乡居民收入比1.53:1,入选"2022年国家乡村振兴示范县创建名单"。20年来,余杭经济社会发展从一开始的名不见经传,到如今依靠发展数字经济成为新晋"浙江经济第一区",2021年一般公共预算收入更是居区县(市)首位。完成财政预算支出335.61亿元,预算内用于民生支出242.48亿元,占财政预算支出的72.3%。在支出结构中,一般公共服务、社会保障和就业、教育、卫生健康、公共安全、节能环保占比分别为5.8%、

8.5％、12.5％、4.0％、2.2％、1.8％。[①] 在县域经济高质量发展过程中，农村发展亦是同步同频实现走在前列。余杭通过放大乡村差异化优势、激发创新发展活力，实现共同富裕的"殊途同归"。以特色产业带动、数字文旅探索、基层治理赋能等为代表，市场、数字、机制等思维的运用，正向我们展示着乡村发展的蓬勃活力。

一、市场思维：特色产业做强振兴基础

"要在缩小区域差距、城乡差距、收入差距上争做示范，在率先实现共同富裕上走在前列，全力创建共同富裕示范先行区。"余杭区拥有176 个建制村，乡村人口占比为 27.4％，是杭州农村人口较多的区县。在农村相对集中于当地西部的背景下，余杭区积极谋划、提前发力，提出并实施了"西部富美"战略，以做强特色产业实现富民惠民为重要内容，始终走在杭州市的前列，成为共同富裕的示范先行区。

在市场化顶层设计的导向下，近年来余杭区创举频频，如开展农村职业经理人试点，鼓励发展创意农业、亲子体验等业态，实施共享农业品牌资源等。尤其是电商平台优势和多元营销渠道，既让传统农业在当地乡村迸发出不一般的活力，也让特色产业成为余杭乡村通往共同富裕的强力助推器。余杭永安村稻香小镇正是余杭以市场化、"农业＋"思维做强特色产业的典型代表。在运营中，街道、运营团队等在延伸大米产业链条、实现粮食产业转型升级方面进行积极探索，还打通线上零售新渠道、实施大米产业区域公用品牌建设，让永安大米实现"名利双收"。以互联网、数字化的电商运营模式，打破了传统渠道中"质量好的农产品往往卖不出好的价钱，优质优价难以实现"的难

---

① 2021 年杭州市余杭区国民经济和社会发展统计公报［R/OL］.（2022-03-11）［2023-04-17］. http://www.yuhang.gov.cn/art/2022/3/11/art_1229247534_4022303.html.

题,让农产品实现正常的价值回归。实现余杭区农村电商销售额每年以 20％以上的增幅增长,2020 年农产品电商销售额 12.2 亿元。农民的租金已由每亩七八百元增加到 1500 元。

将城市的消费能力和渴望购买更优质农产品的意愿,与农业、农产品及农民建立强关联,产生商业价值的同时,也不断产生社会价值。余杭区积极创新经营模式,带动农民增收致富。以往永久性基本农田保护区的客观属性一度被认为是农村发展的限制,但在余杭区相关职能部门的共同牵引下,地方的"资源限制"逐渐变成了"产业优势"。在尊重农民意愿并符合规划的前提下,通过农户土地流转、专业化运作打造,以"以农为核,多驱发展"为产业特色,种植优质特色农产品,在第二产业上有着各类加工企业,第三产业上有经营相对成熟的休闲农庄。乡村民宿就业渠道多、方式灵活等优势直接带动了村民参与经营服务,提升劳动技能,促进增收致富的热情。不少在外务工的村民纷纷返乡,利用自家农宅做起了民宿。乡村民宿成为带动乡村经济增长的重要动力,永安村近 3 年村集体收入和村民人均收入年复合增长率分别达 56.17％、17.83％。

深入挖掘文化文物资源,充分展示地域特色文化,以特色产业夯实乡村振兴基础,也是余杭乡村的发展之道。将农耕文化、传统工艺、民俗礼仪、风土人情等融入乡村产品建设,拓展手工制造、特色文化体验、农副产品加工等综合业态,打造乡村旅游综合体,有效发挥带动效应。余杭山区的多个村庄依靠本地自然资源实现农民增效增收,如依靠当地的毛竹发展经济,尤其以作坊式毛竹制品为主,在竹产业转型升级背景下,当地建设了"好竹意小镇",结合文创产业,推动本地实体产业融合文创发展,让村民通过老手艺端起了"新饭碗"。

余杭区类似的市场化农村特色产业发展案例还有很多。以需求牵引供给、供给创造需求的平衡态势更为明显。余杭区鼓励本地农产品生产加工企业依托线上销售平台、网商等方式,培育网络销售额达1000 万元及以上的涉农企业约 15 家,其中食品类企业约占比 70%,姚太太、忆江南、炎亭渔夫和哎呦咪等企业便是其中的佼佼者。

二、拥抱时代:数字文旅提速美丽经济

让乡村走好共富之路,余杭借力市场活力,也借力时代推力。在数字化成为社会各领域革新利器,同时给乡村旅游带来新机遇的背景下,数字文旅成为窥探当地乡村发展状态的一扇窗。

作为浙江数字经济第一区,余杭数字经济底蕴不可谓不深厚。2021 年一季度,该区数字经济核心产业增加值达 382.4 亿元,增长19.1%,总量居杭州市首位。而余杭乡村也获得了“近水楼台”的便利。余杭径山村四周群山环抱、风景秀丽。村里有两张“金名片”,一张是千年古刹“径山万寿禅寺”,另一张则是有“浙江省十大名茶”之称的径山茶。凭借上述禀赋,村内民宿、农家乐数量已超 80 户。

在乡村文旅融合道路上,如何提升游览便利度,增加游客体验性,这是先天禀赋之外拓展差异化发展空间的关键。这方面,径山村把数字文旅作为突破口。该村实施了“云上禅村”项目,推行一“码”游径山,开发村级旅游服务平台等。以该平台为支撑,推出“径山客”微信小程序,涵盖景点介绍、民食民宿预订、交通导览及网上商城等,让游客体验感更佳。依托“云上禅村”,对游客客源、时空行为、景区交通等要素进行分析,为旅游管理和旅游营销提供决策支持。2021 年为加快商业价值转化,开发抹茶产业,径山村投产抹茶原料碾茶生产线 13条,打造“陆羽泡的茶”线下茶铺,茶文化产业园主导产业年产值达 30亿元,“径山茶”品牌价值达 23.56 亿元,带动 3.7 万茶农增收致富。

在人们的印象里,农村可能是贫穷落后的,但走进径山村会让人眼前一亮。这些年村子被规划得整齐、美观、错落有致,像是一个新建

的村子,不仅茶叶能卖钱,风景也能"卖钱"了,游客越来越多。有了先进的智慧体验,游客也更愿意留下来,更容易找到店家,餐饮住宿的收入随之进一步增加。2020年,径山村累计接待游客超200万人次,村集体收入达120万元,村民人均可支配收入亦稳步增长。[①]

此情形在乡村旅游发展相对集中的余杭鸬鸟镇也同样明显。鸬鸟是余杭唯一没有工业园区的生态旅游型乡镇。该镇在"数智鸬鸟管理平台"中打造了"数智旅游"模块,实现全域景区旅游产业情况、景区村庄运营、游客图谱等数据集中采集、分析、处理与协同;通过数据分析,实现热门景点人流实时监测、热门餐饮便捷找等应用,让政府调控更及时、商家营销更智慧、游客衣食住行更省心。该镇2020年上半年旅游接待量62万人次,旅游收入1.4亿元,数字场景下的热门景点分流、交通秩序协调、精准精确执法等发挥了重要作用。

从整体层面看,在加快建设全域美丽大花园的部署下,乡村层面数字与文旅的结合助力余杭2020年吸引国内外游客2323.44万人次,实现旅游总收入284.19亿元。余杭数字化改革发挥现代化建设和共同富裕"船"和"桥"的作用,推动共享数字红利。余杭还将实施"西部富美1355计划",包括在原有政策基础上3年新增投入不少于50亿元等。数字文旅带来的共同富裕动力,在余杭乡村有望更加强劲。

三、制度赋能:乡村善治凝聚共富合力

余杭区实现农村农民发展,不只有特色产业培育与数字文旅探索这样的直接形式,在间接层面,以善治推进乡村和谐,亦筑牢了共同富裕的精神基础。在新老村民的支持和配合下,农村的"未来乡村"建设

---

① 共富观察:农村居民可支配收入领跑浙江 余杭靠什么?[R/OL].(2021-07-12)[2023-04-17]. https://www.chinanews.com.cn/cj/2021/07-12/9518172.shtml? qq-pf-to=pcqq.discussion.

按下了快进键。青山村是余杭"未来乡村实验区"的试点村,早年这里因种植原因污染了附近的龙坞水库,人居环境受到影响。为了保护生态,改善人居环境,黄湖镇政府、青山村与大自然保护协会等展开合作。通过设计水源地保护模式、制定林地科学管理方案等,青山村不仅实现环境"改头换面",还通过打造"融设计图书馆"等项目成为知名的文艺村,吸引了包括外籍人士、留学归国人员在内的 50 多人成为新村民。

在新老村民汇聚、村庄转型的过程中,如何推动村民关系和睦、解决村庄发展所遇到的问题,一直是乡村治理面临的现实挑战。传统农村空心化、老龄化问题严重,村子留守人口能力有待提升,缺少发挥作用的服务性、公益性、互助性农村社会组织。为此,余杭统战部门在青山村成立了杭州首个村级新的社会阶层人士联谊会分会——青山"同心荟"。青山村委和青山"同心荟"建立起每月一次的会议机制。此前在会议中,相继提出了设立垃圾回收站、推广庭院堆肥等建议,得到了一一落实。此外,青山村还推行"自然好邻居"计划。该计划创新村民贡献评价体系和激励机制,鼓励村民利用闲置的资源为访客提供餐饮、住宿等服务,共享村里产业的增值收益。民宿和农家乐合作经营农户已超 50 户,每户年均可获得 2.5 万元的额外收入。

距青山村 10 公里之外,小古城村"众人的事情由众人商量"的村民民主议事制度早已闻名。多年来,小古城村遇到什么事情,都是村干部和村民在村里的大樟树下共商共议,大家都是"有一说一"议民生。比如在环境整治上,围绕育山林、护溪河、退围墙、拆辅房等开展了专题协商百余次,拆除不雅观建筑 2.6 万余平方米,外立面整治 1.8 万余平方米。围墙整治后,村里把辅房进行提升,改造成了农家乐。数字化技术的应用让商量的方式逐步转移到线上,年轻人也加入进来,全面激活乡村治理内生动力。

治理赋能正让余杭越来越多的乡村凝聚起共富合力。2021年该区已建立村(社)民主协商议事会350余个,网格议事小组1360个,实现民主协商工作全覆盖。余杭健全党建统领下的自治、法治、德治、智治"四治融合"基层治理体系和"众人的事情由众人商量"基层民主协商制度,加快构建人人有责、人人尽责、人人享有的社会治理共同体。随着群众诉求和表达需要的更加多元化,余杭区不断创新基层民主制度,打出"组合拳",如径山镇着重打造1个镇级矛盾调解中心、3个调解工作站、若干个调解组织和调解网络,组合成"1+3+N"工作体系,依托微法庭、村级调解组织、法律服务志愿者等力量,确保警情、诉讼、信访矛盾源头调处化解"最多跑一地""解决在源头"。该镇围绕村规民约修订、项目推进、小区治理、矛盾调解等活动已开展民主协商300余次;镇村党员干部主动"沉下去"开门纳谏,办结问题建议清单190余件。余杭的乡村发展实践,是一条高质量共富之路,无一不表现出尊重民众首创精神、让各类要素在农村充分涌流的核心内涵,其也成为余杭打造"共同富裕示范先行区"的底气所在。

走在"两个先行"新征程上,余杭始终把改革之锚落在了"双强双富"上。2022年12月余杭举行党建统领助跑共富暨党建联建双强双富推进会,结合区域实际,量身定制扶持力度更大、含金量更高、覆盖面更广的强村富民、强社惠民"双十条"举措,以党建联建"探路共富",走出一条非同寻常的"乡村包围城市"发展之路。

第二节 统筹城乡与地区协调的余杭实践

一个地区的资源要素禀赋一定程度上决定着该地区的功能和发展路径,因势利导发挥地区优势、优化区域经济布局是遵循区域发展规律的体现。全面提高中心城市和城市群等经济发展优势地区的综合承载力和经济发展效率,强化对区域发展的辐射带动作用。早在2019 年初,中共杭州市委明确提出"东整、西优、南启、北建、中塑"的发展思路,选择若干重点区块精心打造城市功能平台。建设杭州云城作为"西优"的核心任务,就是要重塑城市与乡村、创新与创业、生产与生活的关系,加快城市核心区优质资源向郊区新城拓展,引导城市核心区过度密集区块人口向郊区新城疏散、城市新流入人口向郊区新城集聚,走出一条具有杭州特色的郊区新城发展路子。

2020 年,习近平总书记在杭州考察时,明确要求杭州在建设新型智慧城市和宜居城市方面为全国创造更多经验。建设杭州云城是杭州按照中共中央和省委省政府要求,根据宏观形势和发展阶段变化,着眼构建"双循环"新发展格局作出的一项重大决策,是探索未来城市发展之路的创新实践。杭州云城位于杭州主城西部,区位交通条件优越,生态人居环境优美,特别是科技创新资源富集,是全省乃至全国创新密度、人才密度最高的区域之一,形成自然山水与现代数字科技的完美组合。在宜居智慧新城建设方面先行探索,凸显"最江南、最科技、最人文"的鲜明杭州标识,把云城打造成集中展示杭州城市现代化风貌的示范区,形成更多可展示、可体验的标志性成果,努力成为"窗口中的窗口""标杆中的标杆",确保习近平总书记重要指示精神落地生根、开花结果。

有什么样的城市能级就有什么样的创新能级,有什么样的人居环境就有什么样的人才集聚。加快杭州云城建设,对于推动城西科创大走廊的发展、高水平推进城市现代化也具有重要的示范引领意义。把云城建设作为补齐大走廊城市功能短板的切入点,以"点"的突破引领带动"廊"的提升,为努力成为科技和产业创新的开路先锋提供强有力支撑。2016 年启动建设的城西科创大走廊,如今是全省最具吸引力、最具创造力、最具想象力的科创热土和新经济增长极,人才净流入率是全市平均的 2.5 倍。2022 年杭州西站枢纽这个"轨道上的长三角"节点工程完美收官、展露风采,正是对云城速度的生动注解。"云聚云散",就是要发挥内畅外联的区位优势,着力打造交通先导、轨道互通的枢纽之城。推动人口和产业在轨道站点高密度"云状"集聚、资源要素沿交通廊道便捷化"云态"流动,形成网络化、组团式城市空间格局。作为杭州城市新门户、"站城一体"的杭州云城总的目标定位:坚持以人为核心的价值取向,聚焦现代综合交通枢纽、杭州新地标、城西 CBD 和高端人才集聚地等复合功能,着力打造产城融合、职住平衡、生态宜居、交通便利的科创型郊区新城,为我国特大城市郊区新城建设和城市群转型发展提供实践范例。

这个规划区域面积 58 平方公里的云城就是要成为未来城市典范,彰显杭州数字经济第一城的使命担当,助力整个余杭成为一个真正的平台型城市。与杭州云城无缝对接,杭州未来科技城强力链接重点实验室、重点科研高校、科技引擎企业,促进创新链与产业链深度融合,把创新势能转化为构建新发展格局、推动高质量发展的强大动能。短短几年,未来科技城已集聚近万家数字经济企业,OPPO 全球移动终端研发总部、vivo 全球 AI 研发中心、字节跳动杭州(余杭)研发中心等数字经济头部企业在未来科技城相继落地。之江实验室跑出项目建设"加速度",从 2019 年 5 月正式开工到 2021 年 3 月南湖园区一期启用,前后仅历时 22 个月。国家重大科技基础设施项目——浙大超重力离心模拟与实验室装置正紧锣密鼓建设,将构建从瞬态到万年时间尺度、从原子级到千米级空间尺度、从常温常压到高温高压等多相介质运动的实验环境,这是和北京正负电子对撞机、上海光源、天眼 FAST 射电望远镜同等级别的"国之重器"。

在之江实验室、湖畔实验室、良渚实验室、浙大超重力离心模拟与实验室装置这样的科技重器带动下,余杭产城一体、科教一体空间继续拉开轮廓。浙大校友企业总部经济园、数字·健康小镇等产业创新平台类项目全新问世,为创业生态圈嵌入了活力因子。在杭州未来科技城,产业经济布局推动着数字创新赋能,直接促进了城市空间优化重构和城市能级跃升。在这里,特色小镇对经济创新发展的引领作用继续强化,成为重大创新载体基础研究与产业赋能无缝衔接的典型代表,助推了余杭全域特色产业链纵深演进和横向拓展。中国(杭州)人工智能小镇至今已吸引包括中国信息通信研究院人工智能(杭州)研究中心等约 20 个高端机构入驻,小镇内相继有近 40 家企业获得社会融资,融资规模总计超过 40 亿元;梦想小镇迄今有 230 多个项目获得100 万元以上融资,融资总额超过 130 亿元,累计集聚近 2600 个创业项目、21000 余名创业人才。① 在这里,生物技术、生命健康、新能源等产业加速与新一代信息技术交叉融合,成为孕育隐形冠军和独角兽企业的新赛道。2021 年全区 3 家企业获国家科技进步奖二等奖,之江实验室、良渚实验室、湖畔实验室等单位 15 项成果获省科学技术奖,仿生深海软体机器人登上《自然》杂志封面,神威量子模拟器获"戈登贝尔奖",夺得全省首批"科技创新鼎"。截至 2021 年 12 月底,全区规模以上工业中,有高新技术企业 455 家,占规模以上工业企业数的72.1%,高新技术产业增加值占规模以上工业增加值比重达 79.7%。规模以上工业新产品产值率居全市前列。

以杭州未来科技城、钱江经济开发区、良渚新城等平台为核心,余杭区 2021 年进一步理顺平台、镇街体制机制,强化交通联通、资源联通、产业联通,形成优势互补、特色发展、集约高效的协同发展体系。其中,良渚新城聚焦"数字文化、生命健康+总部经济"的"2+1"产业

---

① 中国信息通信研究院人工智能(杭州)研究中心落户未来科技城[EB/OL].(2019-04-03)[2023-04-17]. https://ori. hangzhou. com. cn/ornews/content/2019-04/03/content_7171759. htm.

定位,建立"众创空间预孵化＋孵化器成长＋加速器壮大＋产业园腾飞"的接力式孵化与转化体系。从梦栖小镇(数字文化社区)、生命科技小镇到国际商务区核心区,每个板块都是动辄数平方公里的规划布局。钱江经济开发区则牢牢锚定长三角智能制造产业示范区、长三角创新发展总部基地引领区、杭州产城人文融合发展样板区的定位,把建设"未来工厂"作为推进制造业高质量发展的重要抓手,智能制造创新创业产业园、浙江大学先进电气装备创新中心、紫创未来智造谷相继开园。面临前所未有的发展风口期,中西部重镇瓶窑镇也在空间布局、交通联结、产业路径等方面重新审视发展方位,以中法航空大学和航空航天小镇建设为宝贵契机,高起点作好航空科创产业链延伸规划,深度嵌入杭州云城和城西科创大走廊发展布局。其他相关镇街也积极融入全域创新战略,在协同发展中彰显山水资源优势和人文历史优势,促进生态保护与城市创新发展深度融合,打造农文旅特色产业新地标。

　　如今,创新要素、创新空间优势在余杭持续放大,余杭区域内产业升级、结构调整的整体带动作用显著增强。在高能级产业大平台带动下,余杭将率先形成数字经济高质量发展新格局。面向未来,余杭区将进一步坚持制度创新和科技创新双轮驱动,争做践行"全面数字化转型"的示范者,面向世界科技前沿、面向经济主战场、面向省市乃至国家重大需求,以超常规举措打造人才引领优势、创新策源优势、产业创新优势和创新生态优势,加快打造辐射全省、服务全国、面向世界、引领未来的未来城市样板地、未来科技策源地、未来产业引领地,全面构建具有浙江特色、全国一流水平和全球影响力的全域创新体系。

第三节　乡村振兴与乡村建设的余杭样本

促进城乡一体发展、缩小城乡差距,就是要统筹实施新型城镇化战略和乡村振兴战略。改变长期以来我国农村源源不断向城市简单输出农业原材料、农村劳动力、农民储蓄资金等要素为主的状况,加快转向形成城乡要素双向流动、经济畅通循环和功能互补的分工协作关系,以"整体大美、浙江气质"为核心的集结号在浙江大地全面吹响。坚持宜水则水、宜山则山,宜粮则粮、宜农则农,宜工则工、宜商则商的原则,引导各地区走差异化、各具特色的高质量发展路子,激发各地区发展潜力,确保各地区发挥比较优势,各扬所长、各尽所能、百花齐放。2021 年余杭区实现农、林、牧、渔业增加值 41.63 亿元,增长 2.1%;农业总产值 64.64 亿元,增长 3.7%。其中,种植业产值 34.56 亿元,增长 4.4%;林业产值 8.83 亿元,下降 0.5%;畜牧业产值 3.39 亿元,下降 2.8%;渔业产值 12.37 亿元,增长 4.6%;农、林、牧、渔服务业产值 5.48 亿元,增长 9.5%。实施"西部富美"计划,美丽乡村提质扩面,成功入选市级第一批共同富裕试点。余杭区以"十四五"规划为导向,谋篇布局,全面擘画,以美丽城镇建设为切入点,注重风貌提升、功能提升、生态提升、治理提升一体推进,把搞好城乡风貌整治提升工作作为高质量发展建设的重要抓手,增进民生福祉,打造大美余杭。

一、促使城乡风貌协调发展,打造风景怡然"优美圈"

一是融合自然之美,打造环境精致新面貌。依托美丽城镇长效工作,结合城乡风貌提升新要求,余杭区多措并举,持续提升城乡"新颜值"。径山镇在全省率先实行农民建房"带图审批",引导农民建房"立面、围墙、庭院"风格三统一,并对沿路沿线农房微改造,营造户户皆美景的环境效果。鸬鸟镇在黄湖入口、百丈入口、山川入口三个入镇口提升改造,融入鸬鸟标志,打造鸬鸟记忆点。闲林街道通过美丽庭院、美丽乡村等美丽载体的建设,打开"美丽空间",形成各有特色的村民庭院、错落有致的景观节点。二是深化全域扩面,打造精品带动新典范。良渚街道推动美丽乡村普惠扩面与示范创建,试点开展新时代美丽乡村全域扩面提升,全面完成美丽乡村"1510"项目,力争完成杜城村市级美丽乡村精品村、新港村农文旅融合发展示范村创建,探索打造新港村未来乡村、东莲村湿地村庄模式。仁和街道以项目建设为引擎,打造美丽城镇、18 个村创建美丽乡村精品村、美丽乡村"1510"示范村、农文旅融合示范村等一大批"美丽"工程精彩亮相,大大改善了街道整体面貌。三是优化垃圾分类,提升减量减排新局面。黄湖镇围绕"减量与质量"两大关键指标,持续做好垃圾分类工作,优化合并村社集置点,原有 58 个集置点减少 20%,再生资源回收房、垃圾分类主题公园实现全覆盖。2022 年上半年,全镇生活垃圾实际产生量 1768.76 吨,较控量指标减量 127 吨,资源回收率月均达到 50% 以上,生活垃圾分类质量全区排名上游。

二、促使城乡功能服务均等,打造宜居便民"舒适圈"

一是补足基础设施短板,打造城乡均衡新空间。余杭区以缩小城乡差距为己任,提升全域便民新福利。黄湖镇投资 6900 万元实施美丽城镇五美补短板项目建设,其中,投资 800 万元对原吴四坊社区办公大楼进行落地大修,改造升级为邻里便民服务中心,并增设小镇客厅等功能布局,提升各项便民服务,现已进入装修阶段。良渚街道加快主次干路网及城市河网建设,完成古墩路、杭行路、好运路等主要道路提升,持续完善基础配套设施建设,花苑新村等老旧小区综合改造提升扎实推进，高层住宅二次供水、既有住宅加装电梯、停车场与"口袋公园"建设稳步向前。二是聚焦民生热点，打造以人为本精品圈。仓前街道以美丽城镇建设为契机，先后实施一批群众关注、需求迫切的民生配套项目，用有限的资金解决"六大民生难题"。鸬鸟镇新改建旅游公厕 15 座，其中高标准 2 座，辖区内通信信号良好，提供免费的 Wi-Fi 服务，无线通信网全覆盖，镇内拥有多处慢行系统，5 公里的骑行绿道贯通太平溪，全长 12 公里的鸬鸟溪绿道已竣工完成。三是注重推陈出新，打造以旧换新便民圈。五常街道曾经杂乱破败、嘈杂无序的横板桥菜市场摇身一变，有一座大型的五星级综合农贸市场于 2021 年 9 月中旬动工，同期开工的还有五常街道五常社区西溪水岸星级农贸市场，两个项目预计 2023 年先后建成。建成后和周边菜市场配套，服务百姓 5 万余人，覆盖 15 分钟生活圈。

三、助推城乡产业转型升级，打造产城融合"振兴圈"

一是加速腾笼换鸟，打造产业发展新兴化。五常街道友谊文创园由老工业园区改造而来，于 2020 年 4 月开始改造，总计投入 1500 万元，改造后的园区通过搭建创意空间、导入优质品牌、引进文创资源，成为优质文创企业的文创载体。2020 年，园区企业已产生税收 3200 万元，实现了社会效应和经济效益的双丰收。仓前街道"以亩产论英雄"，在高桥集镇全面启动"高桥智造半岛"项目，完成高桥工业园区 21 家企业、约 255 亩土地的整体征迁收购。未来，该项目将充分承接阿里巴巴、"梦想小镇"溢出效应，导入高新产业，打造集产业园区、人才公寓、商贸配套于一体的高端产业园区，培育税源经济新增长点。二是注重以镇带村，打造资源整合全域化。鸬鸟镇为实现游客在镇村享受同等旅游服务，在镇级设立"遇见鸬鸟"景区游客服务中心的基础上，设立 6 个游客村级咨询服务点，各点位均有为老年人、儿童、残障人士等特殊人群提供的基本设施设备。指引牌、全景图、点位标识、景点介绍等统一设置，为游客提供了一目了然的服务。三是注重引资引才，打造跨界发展活力化。仓前街道注重发挥创业人才和创业项目的磁极效应，加快集聚创业资本，同时借力资本的纽带作用，带动人才项目落地，推动"资""智"良性互动。截至2019年仓前辖区内集聚创业项目1746个、创业人才15700名，形成了一支以"阿里系、浙大系、海归系、浙商系"为代表的创业"新四军"队伍；166个项目获得百万元以上融资，融资总额达110.25亿元。① 径山镇设立乡村振兴"径山智库"，邀请全省有影响力的行业领军专家为径山"乡村新社区"建设出谋划策，通过签订合作协议、聘任专家顾问等形式，与智库专家在"假日经济＋夜间经济＋共享经济＋网红经济"等乡村新业态领域达成合作。

四、助推城乡治理提档升级，打造智治善治"和谐圈"

一是聚焦和谐之美，打造共谋发展新风尚。径山镇不断强化党建引领，深耕小古城村民主议事"四议六步"工作法，在城乡风貌整治提升过程中，有效破解项目推进中降围墙、拆辅房、建节点、整立面、清庭院等涉及群众利益的难点、痛点问题，相关经验做法先后获得中央至地方各级领导的肯定。二是坚持建管并举，打造长效管理新手段。鸬鸟镇充分调动基层治理四个平台，定期开展安全检查，及时发现隐患、及时整改问题，农家乐民宿、景点的设施设备安全、食品安全、防护措施到位。黄湖镇聚焦难题抓管理，上半年全镇范围内累计整治城市家具、广告牌等342处，清除"牛皮癣"175处，整治出店经营、占道经营、占道堆放、乱停车等各类违章行为450余人次，立案查处环境、序化、

---

① 梦想小镇：快闪"我和我的祖国"，点燃青春梦想［N］.杭州日报,2019-04-03.

交通等各类案件 88 件。仁和街道于 2021 年 3 月率先在獐山社区推行"网格化"考核制度,将社区划分为 4 个网格,落实专人负责,建立奖惩机制,实现小区环境长效管理,未来在街道各个村社进行逐步推广。三是聚焦数字治理,打造建管并举"指尖化"。径山镇不断强化数字赋能,建成"一屏感知、一网通管、一键办理"的云治理体系,着力打造垃圾分类、农民建房、智慧养老、景区交通治理、云端议事等重点场景"品牌化"实践方案,提升基层治理效能。[①]

五、增强城乡文化意识共鸣,打造精神领域"归属圈"

一是加强公共文化氛围,打造乡村文化振兴活力。闲林街道在每个村建有文化礼堂的基础上,充分发挥其在文明传习示范带建设中的重要节点作用,推进基层宣讲和文明服务,不断丰富文化礼堂的内涵。利用水乡、山区的自然生态和文化底蕴优势,建设水乡民宿风情陈列馆和山区民宿陈列馆,同时挖掘和推广非遗文化,成立非遗工作室,形成了各具特色的宣传文化品牌。二是融合文化之美,打造文化气质新风貌。径山镇始终坚持融入径山文化,确保高标准、高质量实施点、线、面项目,保存历史脉络。以"禅茶第一村"为例,为还原"山上悟禅,山下品茶"的历史风貌,2015 年对径山山顶 74 户农户和 5 家茶企实施搬迁,在安置点打造过程中,在所有的安置房屋及茶企外立面设计中融入禅茶风格和杭派民居元素,使其更具江南味道。目前"禅茶第一村"已经成为令人向往的"网红打卡点"。三是聚焦文化目标,开展历史风貌保护。闲林街道开展老街重建工作,以"拆街还街、建新如旧、保护古迹"为目标,保护历史建筑 21 处,还原"埠头时代"历史风貌,使

---

① 余杭区以美丽城镇为抓手,擘画城乡风貌提升"大美圈"[EB/OL]. (2021-08-25)[2023-04-17]. https://town.zjol.com.cn/czjsb/202108/t20210825_23000328.shtml.

"闲林埠"重新焕发活力。同时以闲林埠老街建成为契机,全面推进闲林历史文化提炼和展示,为美丽城镇建设注入文化内涵。

第四节　县域互补实现山海协作的余杭路径

山海协作是习近平总书记在浙江工作期间,为加快浙江省欠发达地区发展、促进区域协调发展而作出的重大战略决策,是余杭经济社会发展的重要组成部分。[①] 山海协作战略实施 20 年来,浙江一张蓝图绘到底,按照"进一步发挥浙江的山海资源优势,大力发展海洋经济,推动欠发达地区跨越式发展,努力使海洋经济和欠发达地区的发展成为浙江经济新的增长点"的要求,确立了"政府推动、市场运作、优势互补、合作共赢"的原则,先后出台了《关于全面实施"山海协作工程"的若干意见》《关于进一步深化山海协作工程的实施意见》《关于深入实施山海协作工程促进区域协调发展的若干意见》等一系列政策文件,由沿海经济发达地区支持浙西南山区、海岛等欠发达地区发展,在促进浙江省内发达地区带动欠发达地区、推动区域均衡发展与共同富裕方面取得了巨大成就。一边是拥有 5000 多年历史的良渚文化发祥地和正在崛起的数字经济新高地,另一边是拥有 1800 多年建城史的南孔圣地、围棋发源地,通过实施"山海协作工程"的重大举措,浙江走出了一条造血帮扶、双向互动、合作共赢的具有浙江特色的区域协调发展新路子,在全国率先完成脱贫攻坚任务,农村居民人均可支配收入连续多年居全国各省(区)第一位,城乡居民人均可支配收入比缩小至 1.94,成为全国贫富差距最小、区域发展最为协调的省份之一,为区域

---

① 本书编写组.干在实处,勇立潮头——习近平浙江足迹[M].杭州:浙江人民出版社,2022:116-118.

协调发展战略提供了重要实践基础。

杭州作为省会城市，是浙江改革开放的排头兵，更是"八八战略"再深化、改革开放再出发的排头兵，在山海协作工程实施中一直走在前列，自 2003 年起每年出台关于山海协作工程的意见，每年召开山海协作工程座谈会，在省定市、县级结对关系基础上，安排所辖余杭区与衢州市的柯城区结对，实现县级结对全覆盖，全力推进山海协作工程工作提质增效，用心用情打造山海协作工程，为实现更高质量的区域协调发展贡献着"杭州力量"。2021 年浙江携手甘孜，谱写"浙里甘孜·山海情深"。余杭区为稻城县搭建了以国资为运营主体的数字化帮扶平台"亚丁集市"，将余杭区数字经济优势和稻城县农特产品、旅游资源优势相结合，进一步巩固拓展脱贫攻坚成果并同乡村振兴有效衔接。

一、优势互补，夯实一体化协作基础

从 2003 年到 2012 年，浙江省的山海协作工程进入"搭平台、引项目、强推进"的全面实施阶段，杭州严格遵循"要看到丰富的山海资源优势，念好'山海经'。努力使海洋经济和欠发达地区的发展成为我省经济新的增长点"的重要指示，依托"山海并立"，跳出对口帮扶合作中简单"输血"式的路径传统，通过培育发挥欠发达地区的动态比较优势，在山海协作协调发展中增强欠发达地区内生发展动力，以市场经济规律为遵循，以产业梯度转移、市场分工合作、要素合理配置为主线，以项目合作为落地重点，实现一体化协作发展。

2006 年，杭州与衢州一起制定了《山海协作工程工作的意见》，签订了《关于加强资源与产业合作的协议书》和《共建杭州—衢州山海协作示范项目协议书》，建立了以规划为龙头、以年度实施计划为指导，以目标责任考核为保障的指导体系，以发展中的土地资源瓶颈问题为

切入口开启区域统筹发展的新尝试。一方面,衢州市通过多种方式为杭州提供土地资源保障,另一方面,杭州则为衢州提供土地资源开发资金和山海协作项目配套资金,并为衢州引进产业性项目。根据协议约定,在新一轮土地利用整体规划内,衢州为杭州代保基本农田、代建标准农田、代造耕地,杭州则支付给衢州土地资源补贴费,加强与衢州产业合作的力度,并加大杭州企业在衢州的投资额度,引导产业向衢州转移,在衢州开发区建设"山海协作示范项目"。2013 年以来,柯城区向余杭调剂耕地占补平衡指标 7173 亩,帮助余杭拓展了发展空间;余杭兑付资金 28.6 亿元,为柯城区经济社会发展提供了财力支持。

余杭区多次组织有关部门和企业赴柯城区开展项目对接,把需要搬迁的市区企业和重大项目信息提供给对方,并建立资源与产业合作项目库、数据库、信息库,做好合作项目的跟踪、协调和推进工作。按照市场经济的内在联系和运行规律,积极发挥市场主体作用,引导资本、人才、技术等要素合理流动,推动两地产业链上下游整合。比如,支持恒生科技等企业参与柯城"新材料+"特色小镇建设运营;组织由浙江服装创新服务综合体、阿里巴巴淘工厂等组建的服装产业智能制造联盟,助力柯城区对接艺尚小镇高端服装时尚产业资源,成功引进了投资 12 亿元的网驿时尚工厂平台等项目。余杭区企业赴衢州柯城区参与山海协作工程,无论是达成的项目数量还是投资额度,在衢州市各项引进项目中都占有不小的份额,其中以民营资本为主,工业项目居多,落地到衢州市本级的大项目和落地到开发区、经济强镇的项目较多,奠定了衢州区域战略性产业发展的基础。

事实证明,山海协作实现了资源优化配置、互惠互利双赢,为进一步深化协作做好了准备。四川稻城虽然拥有资源禀赋和特色优质农特产品,但是受销售渠道、地理位置、自然条件等诸多因素影响,好收成没有好收入,好产品也没有好销路。余杭充分发挥经济优势、理念优势,在稻城乡村振兴、全域旅游、社会治理、生态建设等方面给予指导帮扶,不断推动对口支援工作走深走实。数字化转型和消费帮扶是余杭—稻城对口支援工作的两张"金名片",余杭区为稻城县创新搭建了以国资为运营主体的数字化帮扶平台"亚丁集市",为当地农产品打开销路找到了破解之法。"亚丁集市"搭建完成后,工作专班对稻城农特产品逐一筛查,挑选了 28 个品种作为首批上架商品,并联系十家余杭企事业单位与稻城县人民政府签订为期 3 年的采购协议,每家每年不少于 20 万元,策划发起消费帮扶"新春行动",加大稻城农产品销售推广力度,实现了线上线下消费帮扶的双联动。

二、断层融合,共建一体化经济链条

山海协作并不是一般意义上的"扶贫输血",而是以融合经济断层为依托的"脱贫造血"探索创新。从 2013 年到 2017 年,在资源与产业合作的基础上,杭州通过来料加工项目合作、产业园协作共建等方式,进一步促进欠发达地区的产业发展,同时促进杭州产业转型升级,实现了整体性的产业结构优化和经济发展方式转变。

来料加工是山区家庭工业脱贫致富的有效途径,也能为欠发达地区工业化打下基础,同时又是杭州工业经济转型升级中降低生产成本的有效方式。通过每年安排不少于 400 万元的财政预算和 200 万元的培训经费,杭州市优先安排投资在衢州市、淳安县等对口协作地区的项目贴息资金,积极开展订单式劳务培训合作,培训来料加工队伍、扶持来料加工聚集发展、开展电子商务,鼓励当地发展来料加工业,一大批山海协作企业提供了 4 万多个就业岗位,吸纳了大量剩余劳动力,山海协作来料加工业的迅速发展,形成了年加工费收入近 10 亿元的庞大产业。

2013 年 3 月,根据浙江省委省政府 2012 年 8 月下发的《关于推进山海协作产业园建设的意见》，杭州市余杭区与衢州市柯城区启动了柯城—余杭省级山海协作产业园建设，该园被列入首批建设的 9 个省级山海协作产业园之一。2016 年，位于杭州城西科创大走廊的海创园一期正式开园，占地 26.7 亩、总建筑面积 6.76 万平方米，总投资约 3.2 亿元，是省内第一个跨行政区建设的创新"飞地"。结合衢州海创园的科技创新、产业培育、人才招引的窗口平台功能，杭衢两地通过双方互派干部、项目共招，强化制度创新，不仅建立了招商信息共享机制，将产业园作为本地的"飞地"园区并宣传推介，推进招商信息、企业资源和商会资源互通共享，而且首创了"研发孵化在杭州、产业转化在衢州，工作生活在杭州，创业贡献为衢州"的异地聚才模式，实现了大城市种下研发种子，小城市收获实业果实的产研一体化发展。

2017 年 8 月，杭衢两地又积极响应省委省政府打造"山海协作升级版"的号召，再度携手谋划启动了海创园二期建设，二期占地 48.96 亩、总建筑面积 13.09 万平方米，投资额 11.97 亿元，并于 2021 年 11 月正式落成开园，按照"产业＋配套"7∶3 的使用比例来构建园区生态新体系。截至 2022 年一季度，入驻海创园的企业达 59 家，产业项目延伸涵盖衢州市全部的 6 个山区县，发挥了地处杭州未来科技城核心区块的优势，通过大力引进国内外著名的风险投资、产业基金等，发挥了资本引领产业转型提升的重要作用，使得来自衢州的 100 多家企业受益，山海协作产业合作项目所创造的经济增加值占到衢州全市生产总值的 1/4。

以山海协作产业园区为引领，杭州与衢州建立起紧密协作的"朋友圈"，双方在产业、资金、人才、民生等方面互通有无，拉开山海协作的新篇章。衢州借力杭州电子商务、数字经济、互联网金融等优势，成功引进阿里巴巴、网易、云集等 103 个产业项目，尤其是阿里巴巴、网易、安恒科技等一批互联网领军企业的入驻，为衢州创新发展注入新动力。山海协作产业园作为山海协作的主平台和产业转型的重要引擎，充分发挥山区和沿海各自的优势，优化投资环境，推动产城融合，加速产业创新集聚，打造人才集聚高地，既缓解了杭州作为发达地区的产能过剩问题，又激发了衢州等欠发达地区的经济活力，实现从单向扶贫输血向双向合作造血转变、从传统产业梯度转移向创新成果转化落地转变，在合作共赢中建设欠发达地区对外开放的窗口、项目孵化的摇篮、人才聚集的高地和成果转化的桥梁，为新时代山海协作再升级奠定了基础。

三、全面融入，共享一体化发展红利

山海协作不仅是经济协作，更是社会发展的全面协作，是共同富裕目标下的中国式现代化道路探索。衢州加入杭州都市圈，既是山海协作升级版的要求，也是大都市、大湾区、大通道、大花园体系下的新生产力布局。两地以创新合作为重点，以产业共构和"消薄"为工作重心，借助两地"山"的特色、"海"的优势，推进一项项创新性举措和一个个务实项目的落地，推动两地山海协作形成"全方位、深层次、多领域、立体化"的新格局。具体表现为：在协作机制上，两区构建了协商互访机制、消费帮扶机制、人才和干部交流机制、文化交流常态化机制，增添了山海协作新内涵；在合作方式上，两区积极探索"研发总部在余杭、生产加工在柯城"的方式，打开了成果转化新通道；在成果转化上，以"消薄飞地"为切入点，以"一村万树"绿色期权为抓手，以山海协作乡村振兴共同体为样板，进一步拓宽在全面推进乡村振兴中促进共同富裕的新路径。

2017 年以来，根据浙江省委省政府打造山海协作工程升级版的部署，杭州市进一步与衢州市签署山海协作"1＋4"战略合作协议，形成"六园二路"（即海创园、区中园、教育园、健康产业园、后花园、体育

园建设和杭衢高铁、淳开高速建设)合作新模式,拉开了杭衢山海协作升级版的序幕。随后,"1＋4"协议进一步扩展成"1＋33"《杭州市与衢州市深化山海协作工作系列合作协议汇编》,内容涵盖人才、旅游、体育、科技等 33 个领域,重点在人才、科技、社会事业和群众增收等合作项目方面进行工作推进,从以往市县分散单独协作向市域一体对口协作转变,并推动衢州加速融入杭州都市圈,与杭州深化战略规划研究,加强数字经济、科技创新、基础设施、文化旅游合作,全方位融入优势互补、合作共赢、互惠互利的杭州创新生态圈,共建钱塘江全流域生态经济带,共创钱江源国家公园,实现山海协作再升级。自 2018 年浙江省将打造山海协作乡村振兴示范点列入山海协作升级版工程体系以来,杭州市已在淳安、衢州等地建设 28 个乡村振兴示范点,涌现了"智多张西"等一批乡村精品。这些极具特色的村庄的每一处景、每一个人,都向我们展示着蓬勃向上的生命力与勇往直前的发展力。

在前期山海协作产业园的发展基础上,2018 年以来,杭州市进一步探索复合型创新型的产业园建设。其中,余杭和柯城两区签订山海协作升级版协议,利用保障余杭建设发展的土地占补平衡指标调剂资金,总投资额约 2 亿元建设的位于未来科技城的柯城—余杭山海协作产业园(杭州柯城科创园,以下简称"柯创园"),自 2019 年 1 月正式交接开园以来,着力探索"科创飞地"复合"消薄飞地"的路径。一方面,余杭区明确每年"消薄飞地"内注册企业税收地方留存部分全额结算给柯城区;另一方面,柯城区整合扶贫资金 3284 万元,量化股权到 86 个经济薄弱村,通过购买"柯创园"的 3609 平方米物业获得稳定的物业租金和税收收入,确保每年投资额的 10％作为固定收益反哺经济薄弱村。作为柯城区在余杭的"消薄飞地",走出了一条"以'消薄飞地'物业经济为农村集体所有制有效实现形式,以获取固定投资收益的方式保障薄弱村的集体收入,扶持壮大村级集体经济"的有效路径,

2020—2021 年度柯城区 86 个集体经济薄弱村分红累计约 860 万元。

　　区域高质量发展,支撑点在于高层次人才的培养,落脚点在于高水平的公共服务,关键点在于系统思维的转变。通过常态化的余杭—柯城区山海协作工程工作座谈会,杭衢两地开展了打造杭衢山海协作升级版合作计划等一系列项目签约,不仅带来了资金、项目、产业,更深层次地推动了思想、观念、制度、文化的变革,不断取得新进展、新成效。在打造山海协作工程升级版的过程中,杭州率先开展"智力支持"工作,加强对结对地区山海协作的工作力度,通过选派山海协作干部人才,分赴当地挂职锻炼,为当地经济社会发展作出积极贡献。真正让两地干部"想到一块、干在一起"。同样,智力帮扶给予欠发达地区创新发展上的"新支撑",也体现在稻城的对口支援上。余杭区向稻城选派了 12 名专业技术人员,包括医生、教师和财政、审计、住建等部门的专业人才。着眼于强化人才培养,落实每年 100 万元人才培训交流经费,由专业技术人员在稻城开班集中授课,发挥传帮带作用。首期余杭—稻城乡村振兴干部培训班就有 71 人参加。余杭把更多先进的理念和技术带到稻城,助力提升稻城县整体发展水平,为当地群众共谋福祉。

　　总体而言,通过不断深化山海协作,余杭区在城市赋能、数字经济、消费帮扶等方面的先进经验不断得以传播。余杭的山海协作工程,以创新合作为重点,把创新经验拓展为结对地区创新学习、创新引进、创新转化。未来余杭将要围绕一系列创新重大项目,进一步将山海协作升级版打造成为区域合作的全国样板。山有所呼,海有所应,山海携手的共富之路不仅要继续走,还要在各种可以预见和难以预见的狂风暴雨、惊涛骇浪中,大步前进。

第六章　优化法治"软环境" 强化服务"硬功夫"

　　浙江是红船起航地、改革开放的先行地、习近平新时代中国特色社会主义思想的重要萌发地。2003 年,浙江省委作出了"发挥八个方面的优势""推进八个方面的举措"的决策部署,简称"八八战略"。"八八战略"的重要内容之一是"进一步发挥浙江的环境优势,积极推进以'五大百亿'工程为主要内容的重点建设,切实加强法治建设、信用建设和机关效能建设"。2006 年习近平在《干在实处 走在前列——推进浙江新发展的思考与实践》中提出:"就'软环境'来说,重点是加强信用建设、法治建设和机关效能建设。"①为切实加强"软环境"建设,浙江先后推出了平安浙江、法治浙江等重要部署,而余杭在浙江省的法治"软环境"建设中则发挥了先行示范作用。法治是国家治理体系和治理能力的重要依托,只有全面依法治国才能有效保障国家治理体系的系统性、规范性、协调性,才能最大限度凝聚社会共识。法治、信用和机关效能三者是紧密联系、相辅相成的关系。信用建设涉及法治建设

---

　　① 习近平.干在实处 走在前列——推进浙江新发展的思考与实践[M].北京:中共中央党校出版社,2006:223.

的社会基础,机关效能建设是法治运行的有力保障。信用建设是普法的关键,基层社会治理的关键是平安创建。浙江从 2003 年开始,不仅生产要素出现诸如电力短缺、土地紧张、用水矛盾等突出问题,而且随着利益结构的调整,经济成长发展的"软环境"需要优化,人民生活水平迅速提高后的法治保障和社会安定的矛盾日益凸显。余杭县域经济"成长中的烦恼"具有典型性,通过优化基础设施和法治环境保障推动全面、协调和可持续发展,余杭区进行了创造性的尝试。从平安余杭的建设到法治余杭的提出,从加强信用建设为经济发展铺路到以机关效能建设助推改革发展效益,余杭聚焦和致力于治理体系和治理能力的现代化,着眼于"三个全域"和系统治理、依法治理、综合治理、源头治理"四个治理",全面优化余杭的营商环境和人民和谐生活环境,全面提升人民的幸福感、获得感和安全感。

第一节 从打造"平安余杭"到"法治余杭"建设

杭州市余杭区是改革开放的前沿地,随着城市化的推进,人口规模快速扩大,流动人口大量聚集和增长,给城市的管理和社会治安带来了挑战。同时,市场经济的发展和改革过程中利益结构的调整,使得资源分配的矛盾凸显,这对公共服务的需求、分配和管理提出了新的要求,当时征地拆迁等成为矛盾的焦点。20 年前,余杭区走工业化发展道路,对人口管理、治安管理、交通管理的要求较高。2004 年浙江省提出建设"平安浙江","平安"不仅是治安好、犯罪少的"平安",更是涵盖经济、政治、文化和社会各方面的宽领域、大范围的广义"平安"。

一、从外来人口的治安管理破题

改革开放后,大量涌入的外来人员促进了经济发展,也给社会治安带来新的问题。20 世纪 90 年代中期,在各类案件中,刑事犯罪、共同犯罪增多,公安部门统计,外来人员作案的比例占 70% 以上,作案的暴力性、残忍性强,影响了稳定和发展大局。[①] 建立平安经济发展环境的问题亟待解决,开放的扩大,思想的多元化,封建迷信、违规建设、思想文化领域放任肆意而为的情况普遍存在,精神文明建设需要及时加强[②]。2002 年《余杭区"网吧"及互联网有害信息专项清理整治工作方案》指出上网服务营业场所经营秩序不规范,管理制度不健全,存在煽动推翻党和政府,煽动推翻社会主义制度,煽动民族仇恨、民族歧视、民族分裂,散布谣言、扰乱社会秩序,宣扬邪教和封建迷信,传播淫秽、色情、暴力、赌博等有害信息,境外敌对势力利用互联网渗透等情况,该文件明确要在互联网领域打击歪风,扶正精神文明,以网吧为突破口,促进余杭经济振兴和精神文明建设。

"平安"不仅成为事关改革发展稳定的全局问题,也成为重点难点。平安余杭从管理外来人口破题,聚焦于流动人口的管理,处理改革发展稳定的关系。2003 年 3 月 20 日,余杭区在全区政治、综治工作会议上指出了构建"平安余杭"既要打击犯罪,也要重视防范,依靠人民群众,打防结合,预防为主,重心下移,探索外来人口管理的新方法。[③] 2003 年 4 月,余杭在平安余杭的建设中创新防范体系,由镇综治委牵头,会同有关部门,在中心派出所开设了外来人口办证中心,通过一条龙的集中办证服务,及时掌握外来人员的工作地点、居住地点,

① 范建荣.六万外来人吃住在余杭 我区研究制订长效管理办法[N].余杭日报,2001-07-12.
② 夏谓云.要切实加强对外来人员的管理[N].余杭报,1994-10-27.
③ 范建荣.全力构建"平安余杭" 合力推进"三大跨越"[N].余杭日报,2003-03-21.

对外来人口进行摸底；瓶窑镇建立镇联防大队、镇外来人口办公室和镇消防中队的协调机制，形成了治安巡逻、外来人口管理、打击处理、治保调解、为群众排忧解难等一体化机制。① 2003 年 6 月，根据省级文明示范社区余杭梅堰社区的经验，余杭紧紧抓住城市的细胞——社区，从建设平安社区入手抓平安建设。② 针对外来民工与项目承包者之间的劳资纠纷、民工打架斗殴事件，余杭区还率先探索治安的委托管理模式。余杭镇派出所按照"谁受益、谁出资"的原则，由建筑公司出资，招聘治安人员加强巡查和管理。治安承包制是一项重要的基于问题意识的实践探索，针对外来人口的管理不搞"因噎废食"，坚持发展是首要目标，坚持管理、服务、保护三者并重的原则，探索运用"寓管理于服务、以服务促管理"的方法。在平安余杭的建设中，余杭按照"什么问题突出就整治什么问题"的原则，在着力解决问题的过程中积累经验，围绕"发展是第一要务"，正确处理平安与发展的关系以及经济发展与社会和谐的关系，实现"在平安中求发展，在发展中建和谐"的平衡。

二、"打防控疏"一体化夯实平安余杭基础

余杭对"平安余杭"建设按照社会化、市场化、社区化的总方向，探索与基层治理相结合，推动"打防控疏"一体化的平安建设。2003 年 8 月，"平安余杭"建设提出既要发挥政法公安队伍专门力量的作用，又要广泛发动群众，依靠全社会力量积极参与维护治安。③ 针对警力不足，组织发动社会力量参与综合治理，将重心下沉、关口前移。采取大力推广基层乡镇、村社联防联控和群防群治的好方法，余杭率先探索

---

① 金昌才.余杭镇打造平安举措多[N].余杭日报,2003-07-30.
② 惠明.建设平安余杭 推动经济发展[N].余杭日报,2003-06-18.
③ 范建荣,谢伟洪."平安之夏"治安巡逻昨启动[N].余杭日报,2003-08-05.

的基层治安防范承包责任制取得了实效,余杭镇 2004 年在全镇 16 个村中全面推广,发包金额 53 万元,构筑了由 102 人组成的、长年性的专职护村巡逻队网络,通过责任、队伍、经费"三落实",农村刑事案件大幅下降。[①] 在率先建设平安余杭的 2003 年,全区的刑事案件立案低于杭州全市平均升幅,破案率在全市各城区中名列前茅。余杭镇还以民情恳谈会的形式,深入基层了解民意,把解决群众关注的热点、难点问题作为创建"平安余杭"的重要内容,预防和减少矛盾纠纷。

针对外来务工人员增多,余杭不只停留于打击犯罪,良渚镇组建镇劳动关系协调委员会,在规模较大的 31 家企业组建劳动调解委员会,使劳动关系协调工作形成网络。余杭强化"一把手"信访负责制,在加强打击的同时,积极疏导、化解矛盾,保障群众利益。同时,信访工作的触角延伸到村组,责任到人,每个村均建立村民来访接待室,确定责任人,配备信访联络员。坚持每月信访日排查报送制度,及早研究信访问题,谋划信访预案,提高按时办结率、反馈率和满意率。余杭司法局紧紧围绕当地经济社会发展大局,积极开展普法和依法治理、法律服务、法律援助、人民调解、安置帮教工作。余杭司法局在青少年法制教育、外来创业者普法教育深化方面,通过帮教,归正人员犯罪率明显下降,余杭成为杭州地区未成年人犯罪率最低的县市区。

平安余杭运作社会化,服务社区化,管理信息化,探索和完善社区警务模式,适应城市现代化管理要求,因地制宜,走市场化路线,优化警力配置,将警力下沉、管理前移。市场化道路的平安余杭建设配合着财政保障力度不断加大,2003 年财政投入政法、综治经费首次突破 1 亿元。各镇乡、街道在落实综治经费的基础上,还落实了调解经费。"打防控疏"推进人防、物防、技防结合,向居民楼群推广安装电子声控

---

① 金昌才.余杭镇村村活跃夜巡队[J].今日余杭,2004-07-01.

防盗门,形成全方位、全天候、多层次的治安防范体系。为了提高联动快速反应能力,坚持以打促防、打防结合,应用先进科技手段来提升对社会治安的防控能力。

在体制保障上,全区有关部门、单位,依靠党组织发动群众,实现社会治安管理工作社会化,形成社会治安综合治理的合力。2003 年 8月 21 日,余杭镇召开创建平安余杭动员大会,明确将工作分解落实到基层单位,镇政府同 70 家综治单位签订综治工作目标管理责任状,将综治责任分解到基层,落实到单位。在平安余杭的创建探索中,余杭从基层社区入手,坚持从预防做起,由公安机关强化矛盾纠纷的排查调处,积极建立重点治安现象如赌博、规范交通的长效管理机制,通过群防群治的社会化运作,将管理延伸到源头治理。党委、政府和社会各界齐抓共管,走法治轨道,统筹打击与防范的关系,确保社会长治久安。余杭百丈镇发挥基层"四个员"的作用,构筑起基层的治安防范体系,推进综合治理。一是信息员,指定近百名治安工作信息员,做到治安信息动态早发现早处理早解决。二是巡逻员,以镇区为中心,在区域内的三个支点,设卡巡逻值勤,建立一支由司法、警务、联防、民政、城管等组成的联合执法队伍。三是宣传员,传播法律知识,将宣传教育、知法守法作为加强社会治安综合治理工作的重要内容,与群众深度结合,面对面进行法制宣传。四是调解员,镇村成立调解委员会,对全镇的治安保卫调解员进行系统培训,提高调解能力和水平,把矛盾化解在萌芽。[①]

在机制建设方面,以组织建设为关键,加强基层综治组织规范化建设。余杭乔司镇是最早建立社会治安综合治理工作中心的基层组织,综治工作中心创新联防、联勤、联调机制,强化群防群治网络,提高

① 元生.百丈力创省级平安乡镇[N].余杭日报,2003-09-02.

发现、处置、化解矛盾纠纷的能力和打击、防范、控制、疏导的功效。一是理顺体制,队伍组成和管理重新整合,规范镇综治委、综治办的组织机构,配齐专职人员。主任由镇主要领导担任,综治办主任由分管副书记兼任,派出所所长、司法所长、人武部长等兼任综治办副主任,现任综治科科长改任副主任,总体提升综治办的地位和作用,全面加强综治工作,建设平安余杭。二是整合资源,把公安、司法所、信访、群防群治队伍、流动人口管理服务等部门统一起来,建立综治工作中心,作为综治办的工作运行机构。三是创新运行机制。由综治办牵头,各级综合治理相关部门相互配合、会商、协调资源,实行联防、联勤、联调工作机制。在矛盾纠纷调处工作中实行一站式管理,对于跨区域、跨部门、跨行业的矛盾或重大疑难矛盾纠纷,由中心统一组织,各涉案单位联合调处。从 2004 年开始,乔司镇创新和发展"枫桥经验",创建综治工作中心,以此为平台,健全镇、村社、企业三级综治组织网络。中心建立民情信息收集、矛盾纠纷调处、群防群治指挥、外来人口服务、和谐稳定维护五大功能,实行了联勤、联防、联动、联调"四联"工作机制。由余杭区乔司镇首创的"综合工作中心",在全省乡镇普遍建立,这一整合综治资源的做法是浙江省平安创建的"一条突出经验"。根据杭州市城调队的测评,余杭区群众安全感、综治工作满意度均达 100％。[①]

三、从平安余杭向法治余杭的推进

2003 年 7 月以来,余杭区各镇乡、街道和有关部门紧紧围绕平安余杭创建目标,加强社会治安防控体系建设,全面落实平安创建各项措施。余杭区 2004 年首批进入省级平安创建"先进集体"。2005—

---

① 周锋.余杭成为全省首批"平安区"[N].城乡导报,2006-03-29.

2008 年,余杭区连续 4 年被省委、省政府评为"平安区",人民群众对社会治安的安全感连续四年居杭州八城区之首。[①] 2006 年 2 月 8 日,时任浙江省委书记的习近平来到余杭,先后参观余杭区法制教育基地——"杨乃武与小白菜奇案"展示馆、闲林综治中心和司法所,指示要进一步加强对基层依法治理工作的领导,用法治的理念、务实的作风,推进基层依法治理工作。基层依法治理工作包括加强普法教育,提高全民法治观念;扩大基层民主,发展民主政治;加强社会治安综合治理,促进社会和谐稳定等。法治余杭建设推动了"小平安"向"大平安"的重要转化。余杭于 2005 年第一次提出建设"法治余杭(城区)"的决策。2006 年 2 月,余杭区在浙江率先提出"法治余杭"建设的战略决策,将"法治余杭"写进了区十二次党代会工作报告。2006 年 2 月 23 日,区委制定了《中共杭州市余杭区委关于建设法治余杭的意见》。余杭区在全省率先实施法治县(市、区)建设,提出通过 10 年的努力,建设一个融开放型和法治型于一体的社会,最终促使人民群众能运用法律意识和法治精神保护自己,用法制手段提出诉求,用法律程序解决问题,把余杭建设成为党委依法执政、政府依法行政、司法公正公平、市场规范有序、监督体系健全、民主政治完善、全民素质提升、社会平安和谐的法治余杭。法治余杭建设从一开始就不只是平安余杭的简单升级,而是从全局视野和社会长远发展进行的规划。为有效推进"法治余杭"建设,余杭专门组织调查研究,于 2006 年 12 月 31 日,从理论的高度制定完成了《法治余杭评估体系研究报告》,用量化指标衡量和评价法治建设的进程。"法治余杭"量化评估体系引起了广泛的关注与重视,2007 年 4 月,司法部专程就"法治余杭"量化评估体系进行实地考察,并将余杭确定为全国"创建法治城市、法治县(市、区)"活

① 吕叶.三大首创铸平安之区——余杭被评为全国平安建设先进区[EB/OL].(2009-05-19)[2023-04-27].https://zjnews.zjo].com.cn/Sgstem/2009/06/01/015555669.shtml.

动的联系点。"法治余杭"的实践成果和理论总结,具有鲜明的时代性、首创性、前瞻性和普遍指导意义。2007 年 12 月余杭正式出台《"法治余杭"量化考核评估体系》,2008 年 6 月又出台全国首个区域法治指数——"余杭法治指数",开创了全国地方法治建设的先河,余杭获评为全省首批"法治先进区(县、市)"。余杭法治指数测评从测评中发现问题,找出症结,法治余杭的发展过程就是不断寻找对策、不断完善突破的过程。余杭区在实践中,推出了首个法治评估体系和法治指数,提高了社会管理法治化水平和社会管理创新水平,并以此为契机和示范,不断推动余杭区的法治建设发展。

法治余杭的举措和成效不仅体现了"八八战略"的高瞻远瞩,展现了立足于浙江、杭州的优势,同时也为党的十八大以来,习近平新时代中国特色社会主义思想的形成累积了基础,是全面展示杭州作为习近平新时代中国特色社会主义思想萌发地的突出表现之一。以平安余杭建设为抓手到法治余杭的建设,余杭法治"软环境"建设取得了显著成绩。2021 年 12 月"平安中国"建设表彰大会举行。会上,余杭获评"平安中国"建设示范县,为杭州市唯一。①

在平安余杭向法治余杭推进的过程中形成的主要经验有:第一,始终站在"发展是硬道理"的高度认识平安创建工作,充分重视平安建设的作用,舍得"花钱买平安"。社会安定就是生产力,抓平安创建,打造软环境,才能维护市场经济发展的秩序。平安建设为经济建设铺路,正确处理了改革和发展稳定的关系。第二,要形成共同创建的合力,各部门高度配合,层层抓落实。坚持机制体制的创新,在创新机制上形成合力,群防群治,探索治安防范市场化运作新路。各部门做好分工合作,以高度的责任感在创建工作中负起责任。第三,既以问题

---

① 余杭获评平安中国建设示范县 "全域治理现代化"交出高分答卷[EB/OL].(2021-12-16)[2023-04-13].https://baijiahao.baidu.com/s? id=17192947669356546978wfr=spider&for=pc.

为导向，又坚持人民立场的目标导向，探索进一步实现人民群众获得感、幸福感、安全感的途径，不以牺牲人民群众的利益为代价，不断推进由管理到治理，以服务促管理的过渡。从小事、实事抓起，以人为本做好平安创建工作。着力于解决深层次问题，用发展的手段解决社会问题，把群众满意作为出发点和落脚点，促进群众的自主治理。第四，强调基层的作用，将群众积极动员起来，打通治安防范和社会治理的"最后一公里"。重视基层，在基层的层面统筹大平安，一体化推进。将管理融入服务之中，形成人人关心的局面。第五，加强党总揽全局、协调各方的作用，以高度的责任意识，坚决守住法治观、公平公正观。第六，跟进中央形势的发展，顺应时代之需，强化科技促平安，探索在新的条件下如何加强科技创新，推动平安余杭的建设。

四、全过程人民民主与法治余杭的深化

全过程人民民主的实践是实现长治久安的坚实保障，在法治余杭的推进过程中，以民为本的法治建设方向更加明确。在法治建设和创新社会治理的工作中坚持以人为本、服务优先，高度关注人民群众的意愿和需要，完善基本公共服务体系，将服务融入管理之中，始终坚持把"软环境"建设更多的精力、财力、人力、物力投向基层，强化基层在服务群众中的基础性作用。在立法工作中，重点落实民主立法，积极发挥基层立法联系点和立法志愿者作用，对与企业生产经营密切相关的立法项目，充分听取企业和行业协会、商会意见。开展立法协商，充分发挥政协委员、民主党派、工商联、无党派人士、人民团体和社会组织在立法协商中的作用。创新外来人口管理服务机制，提升服务管理水平，通过提高外来人口公共服务保障水平夯实"平安杭州"的社会基础。

基层的社会综合治理与基层的民主法治建设相互融合、紧密关

联。比如,2002 年余杭发布《关于转发浙江省归正人员安置帮教工作办法的通知》,针对流动人口问题,在第十五条指出,归正人员在原户籍所在地以外居住,需要由居住地安置帮教工作机构进行安置帮教的,经原户籍所在地县(市、区)司法行政部门同意后,原户籍所在地安置帮教工作机构、公安派出所应当在 7 日内将有关材料转送居住地安置帮教工作机构,由该居住地安置帮教工作机构实施安置帮教。2008年 1 月 23 日余杭出台《关于进一步加强民主法治村(社区)创建工作的意见》,以民主法治村(社区)创建工作为抓手,加强日常管理和监督。从 2008 年起,民主法治村(社区)将作为区新农村"星级村"和"文明村"创建的前置条件,实行一票否决制。同时建立动态管理制度,司法、民政、计生、农业、综治、公安等部门,建立考核制,定期对全区的村、社区创建情况进行考核,对不符合创建工作要求的村(社区)或者达不到规定创建比例的镇乡(街道)进行扣分,并将民主法治村(社区)创建的巩固率、摘牌率、创新率计入镇乡、街道的年终综合目标责任考核。

全过程人民民主建设推动法治建设的深化在于主动回应民意、接受监督,在为民解决问题中总结提升,将工作重点放在化解矛盾,以新"枫桥经验"实现将矛盾化解于基层,而不是向上传导或是压制在基层、掩盖于基层。余杭区在 2006 年的《关于建设法治余杭的意见》中就认识到,社会主义民主建设必须同法治建设紧密结合起来。社会主义全过程人民民主的实践也是强化法治观念、加强法制建设、全面推进依法治理的主要表现。由于平安余杭、法治余杭和信用建设等法治观念的先导作用,余杭区行政执法逐步规范,基层民主法治建设得到加强,依法治理有了突破性进展,从余杭基层的民主实践和区域治理成效中就可以明显看到依法治区进程的新成效。发展社会主义民主政治是人民群众的愿望,余杭的社会主义民主政治建设,遵循民主选举、民主协商、民主决策、民主管理、民主监督原则,致力于基本制度的完善;加快重大决策的科学化、民主化进程,对重大决策、重大规划和重大项目,事先问计于民,了解民意、集中民智,进一步扩大基层民主,运用政务、厂务、村务公开等多种方式,防止少数人搞暗箱,真正有效地实行民主选举、民主管理和民主监督。创新举措包括"三社联动"、"两网合一"、大调解体系等,如"两网合一"即以"综治工作中心"为基础平台,结合组织系统开展的"网格化管理、组团式服务、片组户联系"活动,将社会治安综合治理网络服务和基层党建网格"两网合一",实施全覆盖,构建管理功能更加全面、服务功能更为完善的基层社会管理服务大格局。

第二节　信用建设为余杭发展铺路

人无信不立,市无信不兴。信用是法治的基础,法治是信用的保障。社会信用不仅是经济社会发展的重要"软环境"之一,也是事关社会道德素养和人民幸福感、获得感的民心工程。20 年来,余杭将信用建设作为全社会树立法治意识的基础工作。党的二十大报告指出:"弘扬社会主义法治精神,传承中华优秀传统法律文化,引导全体人民做社会主义法治的忠实崇尚者、自觉遵守者、坚定捍卫者。"社会信用体系的构建引导社会、企业自觉知法、全民守法、民主监督,将法治"软环境"建设拓展到全社会,形成共建、共享、共治的格局。

一、信用构筑社会责任的政策举措

信用与社会责任紧密联系在一起,杭州信用体系建设的实践是从激发企业的社会责任开始的,余杭较早开展企业社会责任建设。2009

年 3 月杭州市委市政府制定《加强企业社会责任建设的意见》。该文件分别从企业道德、财务规范、优质产品、保护环境、清洁生产、依法用工、和谐企业、安全生产、职业病防治、慈善事业等 10 个方面明确了企业社会责任建设的具体内容。余杭区发改局（信用办）收集余杭信用红黑名单，更新信用余杭专栏信息，研究制定区守信联合激励和失信联合惩戒制度，进一步推进"信用余杭"建设。对接区法院，研究对失信被执行人信用信息应用和联合惩戒机制，开展政府失信机构专项治理工作。2015 年杭州成为全国首批信用示范创建城市，余杭区发改局按照市政府整体部署，坚持把社会信用体系作为社会治理的重要机制，以信用惠民为理念，以奖惩联动为手段，以信用监管为抓手，以平台开放为支撑，将"信用余杭"打造成为杭州新的城市名片。余杭的信用建设还着力解决发展中产生的政企关系问题，营造"亲""清"政商关系，将特权限制和企业的信用、责任结合起来。2014 年 1 月，严肃整治"会所中的歪风"暨"三还于民"专项行动开展，余杭以此为整顿政商关系的突破口。通过将信用承诺、信用审核、信用评价等工具融入"亲清在线"，实现惠企政策"秒兑付"、材料"零提交"、政府"零审批"，助力构建"信用＋政府服务"的新型政商关系。余杭区市场监管局在省、市局的指导帮助下，坚持"刀刃向内"，深入调查研究，积极探索实践，以"双随机、一公开"为基本手段，以重点监管为补充，以信用监管为抓手，以互联网大数据为支撑，充分发挥信用激励和惩戒的作用，建立食品相关产品信用分级分类新型监管体系，倒逼企业主体责任全面落实，确保工业产品质量安全。

二、诚信机制的构建与信用建设保障

2010 年 9 月 19 日《关于成立余杭区企业信用信息平台建设工作协调小组及联络办公室的通知》指出，为切实加强我区企业信息平台工作的组织领导和协调配合,根据区企业信用信息平台建设专题会议要求,决定成立余杭区企业信用信息平台建设工作协调小组及联络办公室。协调小组由区政府、发改局、人民银行、区法院、劳动保障局、财政局、环保局、工商分局、质监分局、公积金分中心等构成。

在信用赋能方面,建设"一平台四体系"诚信机制:不断完善企业个人信用联合征信平台和政府信用、企业信用、个人信用、信用中介服务等四大体系。发挥政府诚信在社会诚信建设中的导向作用,加强市公共信用信息平台与阿里巴巴集团等第三方网络信用体系的对接共享,健全公民和组织守法信用记录。突破信用信息"孤岛",拓展信用体系征信范围和应用领域,率先在金融信贷、食品安全、生态环境、工程建设等重点领域建立信用联动机制。建立社会信用评价和保护体系,加快推行信用市场化服务。强化信用监管,健全公民和组织守法信用记录,率先形成守法诚信褒奖机制和违法失信行为惩戒机制,使尊法守法成为全体市民的共同追求和自觉行动。

为推动精准高效监管,探索实施分级分类"三步"管理。第一步制定信用等级基础分类标准,将企业履行产品质量主体责任的保障能力和实现程度分为 A、B、C、D、E 五个信用等级,分别对应不同的风险等级,根据信用等级开展不同监管频次和信用惩戒。第二步则是在初始分级的基础上,实行进退级全程动态化管理。第三步充分利用大数据、互联网监管模式,开发食品相关产品信用分级分类监管信息化平台,根据日常的执法监管信息和企业管理中获得的各类荣誉,由系统自动评判加扣分和进退级,同时将信用等级调整情况实时推送企业。此外,为有效提升分级分类监管效能,余杭区市场监管局建立信用联合奖惩机制,通过打通和运用余杭区企业多维度市场主体服务平台,将企业相关失信行为、处罚信息、信用等级评价等内容实行部门实时共享,多部门建立信用联动机制,切实做到让"诚信者一路绿灯、让失信者寸步难行",建立从市场主体准入到退出的全过程信用监管机制,全面落实信用管理制度。实行信用分类分级监管以来,全区食品相关产品行业整体信用水平得到了有效提升。余杭区市场监管局制定完善《浙江省服务推介性标准〈食品相关产品生产企业信用分类分级监管规范〉》,组织进行论证,适时发布,形成长效化监管模式。同时,将推进相关产品行业信用分级分类监管作为突破点,不断总结经验,探索实践,加快形成在其他领域可复制、可推广的管理体系,建立从市场主体准入到退出的全过程信用监管机制。

信用制度规范是支撑信用体系有效运转的重要基础,加强社会信用管理立法是确保各项信用机制有效落地的关键保障。2022年7月1日起正式施行的《杭州市社会信用条例》把社会信用建设工作中行之有效的做法上升为制度规范,固化提升信用工作成果,破解体制机制、信息融合、权益保护、社会动员等方面的难题。信用中心的建设、公共信用信息平台联网、"红黑名单"制度的建立、"微法庭"的纳入、"大众评审机制"的设置……这些都是更好地对失信行为进行惩戒,对守信行为进行激励的有效措施,也更好地保护和营造诚实守信、自律互信、人人参与诚信建设的良好社会信用环境,让诚信建设制度化、常态化,从而筑牢诚信之基,擦亮城市底色,为现代化文明城市建设奠定坚实基础。

三、信用环境建设的成效与目标

信用环境建设适应于杭州改革开放的新形势,以信用建设为重点,是余杭先行先试、勇立潮头的重要实践。以构建信用体系为重点,推动全民守法取得了显著效果,2014年12月,杭州市公共信用信息平台正式开通个人信用记录查询。打造市民的"诚信卡",信用记录好会在乘车、看病等很多方面受益,反之则会受限制。余杭在信用环境建设的硬件投入和软件优化方面持续走在前列,对诚信查询和相应承诺实现进行全覆盖建设,如凭市民诚信卡,信用良好者可直接刷卡进校园进行健身活动,平均每月累计刷卡 10 余万人次;志愿者服务、无偿献血、垃圾分类等社会公益行为及道德荣誉计入"信用银行",公益信用分可兑换公益奖励或社会福利。[①]"云上 3·15"消费者权益保护,以网络直播的方式传递"放心消费"声音,为安全消费保驾护航。2018 年 11 月 16 日"钱江分"正式推出,年满 18 周岁的市民,无论户籍归属,都将拥有自己的城市个人信用分——"钱江分"。"钱江分"依托杭州市公共信用信息平台及杭州市民卡运营 10 余年积累的用户数据,"引导市民诚信向善,弘扬社会主义核心价值观",分数设计侧重于公共服务和公益普惠,具有明显的社会属性。个人信用足够好将会在杭州享受到更加便利的生活和更加优质的服务。

余杭为杭州打造"最讲信用的城市"作出示范,有效发挥信用建设在打造一流营商环境、实施数字化改革和创新社会治理中的关键作用,为加快建设社会主义现代化国际大都市、高水平打造"数智杭州·宜居天堂"、展现"重要窗口"头雁风采提供信用支撑。余杭信用建设未来将重点发展积极参与构建省、市、县公共信用支撑一体化、依法推动信用法治化建设、构建以信用为核心的新型监管机制、推进政务诚信建设、探索信用赋能社会治理现代化、深化信用惠民便企服务等六项工作,保持信用余杭在全国、全省的领先优势。余杭区按照省、市的统一部署,"十四五"期间围绕行政、社会和市场重点领域,开展信用数字化提升、诚信政府提升、重点机构人群诚信提升、社会诚信环境提升、乡村诚信建设提升、信用服务市场培育、信用长三角一体化、信用试点建设、信用素养提升、权益保障提升等十大工程,用信用建设推动

---

① 何晟.全国首批社会信用体系建设示范城市,杭州夺魁[N].钱江晚报,2018-01-09.

人的全面发展,推进治理现代化和共同富裕示范区建设。

四、信用建设融入社会治理

以信用建设保障全过程人民民主,夯实源头治理,着眼于基层全体群众安全感、获得感、幸福感,全面统筹协调改革发展稳定的关系,通过基层全过程人民民主的实现保障改革发展的大局,带领全体人民紧跟党中央的步伐实现民族复兴大业,而不是热衷于争论不休或是简单粗放的管理。深入推进基层民主政权建设是带领广大人民树立社会信心信用、统筹城乡发展、加强软环境建设的重要基础,坚持以"服务社会化、居住社区化、环境生态化、乡风文明化、村民知识化、管理民主化"为目标一体推进,加强基层民主建设,提升农村公共服务水平,以党建统领基层社会治理,带领全民向善、诚信、奋进。

由管理向治理的转变要发挥基层群众的主动性,治理体系上要实现公众自觉参与度和参与意识的提升。比如"政府开放日"不是单纯满足群众好奇心,而是鼓励公众正确行使公民权利、了解执政流程和方式的过程。不仅是请群众来看一看,更要说一说群众生活的困难。市政工程如何规划,通过民间去摸清问题,相关决策才更有针对性,减少偏差。要充分保障老百姓的知情权、参与权、表达权和监督权。在建言献策中实现主人翁地位和获得参与治理的成就感。余杭的治理实践中注重群众的表达途径,从而使治理的成效更为突出,基础更为夯实。

余杭在城市社会治理中,推行的"邻里汇"小区治理机制具有重要实效,对于增强社会信用,取信于民、服务于民效果明显,通过人民群众的获得感推进诚实守信建设。围绕小区物业难题,街道依托"邻里汇"机制将工作往下沉,关口向前移,实施"12345"工作法:突出党建统领"一个核心",做强邻里协商议事平台、邻里活动服务平台两大平台,实施社区、业委会、物业三方协作，围绕物业小区、开放式小区、农民多高层公寓小区、商务楼宇等四种小区类型，因地制宜推行四类管理模式，先后出台物业管理、业委会管理、物业公司考核、两金使用、装修备案办法五项基本制度，使民主治理不走形式，扎根群众，有效协调基层多方关系，在实处取信于民、诚信于民。

第三节　机关效能建设助推改革发展效益

党的二十大报告指出："转变政府职能，优化政府职责体系和组织结构，推进机构、职能、权限、程序、责任法定化，提高行政效率和公信力。"机关效能建设在全面依法治国、建立良好的法治环境中发挥着关键的作用。报告中强调指出："深化行政执法体制改革，全面推进严格规范公正文明执法，加大关系群众切身利益的重点领域执法力度，完善行政执法程序，健全行政裁量基准。"同时也指出："深化司法体制综合配套改革，全面准确落实司法责任制，加快建设公正高效权威的社会主义司法制度，努力让人民群众在每一个司法案件中感受到公平正义。"提高依法行政的水平是优化社会"软环境"的关键举措。

一、机关效能提高是余杭法治环境建设的重要抓手

2004 年 4 月 1 日，《杭州市人民政府关于增强服务意识提高行政效能的若干意见》发布，要求加强全市行政机关效能建设，规范行政行为，强化监督手段，提高政府有效管理社会事务的能力，增强服务意识。以切实解决影响本部门、本单位效能建设中的突出问题和妨碍、制约经济社会发展的各种矛盾为重点。余杭区率先根据实际情况，制定提高机关效能的方案，进一步转变政府职能，规范行政审批行为，要

求市政府各部门严格行政管理边界,凡属市场或法律管辖范畴的事务,均应通过市场法则和法律途径解决,凡可以下放或交由行业协会、社会中介组织管理的职能,均应进一步下放或转移;凡属职责范围内的工作,均应积极作为,主动、优质、高效地予以办理,不得推诿扯皮。同时要求市政府各部门要进一步清理、取消妨碍市场开放和公平竞争,以及实际上难以发挥有效作用的审批事项,简化、优化和规范办事程序,明晰审批标准,公开办理结果。推进依法行政,确保政令畅通,加强制度建设,建立责任管理机制。广泛听取各方面意见,提高决策研究过程的开放度,积极发挥体制外和民间政策研究机构的作用。收集人民群众的意见、建议、评议,并及时对执行中的偏差和负效应作出补充和修正。建立责任管理机制,建立健全岗位责任制、服务承诺制、限时办结制、首问责任制、AB岗位工作制和失职追究制等制度,试行引咎辞职制。转变机关作风,提高行政效率,加强政风建设,提高服务质量;大力精简文件,规范行文程序。严格控制会议数量和规模,提高会议效率。抓住重点,切实解决群众关注的热点、难点问题。加强行政监察,建立机关效能监督机制,建立健全行政监督体系。开展经常性的监督检查,有效防止不作为或越权作为等现象,健全完善民主监督体系。加快推进电子政务,提高政府现代化管理和服务水平,运用网络信息技术,加快实现机关办公自动化、管理信息化、服务现代化,并以此为契机,重组优化政府组织结构、工作流程,整合共享信息资源。

2006年《杭州市人民政府关于推进法治政府建设的意见》提出,法治政府建设的总体要求是切实保护公民、法人和其他组织的合法权益。以"干在实处、走在前列"的精神状态,确保法治政府建设走在全省和全国前列,率先基本实现职权法定、依法行政、有效监督、运转高效。具体的举措包括完善经济调节机制,加强市场监管;加强制度建设,规范行政职权行使,全面推进依法行政;推进政府机构改革,以深化行政管理体制机制改革;加强组织领导,加强公务员队伍建设和加强政府法制机构建设。2009 年发布的《杭州市余杭区人民政府关于进一步加强依法行政工作的意见》指出,要充分认识依法行政的重要性和紧迫性,提高政府依法行政的能力和水平是全面推进依法行政的紧迫任务。应增强依法行政意识,提高依法行政能力;完善行政决策机制,推进政府科学、民主、依法决策;加强规范性文件监督管理,提高规范性文件质量。《中共杭州市余杭区委关于建设法治余杭的意见》指出,建设法治余杭,重点是建设法治化政府和维护司法公正,核心是规范公共权力和保障公民权利。

二、机关效能"练内功"助推余杭发展

"八八战略"指引下的余杭机关效能建设有力促进了改革发展的效益和效果的提升、改善,实现了为人民服务的宗旨。2017 年 11 月 6 日是余杭首次的"政府开放日",余杭区委区政府邀请 178 名市民代表,走进机关大院,面对面沟通交流,以实际行动提升机关效能建设水平。"政府开放日"不是形式上的机关大门开放,而是打开群众心中的大门,建立起党委政府与群众深度沟通、良性互动的长效机制。余杭每季度开展"政府开放日"活动,改善机关作风,用阳光、开放与透明思维切实贯彻人民至上的理念;乐于、敢于与老百姓"零距离",建设为民务实清廉高效服务型政府。余杭高水平全面建设法治政府,将政府活动全面纳入法治轨道。重点围绕民生实事办结率、重大行政决策公开、行政文件规范化和综合行政执法事项以及掌上执法应用率等指标要求,行政争议总量稳步下降,行政诉讼一审败诉率逐步下降。着力法治政府建设的创新日标和举措有:一是打造简政便民和服务高效的现代政府。推进综合行政审批改革,规范行政委托程序与责任落实机

制,厘清"属地管理"事项责任清单,开展乡镇法治化综合改革。二是落实科学决策、民主决策和依法决策的有为政府。严格落实重大行政决策程序与制度,提升重大行政决策目录的科学性与精准性。

2005年12月中共杭州市委和杭州市政府依据经济社会发展形势的迫切需要,联合发布《关于对市直单位实行综合考核评价的意见》,以推进杭州市机关效能建设为抓手,对市直单位实行年度综合考核评价。此举开创了全国地方政府绩效管理的新模式。余杭重点以目标为导向,目标考核将平时考核、社会评价以及领导考评相结合,注重对职能工作目标和共性工作目标实效的综合评价。综合考评设立相应的奖惩制度,综合考评确定为优胜单位(满意单位)、先进单位的,通报表彰并给予适当的物质奖励,将机关效能考核与绩效奖金挂钩。对综合考评未达标单位的工作人员,按不同职务的系数扣发当年年终奖;综合考评未达标的末位单位,扣发年终奖,并依照有关规定对其领导班子进行调整。

三、强化属地管理的责任落实

机关效能建设要横到边,纵到底,根据2007年7月13日《杭州市人民政府关于深化我市行政审批制度改革的实施意见》,杭州市按照国务院和省政府的统一部署和要求,推进政府管理创新,加快政府职能转变,进一步清理、规范行政审批事项,优化审批流程,提高办事效率,构建行政审批、资源配置、公共服务、效能监察四位一体的综合性政府服务平台和统一、高效、便民的行政服务体系,提升政府服务品质,营造良好的发展环境,全力打造"生活品质之城"。其主要目标是清理、取消一批行政审批事项,进一步规范审批行为,严格收费管理。优化审批流程,扩大并联审批,提高办事效率;探索行政许可权集中监管;强化政府综合服务平台功能,为方便群众和经济主体办事,通过

"内部整合、部门并联、网上审批、市区联网"整合审批流程。

余杭区机关效能建设规划详细、落实有力、覆盖广泛、工作深化，着力提高政府的执行力和公信力，推动依法行政向纵深发展，为深入实施"六大发展战略"，构建现代产业体系，加快建设最适宜居住的"品质之城、美丽之洲"创造良好的法治环境。余杭区强化属地管理举措重点，提出：一是转变政府职能，进一步提高依法行政效率。实施政府机构改革，科学合理设置政府机构，合理划分和依法规范行政机关的职能和权限。完善权力阳光运行机制建设。开展行政权力的再清理和审核确认，完善行政权力数据库和行政权力动态调整机制。加强行政权力网上运行平台建设，促进行政权力网上公开透明运行。深化行政审批制度改革。精简审批事项，简化审批程序。抓好"两家两中心"建设，加强服务信息化平台建设。二是增强法治意识，进一步提高依法行政能力。主要提到要严格执法主体准入制度，对新进行政执法人员进行上岗前培训考试，严把行政执法人员准入关。加强申领行政执法证件人员培训。三是健全决策机制，进一步提高行政决策水平。《杭州市余杭区行政决策程序暂行规定》进一步完善公众参与、专家论证和政府决定相结合的开放式决策机制，保障人民群众的知情权、参与权、表达权和监督权，积极推进服务型政府建设。加强政府信息公开。四是规范执法行为，提高行政执法效能，深化行政执法的责任制，开展行政执法案卷评查，并要求制定细化、量化行政处罚权的具体裁量标准，建立健全对滥用行政处罚裁量权的行政执法投诉和责任追究等配套制度，进一步规范行政处罚裁量权的行使。

四、机关效能建设实现服务促管理

机关效能的建设和落地，着力于决策和管理的科学性和服务价值。2015 年 10 月 13 日《杭州市人民政府重大行政决策程序规则》发布,杭州市的重大行政决策,先由公众参与、专家论证,再进行风险评估、合法性审查,最后集体讨论后决定。全面推行政府法律顾问制度。早在 2014 年 11 月,杭州市政府专门聘请了 10 位资深法律专家担任政府顾问,帮助政府在重大决策方面把好审查关,提前介入政府立法项目研究论证、重要规范性文件合法性审查和重大决策事项研究。同时健全法规规章草案向社会公开征求意见和反馈的机制。2022 年 5 月 1 日组织再次修订实施《杭州市物业管理条例》,该条例自 2012 年进入修订程序后先后有 5000 余名市民参与修法,首次召开立法听证会,首次向全体市人大代表征求意见,首次实行三审制和隔次审议,首次进行立法前评估,成为杭州科学立法、民主立法的生动实践。[①] 以大综合、一体化为目标,推动形成跨部门、跨领域的综合行政执法改革,特别是在基层做好行政执法权的下放与衔接,落实乡镇(街道)"一支队伍管执法"。在公检法司机关进一步落实严格规范公正文明执法,重点规范行政执法裁量权,探索建立电子商务巡回法庭。完善防错纠错"制度链",实行办案质量终身负责制和冤假错案倒查问责制。推进审判、检务、警务、狱务公开,构建开放、动态、透明、便民的阳光司法机制。

余杭强化机关效能的建设成为落实从管理到治理,以服务促管理的基础工程。比如在宗教工作中,为更好地适应从"管理者"到"服务员"的角色转变,2011 年,成立余杭区民族宗教事务服务中心,2013 年在宗教科增挂行政审批科牌子,全面深化行政审批制度改革,践行"最多跑一次"理念,按照"管理重心下移、管理责任下延"思路,将宗教工作也作为镇街年终综合考评的重要内容。宗教工作建立"三级网络两级责任制",将宗教事务各项职责向镇街、村(社区)延伸。将宗教事务

---

① 陈东升.法治中国的浙江实践[N].法制日报,2014-10-17.

管理责任纳入社会管理"网格"内容,充实镇街统战干部,强化镇街对宗教工作的属地管理职责。宗教事务管理任务和责任双落实,推动宗教工作"管理关口"前移,确保镇街基层在涉及宗教事务"日常工作中有身影,重点工作中有声音,难点工作中有贡献"。形成一套安全责任目标管理制度,将机关效能工作通过具体举措做实落地。

余杭区率先认识到加强机关效能和队伍建设是高质量发展推进共同富裕和基层民主政治的关键。传统政治治理方式已经很难适应当今利益多元化条件下的社会发展需求,加快基层民主政治建设是实现社会和谐的根本保障。余杭在基层民主政治建设方面的率先尝试包括:2003 年,余杭通过全区村民"民主选举、民主决策、民主管理、民主监督"来保障村民的民主权利,实现村民自治,成为全国村民自治模范区。通过扩大村民、居民对于本区域公共事务的参与、决策来实现民主治理,推进村民自治,完善基层民主。探索基层治理的有效模式,将村民自治在参与村规民约制定和事务管理中落实、做细,从而保障老百姓主体地位,激发群众主人翁意识。破除"干部在干、群众在看"两张皮,进一步增强党员和群众的归属感和认同感。在参与制定实施管理细则中,将外在规定转化为村民的内心自觉。通过实践,推动广大群众自我教育、自我服务、自我管理、自我监督,在共建共享共治美丽家园的过程中实现"管理变治理、民主促民生"。

第四节　余杭法治环境建设的经验启示

杭州市认真贯彻习近平法治思想和中央全面依法治国工作会议精神,牢固树立利民为本、法治为基、整体智治、高效协同的理念,解决法治领域突出问题,全面推进党的领导、权力运行、营商环境、数字治理、生态治理、基层治理法治化。随着改革开放的深入和市场经济的发展,经济成分、组织形式、就业方式、利益关系等都在重组,社会公众思想呈现多元化发展趋势,在经济发展和社会建设中出现的矛盾、分配差距、公共服务缺口等问题一时之间还很难充分解决。同时,信息时代的到来也加剧了社会观念的变化,旧的思路、手段和方法难以适应新的社会环境,余杭区为适应形势发展,在"八八战略"的"软环境"建设指引下,2011 年 12 月在区第十三次党代会中提出,立足余杭实际,高度重视社会建设和社会管理创新,坚持以人为本、服务为先,坚持多方参与、共同治理,坚持重心下移、关口前移,不断夯实社会建设和社会管理工作的基层基础,促进社会和谐与稳定。余杭区历来重视向基层要经验,从基层谋发展动力,从基层推进区域治理体系和治理能力现代化。

一、余杭法治建设机制体制创新的基本经验

坚持突破机制束缚,探索融合治理。实践市域社会治理"六和塔"式的工作体系,探索创新党建统领"自治、德治、法治、智治""四治融合"的基层治理体系。充分调动居民参与自治活动的积极性和有效性,发挥功能性群团组织参与社会治理的作用,加强社会组织培育和参与社会治理制度化的机制构建。推进基层社会治理法治化向下延伸,打通最后一公里,在发挥基层自治组织与物业管理服务企业的共建共治和利益协调方面进行探索,实现社区营利组织加强党建和参与社区服务的主动性提升,保证基层应急反应的及时、准确和有效。以法治保障并强化基层政府对居民自治的监督与指导,行政功能向基层有效延伸,深化矛盾源头治理,率先坚持和发展新时代"枫桥经验",带动社会化法治力量参与引导和疏通,探索"县乡一体、条抓块统"高效协同治理,不断完善"基层治理四平台"的支撑作用,形成全科网格,实

现闭环管控、数字赋能、整体智治的治理架构。促进基层的调解、信访、促裁、行政裁决、行政复议、行政诉讼等有机衔接互补,全面整合基层人民调解员、网格员和司法所、派出所的资源。

坚持以人民为中心,以问题为导向的创新。法治建设上下融贯,深入基层并保障民生。从人民的现实需求出发,落实巡回审判、预约办案、繁简分流和远程立案等便民利民举措。健全民生领域司法执法联席会议机制。强化法院与公安、住保房管、国土资源、金融等部门和机构网上“点对点”协助执行查控机制,进一步解决“执行难”问题。推动综合执法和执法力量下沉,增强基层执法能力。在依法保障平安创建上实现新突破,推动社会矛盾化解法治化,推进社会治安综合治理规范化,推动基层协商民主建设长效化。在平安建设、法治建设方面充分体现了先行先试的开创意识和立足现实敢闯新路的守正创新风格。回应人民之需,着力于发展与民生,以高质量发展共同富裕为依归打造新时代制度“软环境”。为民执政最终体现于基层,是一切工作的出发点和落脚点,在工作的布局中把体现人民利益、反映人民愿望、维护人民权益、增进人民福祉真正落实到各领域,贯穿全过程,将平安杭州、法治杭州、社会信用构筑和机关效能建设工作压实、落实于基层,将工作体现在群众获得感、幸福感和安全感的生活体验中。以人民之所需的问题导向,以人民之所欲的目标导向和以科技数字化改革为主的驱动方式充分结合,对制度建设的组织架构、体制机制、方式手段、运作流程加以系统性重塑,实现以人民为导向的制度“软环境”建设从“一人一事”到共治和智能化的转变,实现“以人民为中心”有为政府制度化。

坚持大联合的机制,多元共治加联动执法。“软环境”构建注意调动全社会的力量共同参与。杭州“软环境”建设注重社会管理的基础工作,在硬件建设、力量整合、制度规范上与平安杭州、法治杭州一体推进,实现高起点、高定位、高效率推进。全科网格将党的建设、社会治安、信访维稳、矛盾化解、应急管理、消防安全、食药安全等与社会治理相关的事项全部纳入,网格员全面了解掌握网格内的大事小情,一般的矛盾纠纷、问题隐患在第一时间处理解决,夯实安全稳定的基石。以大联合、大协调机制的建设为基本思路,加快推进基层社会治理法治化。

二、余杭法治环境建设的重要启示

党的二十大报告明确指出:"必须更好发挥法治固根本、稳预期、利长远的保障作用,在法治轨道上全面建设社会主义现代化国家……坚持法治国家、法治政府、法治社会一体建设,全面推进科学立法、严格执法、公正司法、全民守法,全面推进国家各方面工作法治化。"法治建设、信用建设和机关效能建设体现法治国家、法治政府、法治社会的一体化,是从问题导向开始的逐步推进、逐渐深化的过程,法治建设需要社会信用体系和社会的法治意识提高,而机关效能建设是中国特色社会主义制度下党的集中统一领导下实现法治国家建设的关键环节。余杭的实践则完整体现了这个历史的过程,为推进平安中国和全面依法治国提供有益的借鉴和理论的总结。余杭以"平安余杭"为契机的发展安全环境建设,统筹改革发展稳定的关系,对全面依法治国,社会主义的法治建设和治理体系、治理能力的现代化有着重要的启示。一是在基本目标上,坚持实事求是的问题导向,全面践行以人民为中心的发展思想。二是在发展方向上,全面推进社会治理大联动机制,深化基层网络管理机制,健全立体化治安防控体系,全面修订村规民约、社区公约,成为全国首批社会工作服务示范地区。三是在机制构建上,不断完善政府治理、社会调节、居民自治三大机制,加强基层民主协商,引导群众共同参与和治理,健全基层社会治理体系,健全平台联动、网格治理、多元参与、预防化解等机制。四是在保障建设上，运用数字化改革，重视科技赋能社会治理，打造"互联网＋智慧治理"，提高社会治理社会化、法治化、智能化、专业化水平。全区所有街道、乡镇完成综治工作平台、市场监管平台、综合执法平台、便民服务平台"四平台"建设，并有效运转，以智慧保障政府主导、社会参与、法治保障的良性互动。五是在理念方法上，坚持抓好结合，既抓重点，也突破难点，坚持一体推进和综合施治，既讲重点论，也讲两点论，通过专项推动长效，既讲社会共同，也抓队伍和专业建设。六是在实践创新上，推动系列创新的举措，在发展中不断积累基层网格管理的实践经验，在"四平台"建设中，整合社会资源，增强街道管理服务功能的尝试，在全面提升基层社会管理方面有新的探索。七是在方向维度上，坚持一体化推进，以社会管理、政府表率、民众意识、宣传教育协同创新的态势，平安、信用、基层治理、法治政府一体推进。

三、余杭法治环境建设的逻辑与方向

余杭法治环境建设的实践探索，体现历史逻辑、理论逻辑、实践逻辑的统一。以平安余杭建设为突破口，以问题为导向、目标为指引，形成了政府、社会、民众全空间、全过程、全领域的法治"软环境"建设格局，高度统一协调，形成共商共建共享的体系。基础目标是为人民服务，以信用建设为基础，以机关效能为运行依托，以法治建设、依法行政为保障，关键是加强机关效能建设，最终形成良好的现代治理结构。由管理向民主治理的转变，是一个循序渐进、逐步深入的过程。由平安建设到信用建设到机关效能的推进，余杭的实践是以问题导向和目标导向的推进与拉动双向促进的过程。

经济与社会带来社会结构和利益关系的调整，平安建设成为迫切的要求。平安建设需要社会信用的提升和全民法治观念的加强，同时

强化行政执法的规范和提高机关效能,是保障法治建设的重要条件。20 年法治宣传教育、10 年依法治市、3 年"平安杭州"创建推进了杭州市民主法治进程,为建设法治杭州奠定了坚实基础。余杭区在由平安余杭向法治余杭深化的过程中,较早认识到法治建设是一项系统工程,涉及面广、内容很多、难度较大。在推进法治建设的过程中,必须妥善处理好法治建设与"依法治市(区)""普法教育""平安创建"这些载体的关系,确保法治建设的实效。

全过程人民民主的自主治理模式是保障长治久安的长效之举。而法治建设的根本是要真正保障人民群众的利益,以不断改善改革发展稳定的关系,实现以人民为中心的发展方向。以人民为中心要落实到基层,增强人民群众的获得感、幸福感和安全感,就是要实现从管理到治理的转变,通过社会主义全过程人民民主的建设,完善治理体系和提高治理能力。由余杭的平安建设到社会信用建设、机关效能建设和基层治理体系的现代化,全方位地观察余杭从人民利益出发,以党建统领,凸显问题意识,实现民众自主治理的法治"软环境"闭环建设路径,对于推进中国特色社会主义法治建设,全面依法治国,全过程人民民主,实现以人民为中心,高质量推动共同富裕建设,全面推进中国式现代化建设具有先行先试、实践探索和理论创新的重要意义。

第七章　注重余杭生态 绘制杭城新绿地

在余杭区社会经济发展的 20 年历程中,如何从新视野统筹考虑区域生态环境与经济社会发展的关系问题,缓解人民群众日益增长的生态环境质量需求与不尽理想的生态环境质量供给之间的突出矛盾,是余杭区经济社会发展必须破解的现实问题。2001 年,在生态建设方面,浙江省委提出进一步发挥浙江生态优势,创建生态省,打造"绿色浙江"。余杭区以习近平生态文明思想为指导,深入实施生态文明示范创建行动,以"绿水青山就是金山银山"理念为价值遵循,从战略高度认识和推进生态文明建设。

在浙江生态省创建的机遇期,余杭进一步发挥天然生态资源禀赋,深入实施生态文明示范创建,打造生态立区系统工程。坚持山水与城乡融为一体,形成"亮丽城市＋美丽集镇＋美丽乡村＋美丽庭院＋美丽公路＋旅游景区"的全域大美格局。一方面统筹污染治理与生态保护,广泛开展"多绿工程""五水共治""五气共治""三改一拆""四边三化"等专项行动,大力推进"垃圾革命""无废城市"和"西部富美""靓城行动"组合的美丽城市建设;提出全国首创村级尺度的碳排放碳汇测算方案,促进余杭区碳达峰、碳中和融入全省生态文明建设整体布局;打造湿地修复夯实生态安全的余杭样板,深化生态补偿机制,以数字赋能提升生态环境治理体系和治理能力现代化。另一方面,以能源产业结构调整加快绿色转型,以"生态共富"引领乡村振兴,建立山海协作产业园,促进生态富民惠民机制更加完善。余杭先后获得"联合国最佳生态和谐环境美丽城区"、国家级生态区、国家森林城市、省级示范文明城区等荣誉称号;2019年绿色发展指数位居全省首位;2021年,余杭区被生态环境部命名为国家生态文明建设示范区,获评"新时代美丽城镇优秀县",彰显了余杭构建人与自然生命共同体的成效。

为推进生态文明建设先行示范,"十四五"生态环境保护规划下的新时代余杭生态文明建设,致力于统筹好生产、生活、生态三大空间布局,促进联动全域的生态文化共享共建、生态环境"多元共治",培育特色优势产业,高质量推进"山水产城人"融合,为杭州率先探索生态共同富裕和现代化路径提供余杭经验。在城乡融合发展、实现全域共美、人与自然和谐相处、共荣共生的城市方面贡献美丽中国的余杭样本。

第一节　具有天然禀赋的余杭生态环境

"余杭形胜四方无,州傍青山县枕湖。"自古以来,余杭就有着丰厚的天然生态资源,山水如画,钟灵毓秀。区内湖泊、河流、湿地、农田广泛分布,山水林田湖草资源丰富多样,为余杭立足资源优势,推动绿色发展打下良好基础。在余杭区20年经济社会发展历程中,立足区域优势,余杭致力于破解生态破坏、环境污染等问题,推动高质量发展,为经济发展提供更大空间。

一、优越的地理条件

余杭区位于杭嘉湖平原南端,西依天目山,跨越钱塘江和浙北杭嘉湖平原两个地层分区。以东苕溪为界,分为西部山地丘陵和东部平原。全区平原面积 7 万余公顷,占总面积的 60% 以上。境内山体层峦叠嶂、茂林修竹,顺南、中、北 3 条苕溪谷地两侧呈马蹄形展布。东北部水网平原,处于广袤的京杭大运河流域,塘漾棋布,是闻名的杭嘉湖水乡平原;东南部在海积、冲积、湖积作用下形成了土层深厚的滩涂平原,是境内重要经济作物区;西部五镇囊括径山镇、黄湖镇、鸬鸟镇、百丈镇和瓶窑镇苕溪以北区域,既是保育山地丘陵生态、涵养水源之地,也是极重要的生态自然屏障,更是田间稻谷黄、清水人家绕的美丽乡间。

二、丰富的自然资源

综合的地貌类型,加上典型的亚热带季风性气候,使得余杭具有天然的生态资源禀赋。充足的光照,充沛的雨量,一方面有利于叶茎类作物和瓜果生长,适合粮食生产和多种经济作物种植;另一方面也为各种特色植物生长和动物繁衍提供了良好的自然环境。全区生态红线面积 109.6 平方公里,占比 11.6%,森林覆盖率达 45.59%,野生动植物资源丰富。余杭建有 3600 余亩"国家级重点林木良种繁育基地",属浙江省最早。

余杭,因水而兴,因水而美,是名副其实的湿地水城。河网水系发达,河道交错,塘湖棋布,水源充沛。丰富的水资源有利于航行、灌溉、养殖、发电、生产生活用水,也为开发旅游产业提供了良好条件。因地形差异,形成东西不同水系:西部的天然河流,以东苕溪为主干,支流众多,呈羽状形;东部多属人工开凿的河流,以京杭大运河和上塘河为骨干,河港交错,湖泊棋布,呈网状形。在东苕溪下游和运河两岸分布众多被称为"荡""漾""潭"的水域,其中较大的有三白潭、官塘漾等。

尽管余杭自然资源丰富,但人均占有量较少,环境污染问题明显。在21世纪初期,随着社会经济发展,余杭面临相当突出的资源环境瓶颈制约问题。彼时全区九成以上平原河网及运河全部河段水质不能满足水域功能要求,大气环境质量不容乐观,酸雨污染较严重。随着城区面积不断扩大,路网快速扩张,城市内部用地结构不断变化,产业发展带来一系列环境污染问题,生态平衡与经济发展也随之呈现出治理难度。在以降碳为重点战略方向的生态文明转型阶段,如何从传统高消耗高污染生产方式转向科技创新驱动的低碳高效发展,余杭生态文明建设面临着更多机遇和挑战。

第二节　加强综合环境整治的余杭实践

2002年12月,浙江省委十一届二次全体(扩大)会议提出,以建设生态省为重要载体和突破口,加快建设"绿色浙江",努力实现人口、资源、环境协调发展。2003年7月,浙江省委十一届四次全会提出,进一步发挥浙江生态优势,创建生态省,打造"绿色浙江"。余杭区抓住生态省建设机遇,将"生态立区"摆在区域发展首位。

在20年经济社会发展历程中,余杭区的生态文明建设经历了由量变到质变的跃迁,以环境综合治理为重点战略方向,推动减污降碳协同增效。2004年,浙江省环境污染整治——"811"环境污染整治行动开启。在此背景下,余杭抓住生态文明建设机遇。余杭区生态建设工作按照"环境立区"的战略要求,以国家级生态区创建和"创模"复检为龙头,以生态建设和环境保护目标责任制为手段,以主要污染物减排为重点,以改善区域环境质量为目标,全面推进全区生态建设与环境保护工作。2010 年,余杭区被授予"省级生态区"称号,在此基础上,区委区政府提出创建国家级生态区的新目标。《杭州市余杭区创建国家级生态区工作实施方案》和《国家级生态区创建(生态余杭建设)三年行动计划(2010—2012)》出台。余杭区先后成立生态文明建设领导小组、全域美丽领导小组、美丽余杭建设领导小组,在全市首创设立实体化运作的余杭区治水治气治废工作办公室。

2020 年,为深入推进高品质都市新区建设,围绕"五大余杭"总目标与"三个全域"总要求,余杭区人民政府印发《余杭区"无废城市"建设工作方案》,加强综合环境整治,推动形成绿色发展方式和生活方式。

一、建立绿色生产的工业体系

建立健全绿色低碳循环发展经济体系,促进经济社会发展全面绿色转型,是解决资源环境生态问题的基础之策。国务院《关于加快建立健全绿色低碳循环发展经济体系的指导意见》提出,到 2025 年,我国绿色低碳循环发展的生产体系、流通体系、消费体系初步形成。生产体系是当前余杭区经济绿色转型的重点工作,起着牵引性的作用。绿色低碳循环发展的生产体系以节能、降耗、减污为目标,以管理和技术为手段,通过实施生产全过程污染控制,融合绿色发展、低碳发展和循环发展。

在构建绿色生产与生态循环的工业体系中,余杭以减污降碳协同增效为导向,通过建设绿色制造体系和服务体系,加快建筑、交通、工业领域低碳转型,体现了企业梯队式培育的特色。围绕生产方式升级,聚焦"设计—制造—流通"等生产制造核心环节,鼓励企业开展清洁生产审核和水平衡测试，通过查找能耗高、物耗高、污染重的原因，提出降低能耗、物耗及废物产生的方案。2010年，区环境保护局协同相关部门及乡镇（街道）关停多家高污染、高能耗、高排放污染企业；加快燃煤锅炉脱硫工程改造，做好道路防尘，严格扬尘控制管理，改善大气环境。加强环境综合整治，建立健全垃圾收集系统。2013年，全区化学需氧量、氨氮、二氧化硫和氮氧化物等主要污染物完成年度减排任务，其中二氧化硫减排超额完成任务。加大产业结构调整力度，对一些高能耗、高污染、落后产能企业列出关停计划。

2016年底，塘栖热电厂燃煤热电机组的关停，标志着余杭热电行业改造的全面启动。2017—2019年，每年淘汰落后产能生产线30条以上，2019年淘汰三分之二的高能耗、重污染的印染和合成化工企业。① 先后关停獐山石矿等经营性矿山，关停淘汰重污染高耗能企业、"低、散、乱"生产经营单位（加工点），淘汰高污染燃料锅炉（炉窑），2019年，建成全市（除主城区外）首个工业无燃煤区（县、市）。2021年，为建设双碳企业服务平台，实现"碳普查""碳施政""碳服务"闭环，余杭区帮助企业准确建立碳账户、识别自身污碳管理水平与改进重点，打造减污降碳协同管理体系；建立产业准入严控机制，推进"低、小、散、差"产业专项整治，加大对"四无"企业（作坊）的整治力度。

针对金属、建材、纺织等重点行业、园区和企业，实施绿色改造补短板、节能减碳技术改造项目，加快推动工艺装备节能改造、设施配套升级、新能源推广应用和资源循环利用，提高工艺装备、产品技术、环保能效等绿色发展水平。在企业碳效评价考核中，354家规模以上工业企业获评碳效等级1级。2022年全区累计培育国家级工业产品绿色设计示范企业1家，国家和省、市级绿色低碳工厂1家、3家、24家，

---

① 潘婷婷.余杭区建设"五大余杭"争做全省榜样[N/OL].每日商报，(2017-11-07)[2023-04-27]. http://zjhewszjol.com.cn/zjnews/hznews/201711/t20171107－5542628.Shtml.

国家级绿色供应链管理企业 1 家,形成了雁阵式绿色制造企业梯队。[①]

　　为构建以数字经济为核心、新经济为引领、制造业为基石的绿色发展产业体系,余杭深入推进之江实验室等科研创新载体建设。2016年,未来科技城获批全国首批双创示范基地,是浙江省重点打造的杭州城西科创大走廊的核心示范区。菜鸟供应链、梦想小镇天使村节能改造等科技创新助力环保,"特色小镇—产业园区—未来社区—交通出行—教育医疗"多场景低碳应用示范等绿色低碳元素突出。未来科技城重点建设低碳数字大脑建设试点、虚拟电厂试点、数字健康小镇试点、梦想小镇天使村低碳试点、绿汀低碳未来社区试点等场景,构建低碳产业体系,提升能源利用水平,创新节能减排技术,致力于普及低碳生活方式。

　　2016 年,在浙江省开展第四轮"811"美丽浙江行动之际,余杭区推进"五气共治",全面治理燃煤烟气、工业废气、车船尾气、城市扬尘、油烟废气。

　　在建筑扬尘的治理方面,余杭区推广应用预拌砂浆,实施施工工地封闭管理,创建"绿色工地";淘汰整治各类高污染、高能耗锅炉,建成全市(除主城区外)首个工业无燃煤区,对重点区域废气实施精细化管控,通过开展 PM2.5 在线源解析、六参数走航监测、VOCs 走航监测、颗粒物雷达扫描、现场巡查服务等工作,精细化分析区域大气污染成因、污染因子、污染迁移规律,为大气精准管控提供支撑和帮助;加强镇街空气自动站周边环境整治,强化镇街空气质量监测预警和应急响应处置,提升工业园区企业废气治理水平。

　　为有效整治汽车尾气,从 2014 年开始,余杭推广使用 LNG 纯天然气、混合动力、纯电动等清洁能源和新能源车辆,优化能源消费结

---

　　① 余杭以梯队或培育手段构建绿色制造体系[N/OL].余杭时报,(2012-01-30)[2023-01-02].http://www.yuhang.gov.cn/art/2023/11301art-1532128-59035187.html.

构。加快淘汰国Ⅲ柴油公交车,2016年新增清洁能源公交车100辆以上,新增或更新的公交车、出租车新能源和清洁燃料车的比例达到80%以上,进一步完善步行、自行车交通系统,提高绿色交通出行比例。①

2015—2020年,余杭全区环境空气质量优良率由68.8%上升为88.0%。2020年,6项空气质量指标首次全部达到国家空气质量二级标准,PM2.5累计下降幅度超过50%,优良率上升超过30个百分点。2021年,余杭区空气质量优良率84.3%,同比上升5.6个百分点;PM2.5浓度32.3 $\mu g/m^3$、PM10浓度71.1 $\mu g/m^3$,同比下降均超20%,改善率居全市第一。

二、形成废弃物全量化的农业体系

治理农业农村污染,是实施乡村振兴战略的重要任务,事关全面建成小康社会和农村生态文明建设。为深入贯彻全国生态环境保护大会和中央财经委员会第一次会议精神,余杭加快解决农业农村突出环境问题,致力于形成废弃物全量化的农业体系;统筹考虑生活垃圾和农业废弃物利用、处理,建立健全符合农村实际、方式多样的生活垃圾收运处置体系。

一方面,开展农村生活垃圾分类减量化试点,推行垃圾就地分类和资源化利用。2010年,余杭区开展全区农村生活污水、"农家乐"污染治理和"肥药双控"等工作,完成147家单位畜禽污染治理;全区1510户禁养户全部完成停养和搬迁,全年累计下拨禁养补助资金1436余万元。2013年,区政府下达《余杭区农业废弃物利用处理和面

---

① 让天更蓝水更清,余杭治水治气"再加码"[EB/OL].搜狐新闻,(2016-08-15)[2023-04-19].https://www.sohu.com/a/110572033-349135.

源污染治理工作实施方案（2010—2012)》《余杭区 2012 年度农业污染源减排计划的通知》,抓好农业面源污染防治工作。文件要求严格准入生态畜禽小区和生态养殖场建设项目,对改造到位的养殖场及时予以验收,开展畜禽养殖污染治理和禁养工作督查;大力实施农村环境连片整治,按照国家、省、市农村环境保护工作要求,结合重点提升村、精品村、示范村等工程建设项目,重点实施农村生活污水治理、农村池塘生态化改造、清洁能源利用、农村垃圾无害化处理等农村环境整治,实现农村环境保护工作从点上、线上推进向面上推进转变。2015 年,开展农业废弃物利用处理和面源污染治理工作,重视治理"农家乐"污水设施和畜禽禁养督查。全区各镇（街道)均通过区级禁养验收,完成禁养工作任务。全面关停临平城东区域温室甲鱼养殖场。2020 年,余杭基本实现农村生活垃圾处置体系全覆盖,完成非正规垃圾堆放点排查整治,实施整治全流程监管,严厉查处在农村地区随意倾倒、堆放垃圾行为。

另一方面,为加快农业绿色低碳发展,余杭进一步贯彻落实中央一号文件"支持秸秆综合利用"部署要求,推进秸秆变肥料还田、秸秆变能源降碳等工作。在全面加强秸秆综合利用的同时,深化测土配方施肥技术,大力推广商品有机肥,减少农田化肥使用量和氨挥发量。2021 年推进农业面源污染治理全区培育"肥药两制"改革试点,创建"肥药两制"改革省级示范性农资店、省级绿色防控示范区,推广商品有机肥,开展病虫害统防统治服务,实现施用化肥减量,回收处置农药废弃包装物,强化农业废弃物安全处置。印发《余杭区农作物秸秆综合利用扶持政策实施细则》等文件,制定余杭区废旧农膜回收处理实施方案,探索出一套"政府推动、企业主导"的农牧结合沼液异地配送资源化利用新模式,有效破解全区畜禽粪污处理难题,被农业农村部作为典型案例进行推广。成功创建浙江省首批农业绿色发展示范区、省级健康养殖示范县。

三、健全水治理污染防治体系

水环境保护事关人民群众切身利益。立足新发展阶段,为落实"深入打好污染防治攻坚战,加强大江大河和重要湖泊湿地生态保护治理"要求,切实改善水环境质量。2015 年,制定出台《余杭区"五水共治"三年行动方案(2014—2016 年)》,区"清水治污"工作领导小组调整为区"五水共治"工作领导小组,成立区"五水共治"工作指挥部,进行实体化运作,完成河道信息建档造册、污染原因分析工作,确定治理重点,制定 57 条区级以上河道"一河一方案""一河一图"和全区"五水共治"项目进度表、作战图等,按照项目化管理要求推进项目实施。完成 26 条垃圾河、52 条黑臭河、54 个村(社区)的农村生活污水治理任务,建设城镇污水管网 27.8 公里。全区 983 条河流建立区、镇(街道)、村(社区)三级"河长制"全覆盖。完成排涝工程 49 个,新增应急排涝设备可排涝 3520 米 ^{3}/小时。完成堤塘加固 10.45 公里,除险加固 13 座山塘。新建供水管网 21 公里、改造 26.5 公里。编制完成《余杭区"抓节水"工作(2014—2016)实施意见》,出台居民生活用水阶梯式水价调整方案并批准实施。出台《余杭区"五水共治"工作效能问责暂行办法》《2014 年度余杭区"五水共治"工作考核办法及评分细则》,加强督查考核,将"五水共治"纳入综合考评,作为领导干部年度实绩考核的重要依据。

从 2018 年开始余杭以"污水零直排区"和"美丽河湖"建设,推进"五水共治"。加大治污水项目资金投入力度,分层推进园区内工业集聚区"污水零直排区"、生活居住小区"污水零直排区"等的建设,三次获得全省治水最高荣誉"大禹鼎",获评国家县域节水型社会达标县。

2021 年余杭区开工实施"五水共治"重点项目,累计完成投资

18.4 亿元,创建 23 个省市级"污水零直排区"生活小区,完成 71 家企业"污水零直排"整治任务,对仁和大运河工业园区、余杭义桥工业园区、良渚大陆工业园区、良渚安溪工业园区实施市级"污水零直排"工业园区建设,建成临平、良渚和余杭三大污水处理系统。[①] 加强涉水行业整治,评估涉水企业整治绩效,通过规范入河排污口建设,落实余杭、良渚污水处理厂入河排污口日常监管。深化饮用水水源地规范化建设,全面开展饮用水水源保护区排查整治。通过对东苕溪饮用水水源环境状况排查分析,编制"一源一策"治理方案和有机污染物全指标分析报告。对余杭区县级以上饮用水水源保护区闲林水库、东苕溪(仁和段)饮用水水源地勘界定标精准化绘制。

加强水环境管理,落实河长制,建立三级河(湖)长体系,全面推广全民护水"绿水币"制度,提高河(湖)长及公众参与治水护水的积极性。2015—2020 年,余杭全区 8 个市控以上地表水监测断面水质达标率由 60%上升至 100%。2020 年,苕溪水质稳定在Ⅲ类以上,北苕溪(径山段)成功创建为省级美丽河湖,在省内率先实行严厉的河流交接断面水质考核机制。2021 年,饮用水水源地水质达标率 100%,区控以上断面水质Ⅰ-Ⅲ类比例达 100%,断面达到功能区要求 100%,同比均上升 8.3 个百分点。[②] 创建北苕溪、中苕溪、余杭塘河等 7 条省级美丽河湖、6 条市级"美丽河湖"、39 条区级"美丽河湖"。以东苕溪美丽生态河道项目为例,项目建设完工使得东苕溪沿线河道堤顶、休憩驿站、滩地生态等河道景观得到美化提升,从而改善东苕溪生态系统,打造出一条环境优美,防洪、排涝畅通,具有文化特色,集旅游、休闲、生

---

① 杭州市生态环境局余杭分局.2021 年杭州市余杭区生态环境状况公报[R/OL].(2022-06-27)[2023-04-14].https://www.yuhang.gov.cn/art/2022/6/27/art_1229187638_4057459.html.

② 杭州市生态环境局余杭分局.2021 年杭州市余杭区生态环境状况公报[R/OL].(2022-06-27)[2023-04-14].https://www.yuhang.gov.cn/art/2022/6/27/art_1229187638-4057459.html.

态、环保于一体的景观河道,提升了河道周边广大人民群众的幸福感和获得感。

除此之外,余杭还重点开展长江经济带生态环境问题排查整治。2020年印发《余杭区长江经济带生态环境问题排查整改方案》和《关于开展长江经济带生态环境问题排查的通知》,排摸整治城镇污水垃圾、化工污染、农业面源污染、港口码头和船舶污染、侵占岸线、违规倾倒固体废物等方面问题,完成杭州市第一批长江经济带生态环境问题整改,完成长江经济带生态环境涉水问题整改。

四、加强国土空间治理和完善生态修复体系

2019年,杭州市国土空间总体规划编制正式全面启动,市规划和自然资源局余杭分局因地制宜,探索开展余杭国土空间总体规划研究。通过构建用途管控的空间体系、资源配置的协同机制和盘活存量的政策体系,余杭深化改革攻坚,发挥对土地收储、出让、保护的引导作用,统一部署,多规融合,促进区块人口与产业合理布局,形成统筹城乡发展,夯实民生保障的国土空间开发保护方案。

创新节约集约用地模式。重点落实第三次国土调查,严守永久基本农田保护红线、城镇开发边界、生态保护红线三条控制线,推进垦造水田、永久基本农田储备建设;实施基本农田保护“田长制”,落实耕地保护主体责任;全面建立起耕地保护补偿机制,对承担永久基本农田保护任务和责任的农村村级集体经济组织实行以奖代补。针对区内重大项目,保障用农补划工作;保障绕城西复线、运河二通道、地铁三期工程、湖杭铁路等重大项目用地;探索城市规模与开发边界优化、存量建设用地供给及再利用方式,形成用优增量精细化、标准化、流程化,通过深挖工业园区、低效用地潜力来用活存量的节约集约用地模式。合理界定建设用地、农业用地、生态用地,实现生产空间集约化和

生态效益高效化。

加强国土空间综合整治。构建土壤污染"防控治"体系,对农用地及重点行业企业用地进行详查,建立土壤环境信息共享机制,同时实施"月进度"通报制,提高土地整治项目的实施效率;2019 年以来,余杭区从提升耕地质量等级方面入手,开展"大棚房"专项整治行动,集中清理拆除违法建筑物,恢复土地农业生产功能。依托网格化治理平台,将违法用地拆除复耕工作统一纳入全区拆违行动中,推动辖区内耕地保护共同责任机制;通过卫星遥感监测土地利用现状变化,对疑似违法用地图斑进行实地核查和依法处置。借助土地"卫片执法"检查,余杭统筹土地项目审批、资源配置、空间利用,使得违法用地数量逐年下降,营造依法管地用地秩序,促进全区"三改一拆""无违建区"的创建。制定《2019 年度地质灾害防治方案》,统筹地质灾害防治基础建设和矿政治理管理。对水库、堤防、道路、桥梁、旅游干线等重点部位和城镇、人口聚集区、医院、学校等重点区域,加强动态巡查监测密度,做好应急储备工作。推进瑶山遗址周边三处废弃矿山综合整治工作,做好区内渣土消纳场地排查和安全评估。如临平西大门废弃矿区原杭州水泥厂 1 号、2 号宕口作为渣土统一消纳场所,解决了工程渣土消纳难题,为区内重大工程建设提供保障。

推进生态修复,锚定生态安全。健全以国家公园为主体的自然保护地体系,推进山水林田湖草生态保护修复试点,加强水系和生态修复。以生态优先、师法自然为原则,全面实施森林质量精准提升、生态修复等重点工程,加快推进山水林田湖草生态保护修复工程试点建设。

保护珍稀濒危野生动植物,建立生物遗传样本库。余杭区鸬鸟镇有柳杉、南方红豆杉、银杏、杜仲、厚朴等珍稀濒危植物,鸳鸯、虎皮蛙、穿山甲等国家及省级重点保护野生动物。通过建立山沟沟风景名胜保护区,加入生物圈保护计划,余杭合理利用和保护生物圈资源,保存遗传基因的多样性;在良渚古城遗址公园建设中,启动污水治理、土地修复等工作,还原古城生物多样性。

加强湿地生态修复和湿地资源保护利用,编制实施湿地保护"十四五"规划和三年行动计划,全面推进湿地水城创建。以改善区域生态环境为立足点,建设西溪·洪园,全面加强湿地及生物多样性保护,维护湿地生态系统的生态特性与基本功能;实施西险大塘达标加固、城西南排和仁和净水厂、良渚净水厂及配套设施等工程,发挥水利除险保安功能,提高城西科创大走廊的排涝标准,改善城西区域水环境。在湿地综合保护基础上,促进"农文旅融合发展",通过对湿地生态旅游、循环经济、水产养殖、特色植物种植等项目的开发利用,形成生态保护与经济高速融合发展的良好格局。

开展"迎亚运"生态修复景观提升专项行动,有效改善"三高两江一湖"沿岸山体裸露问题。通过卫星遥感技术和人工现场确认,对所有因人类活动造成的山体损坏、生态破坏以及裸露图斑进行全面排查,确定区域内需要修复的裸露山体点位。根据损坏山体的不同形态,实施"一项目一方案",采用 TBS 喷播复绿、植生孔、植生袋及设置喷淋排水设施等措施,对全区破损山体进行生态综合治理。如鸬鸟镇林道(仙佰坑滑翔伞基地)修复、黄湖镇白石坞生态石矿治理修复、老虎山骨干林道(黄湖段)、中泰街道东溪桥石矿修复等工程,通过"因地制宜"探索山体生态修复景观提升专项行动治理,拓宽"绿水青山就是金山银山"转化通道,在为城市安全加码中,不断增强人民群众的获得感、幸福感、安全感。2018—2019 年,余杭区连续跻身全国土地节约集约利用工作先进区县市,获国务院通报表彰。2018 年底,余杭区被授予"省级国土资源节约集约模范县(市、区)"称号。

2013 年,围绕"美丽余杭"建设目标,余杭以"四边"绿化为重点,全面加强公路、铁路、江河干流等两侧可视面第一山脊林地绿化，打造森林生态廊道，完成省平原绿化行动建设任务 2.27 万亩、平原区林木覆盖率 18％，全年完成绿化面积 366 万平方米。2017 年，余杭发布《"绿化余杭"建设管理实施意见》，开展"四边"区域洁净专项行动。2020 年，根据省委省政府启动实施百万亩国土绿化五年行动的部署，余杭区印发《关于开展新增万亩国土绿化暨建设"森林城市"的通知》，以"绿化余杭""靓城行动"为抓手，实施山地、坡地、城市、乡村、通道等"五大森林"建设，成立区绿化与自然保护地委员会，推进国土绿化美化工作。以创建省级森林城镇为契机，围绕城市建设、交通工程、五水共治、四边绿化等重大项目的配套绿化，实施大运河景观带建设、东苕溪美丽河道配套绿化、临平山绿道、裸露山体生态修复和景观提升等项目，建设以森林为主体，区域生态空间互联互通的美丽生态廊道。同时，全面开展造林更新工作，将造林设计、验收数据录入省营造林管理系统，实现对绿化工作的精细化管理，打造余杭塘河滨河绿化带、杭临轻轨配套绿化、何过港绿化等一批精品绿化项目。除此之外，充分利用古树资源，建设古树公园，助力"美丽乡村"建设。在"四边"区域以及重点景区范围内，推进人工促进森林质量提升工程，培育大径材景观林。修订出台《"绿化余杭"建设管理实施意见》等资金政策，设立绿化专项资金，用于彩色森林、"一村万树"、长效管理等，明确"四点四线四面"重点区域内的绿化彩化奖补政策。打造四岭水库珍贵彩色示范点、04 省道两侧山体彩化、百丈茶园彩化等一批彩色森林项目，建成 2 个市级珍贵彩色示范林。2022 年余杭获评全国绿化模范区，"绿化余杭"实践成为中国森林履约最佳实践。

五、完善依规治理的制度体系

党的十八大首次强调建设美丽中国，将生态文明建设放在突出地位,融入"五位一体"的总体布局中。党的十九大部署"加快生态文明体制改革,建设美丽中国"的战略要求。自 2009 年坚持"环境立区"战略以来,余杭致力于健全差异化生态保护和生态补偿机制,推进生态文明体制改革。通过确立全国首个县域生态保护补偿机制,建立聚力发展、生态保护两种类型的镇街差异化考核机制。根据产业类型和功能定位,余杭对全区各镇街建立差异化综合考评体系,将西部五镇重要生态屏障,径山镇、黄湖镇、鸬鸟镇、百丈镇所辖的全部区域和瓶窑镇所辖的西险大塘以西以北区域,列入"生态保护型"考评,设立生态保护财政转移支付机制,加大生态保护指标权重以及生态补偿力度。以重点区域、重点领域及重要水源地、生态保护区为生态补偿重点,结合区情区况,创新机制体制,因地制宜选择补偿模式,设立财政补偿基金,区财政每年安排专项资金,加快形成生态损害者赔偿、受益者付费、保护者补偿的运行机制;进一步完善生态补偿办法,逐步增加对生态红线区和禁止、限制开发区域生态保护及生态环境修复的转移支付,提高生态补偿能力。

从 2014 年起,取消对径山、黄湖、鸬鸟、百丈等镇的工业相关指标考核,每年根据实际情况专项制定生态保护年度考核指标任务。建立绿色 GDP 考核机制,考核共有 6 大类 20 项内容,主要包括森林资源保护、水资源保护、宜居环境建设、生态产业发展、生态长效维护等。通过调整优化财政支出结构,不断健全生态补偿的公共财政制度,每年按 10% 的比例递增,持续加大对五镇的生态补偿和生态环境保护支持力度。根据生态保护补偿机制要求,西部五镇全面落实禁养、禁捕、禁采、禁挖、禁猎等"五禁"工作,关停搬迁污染企业。

2020 年,余杭街道义桥村、竹园村、仙宅村被纳入生态保护补偿机制实施区域。通过出台《关于完善大径山生态区生态保护补偿机制的实施意见》,构建导向明确、权责明晰、规范有序、保障有力的生态保护工作制度和监督管理制度。加强森林资源保护、水资源保护、宜居环境建设、生态产业发展、生态长效维护，不断完善西部片区环境治理和生态修复，提升生态设施、绿色产业和城乡一体化发展水平，形成自然宜居的生态安全体系，有效保护西部片区生态环境资源，将大径山生态区建成生活品质优、生态环境健康、生态经济高效、生态文化繁荣的实践创新基地。

积极探索固废领域生态补偿机制，推动固废无害化处置环境基础设施绿色发展保障，推进固废类环境基础设施共建共享，打造特色"无废"城市样板。为使九峰生活垃圾处置项目落地，杭州市为中泰街道下达了 1000 亩土地空间指标，周边区县给予每吨 75 元的垃圾异地处置补贴，余杭区也相继出台《余杭区生活垃圾集中处理环境改善专项资金管理办法》等文件，建立"居民随时监督"模式，中泰街道将补偿资金用于包括交通、饮水、文体等民生实事工程，街道生态环境大幅改善，环保设施化"邻避"为"邻利"的生动案例得到生态环境部高度肯定并示范推广。对于污泥处置能力不足问题，余杭区积极与德清县政府对接，签署《环境互保战略合作框架协议》，建立设施共享、环境共保的"污泥生态补偿"模式，由德清中能接收余杭区一般污泥，余杭区政府支付生态补偿资金，用于德清中能所在地的生态环保基础设施建设，共同促进双边发展。

自"五水共治"工作开展以来，余杭区水环境质量得到了明显改善。但由于先天条件弱、人口增速快等因素，河湖水体水质仍存在一定程度的波动，高温和枯水季节尤其明显。为解决这一难题，余杭区首创"劣 V 类河湖生态补偿机制"，从经济角度督促责任主体加大河湖治理投入。2020 年 7 月，余杭区"五水共治"工作指挥部、市生态环境局余杭分局、区财政局联合下发相关文件，规定自 2020 年 7 月开始，余杭区各镇街、平台辖区内若仍存在劣 V 类河湖水体，需按月上缴生态补偿款 50 万元/条(个),上不封顶。全区 23 个镇街、平台全部签订承诺书,并采取各类治理措施,生态补偿政策的实施,成效显著。

在创新、协调、绿色、开放、共享的新发展理念指导下,余杭区探索以水源补偿助推绿色共富。以区域经济社会协调可持续发展为主线,以水资源保护和水质改善为主要目标,形成"成本共担、效益共享、合作共治"的水源保护和治理长效机制。先后建立东苕溪流域饮用水水源保护生态补偿资金 1000 万元/年,闲林水库水源保护生态补偿资金 500 万元/年,青山村龙坞水库"善水基金"信托等饮用水水源生态保护补偿机制,充分调动饮用水水源地保护积极性,使因保护生态环境而经济发展受到限制的区域得到经济补偿,增强其保护生态环境、发展社会公益事业的能力,促进保护地区与受益地区平衡发展,实现了保护与发展共赢。

完善耕地保护补偿机制,根据 2022 年 7 月起开始施行的《关于进一步完善耕地保护补偿机制的实施意见》,余杭区将农村集体经济组织耕地保护补偿资金与耕地保护绩效挂钩,实行奖优罚劣,层层落实耕地保护共同责任机制,确保农村集体经济组织和农户从保护耕地和永久基本农田中获得长期、稳定的经济收益,增强农村集体经济组织和农民群众保护耕地和生态环境的责任心、自觉性。探索建立森林生态效益补偿和"富村惠农"补助等绿色发展财政奖补机制。

2021 年,余杭区编制《新时代美丽余杭建设实施纲要(2021—2035 年)》《新时代美丽余杭建设三年行动计划(2021—2023 年)》。持续开展余杭区 2021 年度生态文明(美丽余杭)建设目标责任考核、生态环境提质专项工作考核、西部生态保护机制考核,纳入区级综合考评,不断建立健全绿色发展政策体系、绿色发展考核体系,形成以经济发展、资源能源消耗、低碳消费、生态效益等指标为支撑的综合考核评价体系。

六、健全可靠适用的创新技术体系

2018 年 5 月，全国生态环境保护大会强调，要加快构建以治理体系和治理能力现代化为保障的生态文明制度体系。生态环境治理体系和治理能力现代化，是推进生态文明建设、加快实现美丽中国目标的重要保障。推进生态环境治理体系与治理能力现代化建设需要坚持法治思维，系统组织实施、创新技术支撑。2010 年，余杭区环境监测站发布监测月报、监测快报，编制验收监测报告，为全区的生态建设、环境保护、节能减排工作提供了大量监测数据。余杭区环境监测站被省人民政府评为浙江省减排先进单位，被省环境保护厅评为浙江省优秀环境监测站，被市环境保护局评为杭州市优秀环境监测站。

围绕"全域美丽大花园"建设，余杭开展生态环境治理专项攻坚行动，持续全面排查空气、水、固体废物和土壤、自然生态保护等领域突出的生态环境问题。2021 年，围绕"生态环保督察、空气、水、固体废物和土壤、自然生态保护"五大领域，启动生态环境治理"绿色风暴"专项行动，强化全区重大生态环境问题排查发现和整改督办，集中解决突出重点生态环境问题。通过建立生态环境问题发现与整改闭环机制，设立"绿色风暴指数"评价全区各镇街、平台生态环境问题整改等情况，每月以专报形式通报排名，评价结果纳入年终生态环境工作考核。

余杭区以"绿色风暴"行动为抓手，落实中央生态环保督察问题整改，充分运用大数据、云计算和物联网等先进技术，实现环境治理的精细化和精准化，创新生态环境信息化建设，从生态环境系统动态发展中寻找良治的长效动力。

在日常监管数字化方面，杭州市生态环境局余杭分局借助市"生态智卫"平台，从"点、线、面"全面推进生态环境治理数字化转型，建立

"智慧河道监测系统",提高河道监管工作的智能化、高效化、精准化。采取差异化监管,将辖区重点企业列入生态环境监督执法正面清单,分别配备专人开展帮扶,进一步提升企业环保监管水平。发现并整改扬尘问题;建成并运行工地及道路扬尘在线监测系统;利用非现场监管手段溯源污染源,在线审查车辆尾气检测,完成自然保护地遥感监测并实现闭环整改。对相关企业实施"红黄绿码"分类管理,实时关联预警企业环境问题监管数据,帮助企业进行自检。加大依法依规监管力度,同时提供有效服务的差异化监管,不仅有效避免多头、频繁检查,还能减轻企业负担、优化营商环境,并督促企业积极履行环境保护主体责任、提升环境管理水平,真正实现环境执法刚性权威和柔性服务的有机统一。2021年,余杭区平安创建生态环境安全风险闭环管控工作列全市第一。

七、培育全民共建的绿色生活体系

在2019年度浙江省生态环境公众满意度调查中,余杭区生态环境公众满意度连续5年上升,首次达到国家生态文明建设示范区创建要求,在杭州市八城区(除富阳区、临安区、建德市、桐庐县和淳安县)范围内排名第一。近年来,余杭经济跑出全省县(市、区)GDP和财政收入"双冠王"的"加速度",但与此同时,在人口增长与环境承载的对立矛盾、城市发展与自然生态的制约关系中,余杭能够逆势突围,取得公众对生态环境的更多认可实属不易。生态文明建设同每个人息息相关,有赖于形成以政府为主导、企业为主体、社会组织和公众共同参与、共治共享生态环境治理的统一战线。通过发挥人的主体性和创造性,开展绿色教育,倡导绿色消费,推动形成绿色低碳的生产方式和生活方式。

落实全区生活垃圾分类处置,建立垃圾分类生态循环全产业链,全面实现生活垃圾分类评价、称重计量、实时监控、数据统计一网通的全链条治理体系,为生活垃圾分类精细化管理提供信息化支撑。"虎哥"技术赋能塑料治理污染,成为城市垃圾分类全国典范。

围绕"碳达峰""碳中和"目标,余杭持续营造全社会"爱绿、植绿、护绿、兴绿"浓厚氛围,区绿化办依托余杭美丽洲义务植树服务中心,开展以"植树赏绿、文明之行"为主题的全民义务植树活动。活动包括以广大市民为报名对象的"市民林"、以家庭为报名对象的"亲子林"、以各界青年和志愿者为报名对象的"青年林"等三大载体。林木绿地认建认养是新形势下公民履行植树义务的一个重要形式,通过认养活动,发动全民参与绿化美化家园活动,提升绿化质量水平。举办林木认养、珍贵树种进美丽乡村、家庭养花知识进社区等一系列丰富多样的活动,进一步弘扬爱绿护绿植绿的文明新风尚。

打通环境宣传新路径,拓展新媒体宣传渠道,提升对生态文明建设的宣传力度。推进基层绿色宣讲,吸纳青年干部、环保志愿者、企业人员、教师、学生、市民等环保热心人士充实宣讲队伍,组建"环保青年说"宣讲团;围绕中央、省、市、区重大决策部署,群众最关心的生态环境热点话题,形成具有余杭生态环境特色的宣讲课程;创新传播形式多样化,运用网络平台开展"云"宣讲,提高公众对生态文明建设的参与感和认同感。

2020 年首次承办浙江省暨杭州市纪念"六五世界环境日"主题活动,集中展示余杭在"绿水青山就是金山银山"理念指导下生态文明建设与环境保护方面取得的成效。与此同时,围绕世界环境日、浙江生态日等重要节点开展宣传活动,包括:录制"我们圆桌会"环境日特别节目,开展"生态余杭 2020"优秀案例征集评选活动,开展余杭区纪念"6·30 浙江生态日"主题活动暨《研学生态余杭》发布仪式。

多绿创建持续发力,做好生态文明教育基地、绿色学校、绿色医院、环保小卫士等创建工作,增强不同绿色载体的生态环保意识。2020 年,余杭区组建"绿色联盟",由生态环境部门、环保设施单位、绿色企业、环保咨询机构和环保社会组织等 10 余家单位组成,实施绿色党建、绿色发展、绿色研学、绿色公益、绿色宣教、绿色科技等"六位一体"联盟体系,整合生态文明教育资源,推出集余杭生态特色、文化体验于一体的生态探秘精品路线,实现党建与公益服务、生态研学、环保宣教、乡村振兴、企业发展、环境治理相融相促,同频共振。杭州市生态环境局余杭分局会同区教育局,组织学校教师、环保专家等编撰《研学生态余杭》读本,推出"古今对话之旅(良渚遗址—未来科技城)、垃圾探秘之旅('虎哥'回收—九峰项目)、水滴邂逅之旅(东苕溪奉口取水口—城西净水公司)、乡村焕颜之旅(径山小古城村—黄湖青山村)"等多条环保观光线;利用环境监测站作为全国首批环保设施参观点的优势,将其与"虎哥"垃圾回收、光大环保能源、临平净水厂、新奥能源等环保设施点位串珠成链,打造多条以垃圾分类处置、污水处理、环境监测等为主题的生态环保公众参与线路;巩固深化环保设施向公众开放,推动生活垃圾类、污水类、危废类、监测类四类环境基础设施线上开放,鼓励社会公众、环保组织积极参与。

企业是落实环境保护的责任主体,也是牢筑环境安全的第一道防线。随着余杭区环境执法力度持续加大,企业环保意识大幅提高,在杭州市生态环境余杭分局的组织下成立企业服务团,帮助企业把环保意识落地转化为更绿色的发展模式。企业服务团由市生态环境余杭分局负责人、业务科室、环保所和专家组成"1+7+5+N"式企业服务队伍,负责帮助企业解决污染治理、项目审批、信访调处等环保问题。

随着环保意识日益深入人心,越来越多市民以实际行动加入环保行列中来。为了给全社会热心人士参与生态环境保护工作搭建平台,市生态环境余杭分局组建了生态环保志愿团。自成立以来,志愿团分片开展了生态环保考察、企业执法检查、信访调处、"扬尘治理·你我同行"宣传、"三微"暨第二届朗读者活动等多种形式的环保活动,带动更多市民参与到生态环保建设中来,生态环保志愿团的后备力量不断壮大,从而营造全民参与齐创共建绿色生活的良好社会氛围。

第三节　实现生态共富的余杭样本

生态文明建设不只是环境问题和经济问题,更是一个关乎人民美好生活的政治问题。乡村振兴是生态文明战略的主战场,乡村生态产业化和产业生态化建设,有助于整合乡村空间生态资源,促进生态资源价值化,从而发展以"生态资本深化"为质量效益型的市场经济,以此带动生态村镇建设,以生态共富引领乡村振兴。

自 2016 年获评"国家生态区"后,余杭启动创建国家生态文明建设示范区,根据生态制度、生态环境、生态空间、生态经济、生态生活、生态文化等六大领域、十大任务等 34 项具体指标,实施 53 项重点工程,推动生态文明建设结出丰硕之果,不断丰富"自然生态与人文环境、现代都市与田园乡村、历史文化与现代文明相生相融发展模式"的内涵,统筹乡村振兴和城乡融合发展,走出一条具有余杭特色的绿色可持续发展道路。2020 年,余杭成功创建省级农业绿色发展示范区 2个,获评国家农业现代产业园、全国县域数字农业农村发展先进县。

一、"西部富美"引领生态共富

2021 年,为加强西部生态区建设,余杭区围绕打造"乡村振兴样板典范、共同富裕示范窗口"总体目标,构建西部山区跨越式发展新格局。由区直部门、西部五镇和高校、协会、社会组织等组成"西部富美党建联盟",实施以"环境提升、产业发展、民生改善"三大攻坚项目为主的西部富美"1355"专项行动。

西部生态五镇涵盖径山镇、黄湖镇、鸬鸟镇、百丈镇和瓶窑镇苕溪以北区域,兼顾其他农村地区。在原有政策基础上 3 年新增区财政投入不少于 50 亿元。全区规划保留建制村(87 个村)实现美丽乡村精品村全覆盖。"西部富美"行动聚焦产业兴美、生活乐美、生态秀美、数字智美、精神和美"五大行动"和"10 大高质量发展项目",以项目推动为支点,围绕产业发展、公共服务、精神文化等核心问题展开,西部五镇依托环境优势,通过推出有特色、有品牌的优质农产品,大力发展生态高效农业,在环境整治和美化的基础上进一步优化公共生态产品供给,发展生态旅游,助力生态村镇创建,打造乡村振兴的样板典范。

2015 年,余杭区战略性地提出了建设大径山生态区的发展规划。2016 年 2 月,大径山乡村国家公园重大专项正式启动,因地制宜,扬长避短,用生态和谐共生的观念来指导差异化发展。大径山共同体总体目标中明确提出,在区域范围内打造中国最美丽乡村、长三角旅游新地标、"产村人文"融合发展格局,围绕径山寺弘扬禅茶文化,建设"一镇五公园"(禅茶第一镇,长乐森林公园、小古城遗址公园、鸬鸟峡谷公园、黄湖生态农业公园、百丈竹海公园)。

以国家级生态村小古城村为例,小古城村村域面积 12 平方公里,2003 年由吴山、钱家滩、俞家堰 3 村合并而成,以小古城遗址坐落本村而得名。气候条件优越,自然资源丰富,森林覆盖率达 80%。苕溪穿村而过,优越的自然条件有利于农作物的生长,村域内有稻田 2000 余亩、生态茶园 2600 余亩,是径山茶的主要产地。为推进美丽乡村建设,小古城村践行"大花园战略",打造花园式村庄。开展"三改一拆"、"五水共治"、环境综合整治、垃圾分类、美丽庭院创建、环村公路提升等行动,营造清洁、整齐、优美的乡村环境。通过党员大会、村民代表大会、妇女圆桌会等形式，提高村民的生态意识、家园意识、文明意识，充分调动村民参与生态文化基地创建的积极性和主动性。2019 年 4 月，小古城村推出"一环八区"旅游板块，以六公里环线步道和茶山观光步道为主线，制定旅游配套项目方案，发展民食民宿，全力打造"美丽产业"，实现村庄景区化运营。依托良好的生态资源和大径山国家乡村公园项目，小古城村的集体经济得到发展，全村 13000 余亩土地全部进行流转，租给开发商经营休闲农业，通过生态共富实现了小古城村的跨越式发展。

长乐林场属省级森林公园，公园占地面积约 7600 亩，森林覆盖率高达 95.11%。长乐林场积极践行"绿水青山就是金山银山"理念，探索"生态共富"。一方面，以林业科研创新为手段，通过与亚林所（中国林业科学研究院亚热带林业研究所）等科研院所合作，培育国外松、薄壳山核桃、樱花、紫薇等良种种质资源。利用自身天然的森林资源优势，发展林下经济，打造林下经济特色品牌，实现生态建设和生态效益的双丰收。另一方面，积极整合周边乡村生态产品和服务，引入合作伙伴共同开发利用森林资源，带动周边经济发展，为乡村振兴和共同富裕打造绿色生态服务平台。以"国有林场"为圆心，探索村企合作新模式，充分整合农村丰富的农业生产、农家生活、农村手工艺以及农村文化等教育资源，带动周边乡村民宿、餐饮等产业不断发展。除此之外，长乐林场与浙江宁波市林场、安徽马头林场等国有林场签订战略合作协议，共同推进国有林场高质量发展。

作为"浙江省美丽乡村示范镇"，百丈有着丰富的森林碳汇资源。通过与高校开展校地合作，以半山村为研究对象，编制全国首创村级尺度的碳排放碳汇测算方案，强化村级数据统计工作，实现统计、监测与报告工作的常态化规范化管理。百丈以"科学方法算碳、科技赋能管碳、绿色生活（生产）降碳、林业经营增汇"的思路，加速低碳试点乡镇创建;建立碳管理驾驶舱,完善村级碳清单全程监测系统,开展林业碳汇调查和动态监测,实时获取精确碳数据;开发生态产品价值,全面提升生态系统的固碳能力;推动农业减排、全面加强工业能耗"双控"管理,加快实现零碳经济发展模式;优化居民能源消费结构和生活方式,培育绿色低碳理念。经过无人机遥感技术等高科技手段科学计算,半山村实现全国首个"零碳村"目标,将零碳理念融入乡村治理、村民教育、环保生活、产业发展。

泗溪村以"竹林经营碳汇＋绿色金融支持"为着力点,率先探索毛竹林经营权整村流转,推进竹产业转型发展。设立区级碳汇收储交易中心,对全区核证后形成的林业碳汇产品包进行统一收储管理,开发竹林经营碳汇,补齐第二产业能力缺口。通过"政府引导、部门保障、国企担当、镇村农户共同参与、金融支持、市场运作"多方协同,搭建"资源—资产—资金"转化平台,对碎片化的竹林资源进行规模化收储、集约化经营、市场化运作,充分挖掘竹林功能价值,补齐产业链,推动余杭竹林碳汇改革。

径山镇径山村依托良好的生态环境,积极拓宽低碳化应用领域,围绕低碳节能工作提升村庄整体生态风貌,开展垃圾分类资源回收利用、创建"无废村庄"等,实现碳排放总量下降;仓前街道葛巷社区开展低(零)碳社区试点创建,建成全省首个实现"1＋N"全面打通的智慧服务平台,实现"无人治理＋无人服务",率先落地智慧医疗、垃圾分类等场景应用,建立生态环保、垃圾可追溯的分类体系。

二、"一村万树"助力乡村振兴

开展"一村万树"行动是助力乡村振兴,着力构建城乡森林生态体系、发展林业特色产业的重要抓手,也是增进城乡居民森林生态福祉的重要载体。

2020 年浙江省"一村万树"示范村中,余杭区共有六个村庄上榜,包括百丈镇溪口村、径山镇长乐村、瓶窑镇长命村、良渚街道石桥村、仁和街道普宁村、塘栖镇塘栖村。通过充分利用农村房前屋后空地、边角地等空间,种植珍贵树种、乡土树种,鼓励多种形式盘活绿色资产,构建覆盖全面、布局合理、结构优化的乡村绿化体系。广泛开展生态农业建设,增加村庄绿化面积,发展林木业,将"一村万树"与村强民富相结合,不仅有效改善乡村人居环境,更形成了覆盖全村、布局合理、结构优化、效益显著的珍贵树种生态网络。通过持续推进美丽乡村建设,大力推进生态休闲旅游产业发展,包括采摘游、生态体验游等乡村旅游项目和农企、民宿等农村新型业态,拓宽"绿水青山就是金山银山"转化通道,探索出一条环境治理与文化、旅游、种植等产业融合发展之路。2020 年,创建径山、瓶窑 2 个省级现代农业综合示范区和 1 个省级生态循环农业示范区,无公害农产品认证基地 13.32 万亩,培育径山茶、鸬鸟蜜梨、百丈竹制品等特色农产品,产业集聚效应日益显现。

三、打造"1+5"山城协作联合体

作为实施"西部富美"行动的有力抓手,通过西部生态优势和城区产业优势联动,"山城协作"打造未来科技城产业平台与瓶窑、径山、黄湖、鸬鸟、百丈西部五镇协作发展机制。通过园区共享、招商共享等举措,打造山城协作样板范例,畅通要素流动、实现优势互补,加快推动科技、资金、人才等创新资源向西部流动,引导未来科技城的数字科创、绿色金融、文化创意等产业向西部延伸,构建全域城乡融合发展,推动共同富裕的新模式。

利用人才、科技、资本等优势资源,未来科技城推动创新平台、产业项目向山区布局,强化山区产业链与未来科技城招商精准匹配。在

未来科技城与鸬鸟镇展开的对接活动中,未来科技城人才服务中心和高层次人才创新创业促进会,组织之江实验室、北航创新研究院(余杭)等机构的高层次人才走进鸬鸟镇。鸬鸟镇以具体方案响应双方前期协商的农产品、康养民宿、卫星工作站等合作方向。在区"西部富美"行动工作领导小组办公室的统一协调下,进一步完善"禹上田园"农产品零售网络,利用未来科技城直播、网销等优势,采用订单采购、农商互联、产销一体、股权合作等模式,拓宽西部五镇优质特色农副产品、手工艺品、工业产品等销售渠道。为激发西部创新活力,未来科技城利用相关镇街工业园区提升改造的契机,为五镇引入数字科创、文化创意、农业科技等创新型企业,推进西部五镇农文旅产业数字化转型,实现城乡融合发展。

四、立足省内,践行"山海协作"

除了推动区内的生态共富引领乡村振兴,余杭区致力于以本区经验带动省内贫困山区发展,践行"山海协作"战略。以数字赋能、生态产品政府采购、生态保护补偿等方式增值山区生态资本,发展生态农业、生态工业、生态旅游业,从而育强山区生态产业。

2002 年,余杭和柯城成为全省最早一批山海协作结对县(市、区)。在浙江高质量发展建设共同富裕示范区的背景下,两区发挥各自优势,着力打造山海协作"乡村振兴共同体"。2013 年 3 月两区正式签订共建"山海协作产业园"协议,共同成立国有股份开发有限公司,负责园区开发建设。在余杭区搭建"柯城未来村",在柯城区打造"同创智谷"产业服务平台,探索建立"企业总部、研发、销售在余杭,生产加工、仓储物流在柯城"的合作新模式。[①]

---

① 黄勇,等.协调发展:浙江的探索与实践[M].北京:中国社会科学出版社,2018:144.

余杭区和柯城区以山海协作援建村——柯城区石梁镇张西村为试点,共同探索成立村级运维公司。2018 年,柯城区创新推出"一村万树"绿色"期权":企业、机关事业单位及社会团体,可付费认购"资产包",到期后获得 50 株树木的处置权。柯城九华乡范村、花园街道新姜村打开成果转化新通道,以"一村万树"绿色期权为抓手,落实山海协作战略。"一村万树"绿色期权作为新模式,以 100 株珍贵树种小片林为 1 个资产包,企业支付一定费用即可认购资产包,完成绿色期权认购,是一种企业付费买林木未来收益,林木收益提前变现,农户赚取稳定劳务管理回报,企业、村集体和农户共同增收的共赢模式。该模式既提高了山海协作中企事业单位认购的积极性,同时也增加了可预期的经济效益,使得农民和企业多渠道受益,促进乡村面貌进一步美化,让农村人居环境建设,变成有内生动力、多方共赢、可持续的共同行动。继续探索延伸"一村万树"绿色期权产业链,开发"生态包"产品、碳汇交易等多种期权产品,加速推进消除薄弱村,实现柯城全域乡村振兴。

第四节　余杭生态文明建设的经验启示

生态环境是人类进行生产生活的空间载体和要素保障。良好的生态环境是人和社会持续发展的根本基础。党的十八大以来,余杭区生态文明建设快马加鞭,各方面取得了瞩目成绩。2016 年新年伊始,余杭区获得"国家生态区"荣誉称号。2017 年 4 月底,区委办颁布《"美丽余杭"建设三年行动计划实施方案(2017—2019 年)》,标志着余杭的生态文明建设迈入新的发展阶段。浙江省第十四次党代会报告明确要求"在提升生态环境质量上更进一步、更快一步,努力建设美丽浙江"。在这一要求指引下,余杭推进"美丽余杭"建设,在执政理念、施政纲领、制度设计等方面作出有益探索,构建以改善环境质量为核心的目标责任体系、以生态价值观念为准则的生态文化、以产业生态化和生态产业化为主体的生态经济、以治理体系和治理能力现代化为保障的生态文明制度、以生态系统良性循环和环境风险有效防控为重点的生态安全体系,为新时代生态文明建设提供了余杭样本。

一、坚持习近平生态文明思想指引

理论是实践的先导。马克思主义经典作家在对资本主义批判的基础上,形成了一系列关于生态文明建设的理论学说。人与自然是生命共同体的重要思想,科学阐述了人与自然的辩证关系,从历史唯物主义高度对协调发展、可持续发展、科学发展观等作了坚持与提升。余杭区以习近平生态文明思想为指导,牢固树立创新、协调、绿色、开放、共享的新发展理念,围绕"五大余杭"总目标与"三个全域"总要求,以闭环式管理为核心,统筹谋划、合理布局、补齐短板,稳步推进美丽余杭建设,全面推动形成绿色发展方式和生活方式,深入推进高品质都市新区建设,立足西部五镇"美"的基底,书写全民全面"富"的篇章。

二、创建绿色城市,优化生态公共产品供给

余杭生态文明建设不是一蹴而就、一日而成的,而是在经济社会发展中探索前进。在生态文明建设方面的方针政策始终以满足人民的环境需求为导向,体现了"人民有所呼,改革有所应"。"美丽余杭"建设,以全域美丽为要求、惠及民生为目的,不断提高人民的生活质量,致力于营造人民幸福的家园乐境,让人民群众切实有获得感。

立区之初,余杭区就清醒认识到保护生态环境、治理环境污染的

紧迫性和艰巨性，加强生态文明建设的重要性和必要性。随着工业化、城镇化快速推进，环境污染逐渐显现，余杭区努力解决人民群众关心的环境污染问题。进入新时代，生态立区被放在更突出地位，生态文明建设也被纳入余杭社会发展总体布局，融入经济建设、政治建设、文化建设、社会建设各方面和全过程，"美丽余杭"成为共同富裕示范先行区建设的重要内容。

良好的生态环境是最公平的公共产品，是最普惠的民生福祉。区委区政府动员和组织市民、社会力量共同开展水环境治理、品质城市建设、无违建创建、小城镇环境综合整治、城中村改造、清洁家园、美丽公路建设、风景田园、美丽乡村建设、城市管理提升等专项行动，打造"生态经济共赢、人文景观相融、城市乡村互动"的余杭样板。先后开展湿地水城建设、"一村万树"、靓城行动、西部富美、森林创建，实施西溪湿地、美丽河湖等综合保护工程，以及旧城改造、庭院改善、"四边绿化"、"三改一拆"、"五水共治"等重点工程，实施新增百万亩国土绿化、森林城市（城镇）创建和美丽乡村建设，不断提高人民群众的民生福祉。在城镇综合治理上，围绕民生需求深化惠民行动，开展优化便民服务点、建成首座第三方公厕、深化关心关爱等人性化活动；依托绿水青山培育新的经济增长点，大力发展绿色经济，坚持以经济生态化思路和生态经济化方向确保人民的绿色福利，把生态资本变成富民资本，探索走出经济发展和生态环境保护双赢的新路子。

三、创新生态体制机制，打造生态文明建设系统工程

只有实行最严格的制度、最严密的法治，才能为生态文明建设提供可靠保障。生态文明建设作为一项复杂的系统工程，需要将科学的认识和理念转变成具体制度，继而转化成治理效能。余杭区的生态区创建不局限于生态建设，而是通过生态体制机制创新，打造由生态环

境保护、生态经济发展、生态文化建设等子系统构成的综合性系统工程。余杭的生态文明制度的创建过程,既坚持问题导向,又坚持改革创新,旨在增强生态文明建设的科学规范和可靠保障,逐步形成产权清晰、多元参与、激励约束并重、系统完整的生态文明制度体系。坚持问题导向,就是扎紧制度牢笼底线以提供更好的环境公共品,从而适应人民群众的环境需求变化,集中体现在以下四个方面:一是环境管理职能向专门的环保机构集中化,解决分工合作低效问题;二是自然资源的产权制度清晰化,解决生态文明建设"公地悲剧"问题;三是环境监管制度严明化,解决环境监管主体缺位的问题;四是干部考评制度科学化,解决干部不作为、乱作为的问题。

通过探索不同领域的体制机制创新,提升生态文明建设的效率。例如,探索环境治理和经济发展新方式,提出"垃圾革命",推行"河长制""林长制"等。通过不断改革创新,引导规范环境治理的主体行为,优化环境治理效果。余杭区不断完善各种规章制度,出台包括《余杭区生态环境功能区规划》等系列文件,初步形成生态文明制度体系,执行生态环保"一票否决"或"一票否优"的考核机制,探索绿色 GDP 考评机制。通过加大一般性转移支付力度,加大专项性转移支付力度,加大对全区省级公益林、区级保护林补偿力度等措施,有效发挥好生态补偿机制的调节作用,余杭也是全国县域范围内最早建立生态补偿制度的县(市、区)之一。

四、拓展环境治理多边平台数字化协作

余杭生态文明建设的经验说明体制创新、科技创新和管理创新是生态治理能力现代化的不竭动力。生态环境治理领域的数字化改革,在于利用数据这一新生产要素,提升平台服务能力。运用信息技术提升生态环境治理系统的信息供给总量,消除环境治理固有的信息不对

称、数据孤岛等难题,提升信息流动沟通的双向交互性,促进多元主体间互动和发挥比较优势,从而以智能研判、精准管控来优化治理决策,建构开放、透明、共治、共享的生态治理机制。余杭区东湖街道在"数字治水"平台基础上,创新研发"一区一品"智慧水环境系统,通过对生活小区进出水平衡、城市污水处理、农村生活污水治理设施等十个模块的实时监测、预警,实现数据共享,提高数字赋能治水效能。

五、统筹城乡生态建设空间布局

生态文明建设在空间上包括农村和城市,只有以统筹城乡生态建设为基础支点,才能保证生态文明建设在空间上落地。2003 年 6 月,在浙江省委部署下,"千村示范、万村整治"工程启动,以农村生产、生活、生态"三生"环境改善为重点,着力提升农民生活质量。这一工程成为余杭区生态区建设的重要引擎,而西部富美"1355"行动作为推进共同富裕建设的具体抓手。通过"十大高质量发展项目",整治和美化农村环境,发挥生态资源优势,以"创新驱动、转型发展,市场主导、优势互补,资源共享、互利共赢,山城协同、共同富裕"为原则,夯实西部山区高质量发展,助推山城协作、引领重大项目、农文旅融合、拓展产业空间、公共服务均等化。

西部富美"1355"行动计划与共同富裕示范先行区建设有机结合,着力破解西部山区发展中存在的不平衡不充分问题,加快完善乡村配套基础设施和公共服务供给,大力实施工业用地有机更新"梧桐计划",盘活西部镇街低效存量空间,为高新技术产业和未来新兴产业在西部落地提供空间、环境等要素保障。在空间上逐步实现美丽乡村、绿色城镇、生态城市的联动,形成生态区、生态乡(镇、街道)、生态村的体系。

六、塑造多元共治的环境治理格局

生态文明建设不是主动与被动关系的"管理",而是平等主体之间的"治理"。政府、企业、公众既有职能分工又有相互协作,绿色生产生活方式的培育需要调动多元主体积极性,加强社会生态文明教育。

余杭区政府自觉肩负起生态文明建设领导责任,充分发挥党员先锋骨干作用,在全区推行"党员＋生态"发展模式,实行网格化管理,发挥党员在生态保护和建设中的"领头雁"作用;以激励性政策和约束性政策引导广大企业承担绿色社会责任,进一步完善企业信用市场体系和企业责任体系,加快推进实施排污许可证制度,引导企业严格依法依规经营,提高企业生态环保主体责任意识和污染治理能力水平,实现源头减污;进一步完善企业环境信用体系,严格执行环境违法信息依法公开、生态环境损害赔偿等制度,营造公平法治的社会环境,从而提升市场主体参与生态环保的内在动力;利用数字化驱动经济发展的绿色升级,推动生态环境公共服务便捷化、智能化、精准化、普惠化,提升人民群众生态环境服务体验;除此之外,广泛开展环境保护宣传教育、环保志愿者活动,定期向公众开放环保设施,利用新媒体开展线上普及教育,充分激发社会团体和公众广泛参与的积极性,让生态文明意识和实践成为大众之事,形成政府引导、企业为主、公众参与的协同行动格局,促进人民多元美好生态环境需求的满足与绿色生活方式的全面培育协同并进。

实践出真知,实干长真才。"美丽余杭"建设取得的进步,是在余杭区社会经济发展的 20 年历程中实现的。2021 年 6 月,余杭区明确创建"综合性国家科学中心核心区、共同富裕示范先行区、全面数字化改革引领区"的发展定位。在主要经济指标达成的基础上,不断拓宽

"绿水青山就是金山银山"转化通道，努力打造一条生态美、产业强、百姓富的绿色发展之路。"余杭自是山水窟"，在这片风景秀美的大地上，继续为打造充满活力、秩序井然的生态余杭辛勤奋斗。

第八章　继承余杭文化 发挥杭城新风尚

　　党的二十大报告指出:"全面建设社会主义现代化国家,必须坚持中国特色社会主义文化发展道路,增强文化自信,围绕举旗帜、聚民心、育新人、兴文化、展形象建设社会主义文化强国,发展面向现代化、面向世界、面向未来的,民族的科学的大众的社会主义文化,激发全民族文化创新创造活力,增强实现中华民族伟大复兴的精神力量。"①文化承载了国家发展的核心动力,在经济社会高质量发展过程中起到举足轻重的作用。

　　21世纪之初,时任浙江省委书记习近平同志就对文化力量提出了重要指示,他强调:"今后一个时期浙江能否在全面建设小康社会、加快社会主义现代化建设进程中继续走在前列,很大程度上取决于我们对文化力量的深刻认识、对发展先进文化的高度自觉和对加快建设文化大省的工作力度。"②并将文化的全局性、战略性作用提到了新的高度。2003年,在省委领导的重视之下,"进一步发挥浙江的人文优

---

　　① 高举中国特色社会主义伟大旗帜 为全面建设社会主义现代化国家而团结奋斗——在中国共产党第二十次全国代表大会上的报告[EB/OL].新华社.(2022-10-25)[2023-03-20]. http://www.gov.cn/xinwen/2022-10/25/content_5721685.htm.

　　② 全面小康一个也不能少——习近平总书记在浙江的探索与实践·协调篇[N].浙江日报,2017-10-07.

势,积极推进科教兴省、人才强省,加快建设文化大省"成为践行"八八战略"的核心思想,在省级层面为文化建设的顶层设计确立了"四梁八柱";2005 年 7 月,浙江省委正式发布《关于加快建设文化大省的决定》,通过实施文化建设"八项工程"(即文化精品工程、文明素质工程、文化研究工程、文化保护工程、文化产业促进工程、文化阵地工程、文化传播工程、文化人才工程),开始走向文化发展新征程。

随着"八项工程"的落地,余杭的文化事业更加繁荣,文体设施更加完备,文化产业更加发达,文化形象更加鲜明,文化生活更加丰富。[①]回顾 20 年蓬勃发展与勠力谋篇,余杭区在文化发展实践中实现了对拥有中华 5000 多年文明史的良渚遗址的精心守护,实现了对大运河文化的保护与传承,不仅打响了径山文化的品牌,更助推市民道德文化素质和社会文明程度得到全面提升。

第一节　具有世界影响力的余杭文化底蕴

一、余杭文化底蕴与相关产业发展概况

20 年间,余杭历经区划调整和定位巨变,在文化上勤耕不辍,走出了一条"文化活区"之路。在过去 20 年的持续高速发展下,余杭始终高举习近平新时代中国特色社会主义思想伟大旗帜,认真贯彻落实中央和省市决策部署,区内文化底蕴得以全面彰显的同时,文化产业发展也日新月异,不仅唱响了"中华文明圣地、创新活力之区"的城市

---

　　① 守护中华文明圣地 提升余杭城市文化能级[N/OL].余杭晨报,2021-06-24(01)[2023-03-22].https://hznews.hangzhou.com.cn/chengshi/content/2021-06/24/content_7992319.htm.

文化口号,成为浙江经济第一区,更助推区域文化建设始终走在全国前列。

(一)文化文明影响力

"中华文明源远流长、博大精深,是中华民族独特的精神标识,是当代中国文化的根基,是维系全世界华人的精神纽带,也是中国文化创新的宝藏。"[①]余杭沉淀着 5000 多年良渚文化和两千多年的运河文化,两大世界文化遗产不仅成为余杭"中华文明圣地"的核心文化品牌,更成为中华民族千年文明传承的重要依据,在世界范围内享有文化美誉。20 年来,余杭始终以建设中华文明"朝圣地"和中华文化"展示地"为目标,以坚定的文化自信助推文化强区建设,并在"重要窗口"和共同富裕示范区的建设中勇于争先,曾于 2019 年和 2021 年先后获得了中国曲艺之乡、中国民间文化艺术之乡等荣誉。除此之外,余杭大径山素有"中日韩禅茶文化中心"和"中华抹茶之源"的称号,一千多年的径山文化不仅代表着亚洲地区茶道同源的文化根源,径山茶宴更于 2022 年入选了"人类非遗";以老余杭古镇为代表的古城文化是省内唯一一个双千年古镇;以梦想小镇为代表的特色小镇,体现了新时代创业创新文化,展示着"开拓创新、大气包容、精致和谐"的余杭人文精神,每年接待大量海内外创新创业团队前来学习,仅 2018 年,梦想小镇接待国内外游客已超 53 万人次;2022 年 7 月 23 日,国家版本馆杭州分馆更在余杭举行落成典礼,北京、西安、杭州、广州四地四座版本馆同时揭牌,标志着我国文化传承展开了新的篇章……

(二)文化事业发展力

20 年来,余杭区域文化发展得到了全方位提升。通过全要素、全

---

① 把中国文明历史研究引向深入 推动增强历史自觉坚定文化自信[N]. 人民日报,2022-05-29(01).

域化、全方位推进文化和旅游产业高品质融合发展,余杭以"美丽城镇＋美丽乡村建设"为依托,以文旅西进为动力轴,以文化传媒为创新,以文化潮流服务为亮点,进一步丰富并提升了文化产业品质,并通过数字赋能,逐步推进区文化事业迭代焕新。数据显示,2019 年余杭文创产业增加值已超 1600 亿元,且其增幅连续 8 年位居杭州各区县(市)首位,占地区 GDP 比重可达 56.8%;到 2021 年前三季度,区规模以上文化企业营收额就已达 3300 多亿元,占全市的 58.4%,明显提升了余杭对杭州文化产业发展的贡献度。[①] 同时,近年来,随着全域旅游示范区的创建,余杭区文化旅游产业的项目投资稳居前列,仅 2021 年余杭区累计计划文旅项目总投资可超 227 亿元[②],而随着文旅"1010"工程的实施,以及"十大文旅综合体＋十大高端酒店项目"的逐步落地,余杭文化事业加快了高质量发展步伐。

(三)文化设施完备度

作为文化建设的基石,余杭区不断加强区、镇(街道)、村(社区)三级公共文化设施网的建设。在区级层面,良渚博物院、国家版本馆杭州分馆、区博物馆、图书馆、文化馆、体育馆等标志性文化设施,为群众学习、健身、休闲提供了好去处。同时,在一级乡镇综合文化站覆盖率 100% 的基础上,余杭区着力建设了超过 70 个"余阅"书房、书舍等新型公共文化空间,为群众文化生活提供多样的互动场所。另外,余杭区以文化礼堂为平台,扎实推进优秀家风家训传承推广,在全区 90 多个文化礼堂建设村中开展了一系列"好家规、好家训、好家风"主题活动,用以发扬传统家庭美德,树立乡风文明。2022 年,余杭街道入选

---

① 祝婷兰.余杭开启文化产业与数字经济融合发展新阶段[N/OL].杭州日报,(2021-01-27)[2023-03-23]. http://www.hangzhou.gov.cn/art/2021/1/27/art_812262_59026347.html.

② 杭州市余杭区文广旅体局获评全国文化和旅游系统先进集体[EB/OL].搜狐新闻.(2021-11-30)[2023-03-23]. https://www.sohu.com/a/504528851_120344441.

为浙江省农村文化礼堂建设示范街道,永安村文化礼堂更入选特色文化礼堂。其次,通过有效挖掘和整合区域本土文化特色,拓展文化活动体验空间,余杭不断完善旅游基础设施配套,进一步强化了文化旅游配套设施的综合性和覆盖面。构建了"4(集散中心)＋4(集散点)＋N(旅游公共专线)"的网状全域集散交通系统;建设完成了269公里"四好农村路"和354条村道景观改造,贯通绿道网络总里程超244公里,更改造或新建了多座旅游厕所①;此外,余杭还于交通枢纽服务区打造了"一中心十点"的全域文旅咨询系统。20年循序渐进的布局配套,促使余杭的各类文化设施更加完备,相比于20年前有了大幅提升。

(四)文化产业融合度

党的二十大报告明确要求:"健全现代文化产业体系和市场体系,实施重大文化产业项目带动战略。"一方面,随着地方文旅行政部门业务合并,文化产业与旅游产业融合成为"诗与远方"的相遇。作为省级全域旅游示范区,余杭于2021年发布了全国首个区县级层面的文旅融合发展指数,更入选成为省文旅消费试点区、省交通旅游融合试点区。同时,通过推进"百千万""全域景区化"工程,截至2021年末,余杭全区已建有3A级以上景区10家、省级特色小镇3个、省级风情小镇2个、省4A级以上景区镇4家、省3A级景区村庄32个②,其中,小古城村荣获全国乡村旅游重点村,径山村和青山村获省级重点旅游村。另一方面,不同于传统文艺及新闻出版的"小文化",余杭已逐步转向新的国民经济"大文化"建设,在"文化＋科教＋体育＋商贸＋娱

———————

①　谭雪莉.打造文旅融合新高地,余杭区入选"第二批浙江省全域旅游示范区"[EB/OL].新华网.(2021-11-12)[2023-03-22]http://www.xinhuanet.com/culture/20211112/510be6bb92e74b11bfb02ec9dcd9c968/c.html.

②　吴一静、陈霈,盛淑彦.余杭入选第二批浙江省全域旅游示范区[N/OL].余杭晨报,2021-11-10(01)[2023-03-25].http://www.yuhang.gov.cn/art/2021/11/10/art_1532131_58998809.html.

乐"等深度融合下,其文化产业已逐步呈现百花齐放的态势。例如,随着动漫游戏产业孵化器、浙江文学内容影视产业孵化中心以及MEGAMEDIA音视频跨境交易等10余个新兴产业平台的建设,余杭依托文化产业基础,构建起了更加多元的综合型产业服务体系。截至2022年初,余杭现有规模以上文化企业总计116家,其中主营业务收入超1亿元的可达30家。[①]

（五）文化形象深入度

随着文化产业融合的深入,余杭区文化强区形象日渐深入人心。梦想小镇和未来科技城入选文旅部"建党百年红色旅游百条精品线路";良渚文化和"陆羽与茶小僧"也入选浙江省文化和旅游IP库;参与"诗画浙江·百县千碗"建设,推出余杭至味美食品牌,通过一张地图、一个视频、一本画册、一系列活动等方式推广,在更大范围内形成了一张文化体验名片,构建了一幅完整的文化实景图。[②] 与此同时,余杭区在文化形象建立过程中大力传承并发扬优秀传统文化,选取清明、端午等重要传统节日,连续数年持续推出"新风汇余杭"系列文化活动;开展先进典型培育选树工作,在连续多年开展"发现真善美,传递正能量"主题活动的基础上,不断深化厚植"最美土壤",分层面、分类别、分行业完善区、镇街、村社三级"身边好人""最美人物"推选机制,并整合镇街、部门先进评选活动,如情暖黄湖、径山好人……在全区范围内形成浓厚的氛围,使"最美现象"在全区全社会形成了尚德向善的美好生活风尚。[③]

---

① 张瑚滢.引育齐发力 余杭成文创人才集聚地[N/OL].余杭晨报,2022-01-13(01)[2023-03-25]. http://www.yuhang.gov.cn/art/2022/1/13/art_1532128_59004964.html.

② 吴一静,陈霏,盛淑彦.余杭入选第二批浙江省全域旅游示范区[N/OL].余杭晨报,2021-11-10(01)[2023-03-25]. http://www.yuhag.gov.cn/cat/2021/11/10/art-1532131-58998809.html.

③ 文化余杭——让文化"触手可及"[EB/OL].江南文艺网,(2017-08-08)[2023-03-25]. https://www.sohu.com/a/163225902-280092.

（六）文化生活丰富度

"文化兴国运兴,文化强民族强。"20年来,余杭区大力推进公共文化服务体系建设,各类文化活动层出不穷,很多活动经过多年积累,已成为品牌文化活动。四年一届的余杭艺术节已连续举办7届,"新年音乐会"连续举办了18届。通过创建浙江省公共文化服务现代化先行区,余杭区在全民文艺普惠上先行先试,促进了城乡文化服务同步同质发展,为余杭城乡居民提供了多彩多样的文化生活,展现了城乡新时代的新精神和新风貌。20年来,各类文化活动每年送百场演出、千场电影、万册图书到城市社区和乡村文化馆,各地"村晚"也成为年节时期最重要的乡村文化体验场,乡镇(街道)综合文化站也已成为重要的城镇文化板块①;文化夜市成功获评"全国特色广场文化活动",每年演出超400场②;此外,艺术节、运动会等特色文化活动逐渐普及,中国茶圣节、仓前羊锅节等"一镇一品"文化活动更发展成为展示余杭文化的重要"金名片"。

（七）文化保护有效度

随着"让收藏在博物馆里的文物、陈列在广阔大地上的遗产、书写在古籍里的文字都活起来"的提出,余杭区高度重视文化的传承、发展与利用,在美丽城镇与乡村现代化建设过程中,将民俗家风传承同历史遗存保护相结合,为文化遗产提供了良好的积淀环境。截至2022年末,余杭各级非遗代表性项目数达到了101项,其中国家级4项、省级10项、市级19项。③ 2022年余杭"非遗进社区""最美非遗年度人

---

① 文化余杭——让文化"触手可及"[EB/OL].搜狐新闻,(2017-08-08)[2023-03-23]. https://www.sohu.com/a/163225902_280092.

② 余杭区文化广电新闻出版局(体育局).聚精会神强文化 一心一意惠民生[J].今日浙江,2014(24):64-67.

③ 吴一静,高洁.余杭新增6项市级非遗项[N/OL].余杭晨报,2022-09-27(02)[2023-03-25]. http://www.yuhang.gov.cn/art/2022/9/27/art_1532133_59026169.html.

物""优秀非遗体验点"评选等一系列活动,使得五常龙舟等代表性非遗走进千家万户,文化成为城乡居民生活重要组成部分。20 多年来,通过坚持合理开发利用原则,余杭充分挖掘良渚历史遗存;通过科学修缮历史老街区、老建筑,确保在不破坏建筑格局及建筑价值的前提下,拓展文化建筑使用功能,营造良好的历史人文氛围。截至 2022 年6 月,余杭区共有各级文物保护单位(点)89 处,其中,全国重点文物、省级重点文物及市级重点文物保护单位分别为 8 处、3 处和 36 处,市级文物保护点共计 42 处。①

(八)文化人才充裕度

作为"第一资源",人才队伍建设是文化产业繁荣发展的基础。随着新一轮文化产业扶持政策的修订与完善,余杭区对标深圳、上海等地文化高地,着力打造更加宽松良好的人才环境,形成以文化创意、文化创新、文化传媒、数字文化、文体团队等为主的全方位人才队伍。具体来看,一方面,2019 年以来,余杭发布了支持文化创意产业发展财政政策实施细则,并通过天使梦想基金资助和最高 600 万元的项目补助,以及人才专项租赁补贴和服务保障待遇等方式,为文化创意产业人才的发展提供保障,确保区内文化创意人才队伍得到快速增长。截至 2022 年末,已引进、认定市区级文创人才 320 余人。② 另外,通过大量引进清华、北大等国内外名校毕业生,余杭在人才队伍创新建设上也走在了全国前列。另一方面,通过创新实施"创意蓝海"计划,余杭着力青年创意设计人才、数字经济领域"双创"人才专项培养,加快了数字文化人才队伍的培育;同时,通过加快城乡文体产业布局,组建壮

---

① 吴一静,高洁.余杭新增 6 项市级非遗项[N/OL].余杭晨报,2022-09-27(02)[2023-03-25]. http://www.yuhang.gov.cn/art/2022/9/27/art_1532133_59026169.html.

② 张瑚滢.引育齐发力 余杭成文创人才集聚地[N/OL].余杭晨报,2022-01-13(01)[2023-03-25].http://www.yuhang.gov.cn/art/2022/1/13/art_1532128_59004964.html.

大了基层文化能人队伍。目前,全区共培育区级一级群众文体团队 16 支,上等级群众文体团队 53 支,"草根文艺人"已成为繁荣余杭文化建设的中坚力量。

二、余杭文化传承的世界意义与时代价值

（一）是培植社会文化根基的人类瑰宝

20 年来,余杭文化根基日益雄厚,经历了从丰厚家底的全面摸排,到文明根脉的深探考证;从传统工艺的传承发扬到文物遗址的世界瞩目……只有根植于中华传统优秀文化的沃土,才能为新时代中国特色社会主义核心价值观的继承与发扬提供养分;只有将传承千年的智慧与文化精神贯穿社会发展的方方面面,才能更好地展现新时代的价值遵守和民族自信。千年的文化遗存为余杭留下了颂赞不止的咏叹,成为余杭以文铸魂、以文润城、以文兴业、以文惠民的根本,为文明典范城市创建增添新的动力和内涵。余杭承载着中华文明千年的文脉,蕴含了丰富的中华民族最根本的精神价值与生活智慧,展现了中华民族别样的生命活力,既是中华民族不可再生、不可替代的珍贵财富,更是全人类文明的价值瑰宝。

（二）是赓续千年传统文脉的中国方案

浩如烟海的可移动文物、典籍,还有传承至今的非遗项目,正是这些海量的文化和自然遗产,让人们能够在思接千载、视通万里中得到"从哪儿来、到哪儿去"的文化启迪,坚定文化自信。[①] 当下,只有将中华民族最根本的文化基因与新时代的社会生活相适应,并以广大人民群众最喜闻乐见的方式进行推广,才能使中华文明创新发展抵达新的

---

① 达仁. 人民网评:让文化和自然遗产赋能美好生活［EB/OL］.（2022-06-11）［2023-03-28］. http://opinion. people. com. cn/n1/2022/0611/c223228-32443891. html.

阶段,才能使广大人民群众保持文化自信,从精神深处建立文化认同与文化骄傲。2022 年 7 月 23 日,国家版本馆杭州分馆(文润阁)在余杭落成,作为新时代标志性文化传世工程,文润阁按照赓续中华文脉、坚定文化自信、展示大国形象、推动文明对话的定位,呈现了政治性、思想性、历史性、艺术性相统一的版本展示体系,对增强文化自信、筑牢民族复兴的文化根基具有重大意义。与此同时,余杭良渚古城遗址的申遗成功,更为中华五千年文明史树立了世界标识,意味着中华五千年文明史得到国际认证,也为文明的标准提供了良渚方案。[①] 无论是千年古城遗迹,抑或是两千多年的城市运河文明,余杭的文化遗产承载着中华民族千年的文化基因,折射出中华民族独有的精神文化特质。

(三)是迭代继承城乡文明的余杭智慧

20 年来,中央高度重视城乡协调发展,提出"城市规划和建设要高度重视历史文化保护,不急功近利,不大拆大建。要突出地方特色,注重人居环境改善,更多采用微改造这种'绣花'功夫,注重文明传承、文化延续,让城市留下记忆,让人们记住乡愁"。大径山乡村文化公园和大运河城市休闲文明的润养,使得余杭形成了"城有所忆、乡有所愁"的现代城乡文化体验地。随着"书香中国"的推进,小而美的城市书房、文化驿站、文化礼堂、乡村图书馆等城乡新型公共文化空间成为新的文化体验地。文化知识的传播成为一种公共的、普惠的基础配套,以最大的共享诚意覆盖到了余杭的角角落落。在"全国文明典范城市"创建大局中,余杭全面保护好了古代与近现代、城市与乡村、物质与非物质等历史文化遗产,成为杭州的核心文明传承区,并在城乡

---

① 张煜欢.良渚文化发源地杭州余杭:五千年文明如何续写?[EB/OL].中国新闻网,(2022-09-23)[2023-03-28]. https://www.chinanews.com.cn/cul/2022/09-23/9859507.shtml.

建设中树立和突出各民族共享的中华文化符号和中华民族形象,使优秀传统文化得以创新迭代发展。

(四)是宣教弘扬中国精神的地方典范

传承并发展中华优秀传统文化是继承中国精神、展示中国价值、传播中国力量的必然要求,也是每个中国人必须承担的使命责任。在五千多年漫长文明发展史中,中国人民创造了历史悠久的中华文明,为人类文明提供了中国样本。"实现中国梦必须弘扬中国精神。这就是以爱国主义为核心的民族精神,以改革创新为核心的时代精神。这种精神是凝心聚力的兴国之魂、强国之魂。"在继承和发展文化事业过程中,余杭人始终秉持初心不变和坚忍沉稳的品性,始终以务实求真、诚信为本、弘毅图强的中国精神传递着中华文化的火炬。在现代化社会发展过程中,余杭谱写了传统与现代、文化与生活的和谐曲调,传承着地方创新精神、工匠精神和奉献精神,不仅最大限度上反映了与时俱进的浙江精神内涵,更折射出中国精神的本质要求。千年文化标的印证着勤劳勇敢的余杭人始终如一的人文精神,精益求精的文艺创作则不断唱响了余杭发展的历史旋律、传递着人文正能量,塑造了良好的中国形象的同时,更弘扬并振奋了中国精神。

第二节　余杭 20 年文化跃升式发展

一、余杭 20 年文化发展历程

2003 年以前,余杭文化事业发展主要集中在文化市场的规划管理等方面,自"八八战略"提出以来,余杭的文化事业发展则有了更加系统、完整的路径。2003 年 6 月，时任余杭区委书记对文化市场印刷行业的批示中写道："加快余杭文化名区建设步伐，培育文化产业精品重点，促进印刷行业做大做强。"彼时的文化建设重点是以"文化名区"建设为依托，推动"八八战略"细化落实。[①] 之后的十几年间，余杭区始终以"八八战略"为引导，通过细化区五年发展规划目标，持续推进文化事业发展，形成了多阶段发展实效。[②] 回顾 20 年发展历程，余杭区经历了大的行政区划调整，更从"环杭州中心"建设转变为了建设成为"杭州城市新中心"。在 20 年的奋斗历程中，余杭区几届区委始终秉持一张蓝图绘到底的总体战略思路，坚持不懈落实各类文化工程项目落地，加速余杭区文化事业和文化产业发展。

（一）"十一五"布局阶段——强化文化名区战略目标

"十一五"时期，余杭主要以"城市化引领、产业强区、人才兴区、文化名区、环境立区、民主民生"为发展引领，扎实推进文化顶层设计布局，强化了"文化名区"战略建设目标。创新"文明余杭"创建活动，群众性精神文明创建扎实有效，成功创建"省级示范文明城区"，城乡文明程度不断提高。良渚文化和历史文化遗产保护扎实推进，被列入"世界非物质文化遗产保护区"，良渚古城遗址被列为"2007 年度全国十大考古新发现"，良渚遗址公园被命名为首批国家考古遗址公园，良渚文化编入中学历史教科书，成功举办三届"良渚论坛"。余杭被评为"全国文物工作先进区"，荣膺全国文物工作先进区，"余杭滚灯"参加北京奥运会开幕式前表演，余杭清水丝绵制作技艺被列入人类非物质

---

① 张丽玮，康梦琦. 杭州这十年·余杭｜黄金十年创辉煌 锚定下个十年布局跃升之路[EB/OL]. 人民网，（2022-09-23）[2023-04-02]. http://zj. people. com. cn/n2/2022/0923/c228592-40136751. html.

② 之江平. 伟大的擘画奋斗的征程——写在"八八战略"实施 15 周年之际[N/OL]. 浙江日报，2018-07-10 [2023-04-02]. https://baijiahao. baidu. com/s? id ＝ 16055630579119237964&wfr ＝ spider&for＝pc.

文化遗产名录。文化惠民工程和文艺精品工程取得实效,公共文化服务能力明显增强,"梅花节""茶圣节""羊锅节"等大型节庆活动成功举行,传统历史文化得到传承和弘扬,被达沃斯高峰论坛评为"最具人文魅力区"。文创产业初露风采,通过"杭州市文化创意产业综合示范区"建设,2010 年,全区实现文创产业增加值约 53 亿元,占全区生产总值比重为 8.5%,且到 2010 年底,限额(规模)以上文创单位已达到 348 家。

(二)"十二五"固基阶段——加强文化遗产发掘保护

"十二五"时期,余杭加固筑牢"文化名区"建设基础,进一步坚持保护和利用并重,大力培育和弘扬区域特色文化,打响余杭文化品牌,丰富群众文化生活,增强了区域文化软实力和竞争力。2011 年 3 月 8日,良渚国家考古遗址公园正式揭牌,作为浙江省申报国家考古遗址公园的唯一入选项目,成为首批 12 家国家考古遗址公园之一。2012年,良渚被再次列入中国世界文化遗产预备清单,申遗工作实质性启动;玉架山史前聚落遗址(现临平)成功入选"2011 年全国十大考古新发现";"文明余杭"工作广泛开展,成功创建"浙江省文明区";结合"当代浙江人共同价值观"的宣传推介,深入开展"我们的价值观"主题实践活动。2014 年 6 月 22 日,"中国大运河"获批列入《世界遗产名录》,正式成为世界遗产。2015 年成功举办 WBC 世界拳王争霸赛,新建农村文化礼堂 29 个,提升了乡镇综合文化站服务功能,文化惠民活动广泛开展。

(三)"十三五"蝶变阶段——助力文化产业质量提升

随着发展进入快车道,余杭在"十三五"期间进一步深化了"八八战略"和"重要窗口"精神,坚持发展第一要务,紧扣转型升级主题,统筹推进城乡文化建设。推出"醉美余杭·一带一路"精品民宿品牌;总结发扬以梦想小镇为代表的特色小镇理念，突出打好"555"牌，推动文化产业高质量发展。2016 年新建农村文化礼堂 29 个，3 个获评杭州市四星级文化礼堂；国家级公共文化服务体系示范单位获得验收通过；6 个文体服务中心获评为省级综合文化站，区文化馆获评全国优秀文化馆。2017 年，"余杭好人"区域性道德品牌创建取得重要成果，"新风汇余杭"系列活动、"我们余杭人"文化大会等活动广泛开展，"爱·恒久"雷锋广场志愿服务项目更获全省优秀志愿服务项目称号。2018 年，余杭区制定了《关于加快推进"文化余杭"建设的实施意见》，立志"争创全省文旅融合试验区，打造全国文旅融合样板区"，签订了《推进打造"良渚国家级文化高地"战略合作协议》。2020 年，余杭文化建设走向高质量发展，社区文化家园 134 个，被评为杭州市高星级社区文化家园 43 个，数量居全市第一；建成农村文化礼堂 162 个，实现除全征全迁村外农村文化礼堂全覆盖；建成企业文化俱乐部 63 个；16 个农村文化礼堂"一村一品"视频被学习强国录用；全区建成文化礼堂结成片区、村村、特色联盟 50 余个，形成了"联盟结亲、文化走亲"的余杭模式。

（四）"十四五"开拓阶段——砥砺文化事业繁荣发展

根据"十四五"发展要求，针对文化事业继承发展的新方向，余杭提出包括"文化地标工程"在内的"十大工程"，以加快打造杭州城市新中心。2021 年，经历了版图调整的新余杭，在杭州推进高水平建设社会主义现代化国际大都市的过程中，提出"奋力打响创新余杭、品质之区、文明圣地的城市品牌"。由此，余杭全面开展文艺精品"攀峰"工程，助推未来科技文化中心工程落地，全面布局诸如科技馆、图书馆、博物馆等公共配套项目；并借助良渚博物院、国家版本馆杭州分馆和良渚古城遗址公园等重要节点，做好文旅融合文章的同时，更好将文化资源转化为发展资源。同时，为率先展现共同富裕美好社会的基本图景,余杭将持续以"中华文明圣地"为区域文化发展"金名片";通过守护良渚遗址圣地,进一步高水平建设大运河国家文化公园,挖掘弘扬径山文化;统筹做好全区非物质文化遗产保护传承利用,展示中华文化独特魅力;实施文旅"1010"工程,创建全国文旅融合样板区;加速城区 15 分钟文化服务圈、乡村 30 分钟文化生活圈实施,实现公共文化服务高质量发展;深化文创文旅产业集群发展,构建现代文化产业体系。

二、余杭全域文化跃升式发展经验

(一)注重文旅融合发展,激发文化生产力

20 年来,余杭区文化跃升式发展引人注目,在更大范围内领航了以文化促发展、以融合促提升的文化产业发展蜕变,大大激发了文化生产力。一是通过实施文旅西进,促进区域文旅协调发展。通过"余快生活"项目整合起西部乡镇资源,余杭西部地区在全域融合的带动下,形成了径山茶文化、鸬鸟休闲养生文化、闲林民俗文化、良渚非遗文化的差异化文化集合。同时,也进一步促进了西部五镇的公共服务均等化,2018 年余杭三级及以上乡镇综合文化站覆盖率就已达100%。二是面对不断变化的产业市场,通过直播电商发展"新基建""新业态","打造全国著名的直播电商示范基地",促进文化产业技术创新,强化文化产业发展实力。三是借助文旅惠民工程,活化了文化体验场域空间。通过非遗体验基地、24 小时图书馆或漂流点,以及汽车图书馆等构建了城乡文艺长廊。同时,组织市民积极参与文化活动和休闲体验,定期组织主题免费游活动,累计惠民超 500 万人次。① 回

---

①　祝婷兰.余杭开启文化产业与数字经济融合发展新阶段[N/OL].杭州日报,2021-01-27[2023-03-28].http://www.hangzhou.gov.cn/art/2021/1/27/art_812262_59026347.html.

顾多年发展历程,文旅融合对余杭来说不仅仅是地方精神和文化体验的结合,更是生产力和创造力的融合。2020 年,余杭省重点文化企业、成长型文化企业突破 10 家;青团社等 8 家企业入选文创新势力榜单;妙聚网络、朱炳仁铜等多家文创企业入选杭州准独角兽榜单;晚峰文化的中国古建筑榫卯积木更获得中国文创新品牌 100 强称号。① 在这里,文化产品制造与旅游商品销售契合,文化创意设计与旅游景观规划同步,文化场景打造与旅游休闲空间共享,不仅使得文化产业繁荣发展,更使旅游经济不断扩大,文化生产力得到了最大限度的释放。

(二)深挖地域人文精神,增强文化凝聚力

人文精神是精神文明的核心,并在很大程度上影响物质文明建设。作为衡量一个民族或地区文明程度的重要尺度,它是构成一个民族、一个地区文化个性的内核要素。作为良渚文化的发祥地,运河文化的传承地,余杭在 20 年发展过程中经历了文化名区到文化强区的蜕变。既坚持了对双世界遗产的发掘与保护,更发扬了敢于创新、勇立潮头的时代精神,凝聚了化无为有的创新创业人文力量。从三国名将凌统、唐代文学家罗邺、宋代政治家和科学家沈括、南宋数学家杨辉、被誉为"介绍中国文化之功劳者"的明末清初的陈元赟、清代大学士孙士毅,到近代民主革命家、思想家和国学大师章太炎,近代教育家马叙伦,近代经济学家孙晓村,再到当代法学家何思敬、数学家孙光远和孙钟秀父子、生物学家蔡堡、社会学家陈达、建筑学家董石麟、画家柳村和方志学家魏桥等,余杭的人文底蕴可见一斑。在社会、政治、经济、科学、教育等各个领域,余杭都拥有一批人文传承者和开拓者,传扬了一代又一代中华民族历久弥新的人文精神。尤其是进入新时代

---

① 祝婷兰.余杭开启文化产业与数字经济融合发展新阶段[N/OL].杭州日报,(2021-01-27)[2023-03-28].http://www.hangzhou.gov.cn/art/2021/1/27/art_812262_59026347.html.

以来,从文化基因解码工程到文化工匠精神滋养的深入,余杭经历了从"余杭文化名人"建设到"余杭工匠"评选的全面文化精神宣教,更好地传承并开拓了地域文化精神。同时,在建党精神的继承发扬上,余杭积极调动全区1453个基层党组织、4.9万余名党员,进行了"红色故事少年说""余杭党史故事·红色印记""我在中华文明圣地学党史"等各类主题活动,并推出初心之路等5条红色研学线路,梳理38处红色资源点,发布了《余杭红色资源手册》,全面学习继承红色文化精神。

(三)强化公共文化服务,拓展文化覆盖力

作为全国第一批文化工作先进地区、中国民间文化艺术之乡、中国曲艺之乡、浙江省首批公共文化服务体系示范区,余杭在强化公共文化服务方面主要以传扬社会文化精神为主旨,以城乡文化空间配套为基点,以文化生活服务为依托,分阶段、细目标地构建了综合文化设施网络,在守护与传承灿烂文化遗产的同时,全面更新了文化生活空间。一方面,在乡村文化建设过程中,余杭大力布局农村文化礼堂、文化家园、乡村非遗馆、乡村图书馆等设施建设,使之成为乡村重要的文化建设阵地,将农村文化礼堂建设纳入区政府民生实事项目统筹推进,并作为实施乡村振兴战略的重要内容,提出了"到2020年底,实现农村文化礼堂全覆盖"的目标并成功实现这一目标。同时,开展"一村一品""一堂一品"优化,组织文史、文化方面专业人员组成文化礼堂专家组进村指导,突出余杭的地方特色。目前余杭三星级及以上文化礼堂数为45个,高星级礼堂覆盖率位于全市前列。① 另一方面,在城市文化建设过程中,引导和鼓励社会力量参与公共文化服务,扎实推进文化余杭建设。2017—2018年,余杭连续发布了《关于推进基层综合

---

① 孙明姝.余杭区深化文化礼堂"一村一品"建设[N/OL].余杭晨报,2020-05-22(02)[2023-03-28].https://hznews.hangzhou.com.cn/xinzheng/quxian/content/2020/05/22/content_7740085.htm.

性文化服务中心建设的实施意见》《余杭区关于引导和鼓励社会力量参与公共文化服务的若干意见(试行)》和相关服务暂行办法,鼓励社会群体参与建设民办博物馆等公共文体设施。2021 年发布了《余杭区"余阅"公共阅读空间实施方案》(2021—2023 年),旨在建造 70—100 家"余阅"空间。同时,除了城市书房等公共设施建设外,也有不少景区也探索出了"图书馆＋景区"的创新模式,实现了城市和景区文化服务、文化活动的全域覆盖。[①]

(四)树立国际文化标的,扩大文化影响力

20 年来,中央多次强调增强中华文明传播力、影响力。党的二十大报告指出,要"坚守中华文化立场,提炼展示中华文明的精神标识和文化精髓,加快构建中国话语和中国叙事体系,讲好中国故事、传播好中国声音,展现可信、可爱、可敬的中国形象"。一方面,良渚遗址和大运河的申遗成功为余杭文化国际标的的建立提供了坚实基础,而 G20 峰会、亚运会、中国国际网络文化博览会、中国世界文化遗产年会等国际性会议的举办,更进一步扩大了余杭文化的国际影响力。另一方面,余杭以国潮文化 IP 彰显地域文化自信,促使文化品牌引领国际潮流。2016 年,在 G20 杭州峰会上,余杭塘栖楠宋瓷业有限公司纯手工制作的国宴用瓷"西湖韵"惊艳世界;2017 年,来自余杭运河街道费庄华发织造厂的传统杭缎领带走进法国,成为卢浮宫热卖的旅游纪念品,该企业更成为非物质文化遗产杭缎织造技艺重点传承单位;2020 年 12 月,"良渚"与老字号"张小泉"合作推出一系列国潮新品,也引起了广泛关注和良好的市场反馈。过去 20 年,余杭不断以"制造＋文化创意"创新实践,促进了本土企业文化品牌扩大国际知名度和影响力,

---

① 祝婷兰.余杭开启文化产业与数字经济融合发展新阶段［N/OL］.杭州日报,2021-01-27［2023-03-28］.http://www.hangzhou.gov.cn/art/2021/1/27/art_812262_59026347.html.

更不断催生了国际文化市场经济效益。

（五）塑造数智文化生活，赋能文化传播力

党的二十大报告强调："实施国家文化数字化战略，健全现代公共文化服务体系，创新实施文化惠民工程。"作为数字第一城，杭州数字产业发展已深入生产生活的方方面面。余杭作为杭州重要的数字产业集聚区，其目标是围绕"国际文化创意中心核心区、全国数字文化策源地、长三角创意生活引领地、浙江文化产业先行地"建设，成为"全国数字经济第一区"。一是在文化数智经济方面加大培育，促成文化出海。"十三五"期间，余杭共有国家、省文化出口重点企业 3 家，获评省成长型企业 15 家，省重点文化企业 2 家，省"文化＋互联网"创新企业 2 家，省数字文化示范企业 1 家。截至 2022 年，全区影视文化企业数量突破 80 家，通过靶向招引的方式，余杭已陆续引进多家数字文化产业链头部企业，且拥有影视、动漫、游戏等多类数字内容企业 300 余家，进一步提升了余杭文化产业竞争力。[①] 二是在文化数智配套方面加强整合，实现价值共创。2019 年，余杭数字文旅平台上线，整合了 20 余个景区（点）、20 余个文化场馆、50 余个特色旅游点、300 余家酒店住宿数据以及 200 余家娱乐场所等信息，进一步完善了以智慧文旅综合服务平台、数智文化馆、智慧图书馆等为支撑的城市大脑数字文旅体系。三是在文化数智生活体验方面完善配套，形成文化"三生融合"的格局。通过"文 E 家"、"20 秒景点入园"、"30 秒酒店入住"、数字旅游专线等文化应用场景深耕未来社区文化需求，实现一站式文化点单服务，区图书馆推出"你点书，我买单"书店借书、"一键借阅"快递借

---

① 潘怡雯.加快推进数字文化产业高质量发展 余杭着力打造全国数字文化产业高地［N/OL］.余杭晨报，2021-01-21(01)［2023-01-27］.http://zj.zjol.com.cn/news.html？id＝1606116.

书服务等，构建了文化生产、生活、生态"三生融合"的数字文化智慧社区①；同时，从多渠道进一步完善全媒体传播体系，塑造区域主流舆论新格局，"余杭文旅"微信公众号更入选全省政务旅游微信第一名。②

第三节　人类文明新形态的余杭启示

回顾 20 年发展历程，余杭的文化环境发生了翻天覆地的变化。面对未来文化技术日新月异和多元复杂的发展态势，结合党的二十大报告提出的"推进文化自信自强，铸就社会主义文化新辉煌"，余杭须始终置身社会主义现代化和共同富裕建设发展的最前线，不忘初心、牢记使命，在文化事业的发展过程中，牢牢遵循"八八战略"的精神指引，勇立发展潮头、做好世界窗口、传承中华文明、发扬时代精神，为构建人类文明新形态提供更多的余杭方案与智慧。

一、以中华文明之光引领文化文明建设新风尚

实践证明，中华文明的漫长演进历史是坚定文化自信的源头活水。习近平总书记指出："在新的赶考之路上，我们能否继续交出优异答卷，关键在于有没有坚定的历史自信。"深化中国文明历史研究，有助于深入把握中华文明的历史形态与现代形态、物质形态与精神形态、传统形态与创新形态，有助于增强中国人民的文化底气，有助于提高中华民族的自豪感，有助于坚定中华民族伟大复兴的历史定力和全

---

① 张瑚滢.引育齐发力 余杭成文创人才集聚地［N/OL］.余杭晨报，2022-01-13（01）［2023-03-25］.http://www.yuhang.gov.cn/art/2022/1/13/art_1532128_59004964.html.
② 余杭开启文化产业与数字经济融合发展新阶段［N/OL］.杭州日报，（2021-01-27）［2023-03-28］.http://www.hangzhou.gov.cn/art/2021/1/27/art_812262_59026347.html.

面建成社会主义现代化强国的历史使命感。无论是代表了中华五千年历史的良渚文化,还是国家版本馆代表的文化传世精神,抑或是两千年保护传承的运河文化和千年存续的径山茶文化,都是中华民族继承了千年的中华文明之光,更是我们坚定历史自信的重要源泉。学习、保护并传承好余杭的中华文化,进一步坚定历史自信,是增强历史自觉与历史担当的基础。[①] 与此同时,也要坚持守正创新,强化理论传播阵地和学习宣讲平台建设。进一步弘扬余杭红船精神、浙江精神和良渚古城申遗精神,依托仁和中共西镇区委旧址、仓前"四无"粮仓、鸬鸟余杭抗日战争纪念馆等红色文化基地,深入径山小古城村、五常"五九批示"纪念馆等红色文化精神,助推红色教育深入开展。持续推进社会主义核心价值观落细落实落地,深化拓展新时代文明实践中心建设,高标准实施新时代志愿服务。通过开展文明单位、文明村镇、文明校园、文明家庭等系列创建活动,以及"余杭好家风"、"道德模范"、"最美"系列选树活动,实施古文明入城进村"活化行动",将良渚文明因子融入城市与乡村形象设计、标志标识等系统,增强文明意识,养成文明习惯,提高文化素养,全面引领文化文明建设新风尚。

二、始终保持文化自信与积极向上的文化精神

浙江是习近平新时代中国特色社会主义思想的萌发地之一,为区域文化建设发展提供了最有效的解题思路与方法。因此,余杭在贯彻党的二十大精神、践行"八八战略"文化建设的过程中,始终要立于更高的角度,立足国际视野、加深文化学习,持续激发忠实践行"八八战略"、坚决做到"两个维护"的强大动力,尤其要紧密联系余杭的实际发

---

① 卜宪群.在增强历史自觉与历史担当中创造历史伟业(构建中国特色哲学社会科学)[N/OL].人民日报,2022-02-07(07)[2023-04-06].https://theory.gmw.cn/2022-02/07/content_35498215.htm.

展历程和发展经验,以系统性重塑的策略创新文化和旅游深度融合发展,以富有世界影响力的文化标的增进文化自信自强,努力在"两个先行"进程中写好新时代文化篇章。与此同时,党的二十大报告提出"讲好中国故事、传播好中国声音,展现可信、可爱、可敬的中国形象"。余杭须进一步涵养人人讲文明的时代新风,展现积极向上的时代文化精神面貌。积极培育和践行社会主义核心价值观,推进文明实践品牌化,加快打造"浙江有礼·文明圣地"品牌,积极培育余杭特色的精神文明新标识,建强用好农村文化礼堂、社区文化家园等文化矩阵,推动公共文化产品的高端创作、精准供给,不断点亮群众精神文化生活。

三、一以贯之塑文化创造力并提升文化软实力

"要更好推动中华文化走出去,以文载道、以文传声、以文化人,向世界阐释推介更多独具中国特色、展现中国精神、蕴含中国智慧的优秀文化。"[1]在新时期,余杭须牢牢把握杭州前亚运、后申遗契机,构建"文旅农商体科医"多元融合发展格局,传承良渚遗址文化、运河文化的保护与利用,加速文化创意、文化传媒、文化数字产业的全面创新。[2]坚持以文铸魂、以文育德、以文兴业、以文惠民、以文塑韵,不断提升区域文化软实力。一方面,要着眼于创作传世文艺精品,深入实施文艺创作攀峰计划,持续打磨在全国有较大影响力和美誉度的戏剧、歌舞等方面扛鼎之作,并凭借作品的内容、气质和温度赢得共鸣。也要利用深植余杭本土的红色资源优势,加强红色主题艺术创作,弘扬以伟

① 彭瑶.习近平:激发全民族文化创新创造活力,增强实现中华民族伟大复兴的精神力量[EB/OL].中国发布.(2022-10-16)[2023-04-08].http://news.china.com.cn/2022/10/16/content_78468572.html.

② 陈广胜.以富有浙江辨识度的业绩增进文化自信自强[N/OL].中国文化报,2022-11-15(01)[2023-04-16].https://www.mct.gov.cn/preview/special/xy20d/9675/202211/t20221115_937447.htm.

大建党精神为源头的中国共产党人精神谱系。另一方面,要进行文化技术革新,活化余杭处处有历史的深厚文化底蕴。这要求余杭积极创建全省文化传承生态保护区,进一步支持良渚文化与运河文化两大世界级文化遗产数字化保护,推进良渚古城遗址公园、大径山等景区数字化建设,推动数字技术和文旅产业融合发展,以现代科技赋能文化传承创新,进一步打破历史文化古迹和现代文化载体的时空障碍,深入实施"城市记忆工程",以推动区域传统与现代、文化与科技的全面融合跃升。

参考文献

[1]2021年度文化余杭十件大事出炉［N/OL］.余杭晨报,（2022-02-11）［2023-03-28］.http://www.yuhang.gov.cn/art/2022/2/11/art_1532133_59006761.html.

[2]2021年杭州市余杭区国民经济和社会发展统计公报［R/OL］.（2022-03-11）［2023-04-17］.http://www.yuhang.gov.cn/art/2022/3/11/art_1229247534_4022303.html.

[3]把中国文明历史研究引向深入推动增强历史自觉坚定文化自信［N］.人民日报,2022-05-29(001).

[4]卜宪群.在增强历史自觉与历史担当中创造历史伟业［N/OL］.人民日报,（2022-02-07）［2023-04-06］.https://theory.gmw.cn/2022-02/07/content_35498215.htm.

[5]达仁.人民网评:让文化和自然遗产赋能美好生活［EB/OL］.中国新闻网,（2022-06-11）［2023-03-28］.http://opinion.people.com.cn/n1/2022/0611/c223228-32443891.html.

[6]戴维,岳弘彬.中国国家版本馆举行落成典礼黄坤明出席并讲话［EB/OL］.新华网,（2022-07-23）［2023-03-31］.http://politics.people.com.cn/n1/2022/0723/c1001-32483843.html.

［7］范建荣,谢伟洪."平安之夏"治安巡逻昨启动［N］.余杭日报,
2003-08-05.

［8］范建荣.六万外来人吃住在余杭我区研究制订长效管理办法
［N］.余杭日报,2001-07-12.

［9］范建荣.全力构建"平安余杭"合力推进"三大跨越"［N］.余杭
日报,2003-03-21.

［10］方羽公,唐永春.大径山乡村国家公园带你领略天下径山之
美［N/OL］.余杭时报,(2016-06-23)［2023-04-18］.http://yhcb.eyh.
cn/html/2016-06/23/content_11_1.htm.

［11］干在实处,勇立潮头——习近平浙江足迹［M］,杭州:浙江人
民出版社,2022:116-118.

［12］高举中国特色社会主义伟大旗帜为夺取全面建设小康社会
新胜利而奋斗——在中国共产党第十七次全国代表大会上的报告［R/
OL］.(2007-10-05)［2023-04-11］.http://www.scio.gov.cn/37231/
Document/1566887/1566887.htm.

［13］高举中国特色社会主义伟大旗帜为全面建设社会主义现代
化国家而团结奋斗——在中国共产党第二十次全国代表大会上的报
告［R/OL］.(2022-10-25)［2023-04-12］.http://www.gov.cn/xin
wen/2022-10/25/contcnt_572168.htm.

［14］共富观察:农村居民可支配收入领跑浙江余杭靠什么?
［EB/OL］.(2021-07-12)［2023-04-17］.https://www.chinanews.
com.cn/cj/2021/07-12/9518172.shtml? qq-pf-to=pcqq.discussion.

［15］杭州市生态环境局余杭分局.2021年杭州市余杭区生态环境
状况公报［R/OL］.(2022-06-27)［2022-06-27］.https://www.yuhang.
gov.cn/art/2022/6/27/art_1229187638_4057459.html.

［16］杭州市余杭区人民政府.杭州市余杭区人民政府关于印发《杭

州市余杭区国民经济和社会发展第十四个五年规划和二○三五年远景目标纲要》的通知［A/OL］.（2021-08-23）［2023-03-28］. https://www. yuhang. gov. cn/art/2021/8/30/art_1229174813_3929237. html.

［17］杭州市余杭区人民政府办公室.关于扩大开放积极利用外资的若干政策意见［R/OL］.（2018-03-19）［2023-04-12］. http://www. yuhang. gov. cn/art/2018/3/21/art_1229174795_894005. html.

［18］杭州市余杭区人民政府办公室.杭州市余杭区国民经济和社会发展第十一个五年规划纲要［R/OL］.（2006-03-10）［2023-04-12］. http://www. yuhang. gov. cn/art/2022/3/30/art_1229174981_4027262. html.

［19］杭州市余杭区人民政府办公室.余杭区"十三五"商务发展规划［R/OL］.（2016-05-16）［2023-04-12］. http://www. yuhang. gov. cn/art/2016/1/22/art_1532518_27754173. html.

［20］杭州市余杭区人民政府办公室.余杭区开放型经济发展"十二五"规划［R/OL］.（2011-09-01）［2023-04-12］. http://www. yuhang. gov. cn/art/2021/7/2/art_1229541472_3894750. html.

［21］杭州市余杭区文广旅体局获评全国文化和旅游系统先进集体［N/OL］.搜狐新闻,（2021-11-30）［2023-03-23］. https://www. sohu. com/a/504528851_120344441.

［22］侯颗,黄秋霞.探访国家版本馆中央总馆：赓续中华文脉的"基因库"［EB/OL］.中央纪委国家监委网,（2022-08-12）［2023-03-31］. http://www. news. cn/2022-08/12/c_1128908639. htm.

［23］黄勇,等.协调发展：浙江的探索与实践［M］.北京：中国社会科学出版社,2018：144

［24］惠明.建设平安余杭推动经济发展［N］.余杭日报,2003-06-18.

[25]践行"一带一路"倡议快速推进"海外余杭"建设[N/OL]. 余杭晨报,2018-8-10[2022-9-11]. http://yhcb. eyh. cn/html/2018-08/10/content_50792_321717. htm.

[26]金昌才. 余杭镇村村活跃夜巡队[J]. 今日余杭,2004-07-01.

[27]金昌才. 余杭镇打造平安举措多[N]. 余杭日报,2003-07-30.

[28]靳永锋. 习近平的文化情怀"要加强古代遗址的有效保护"[EB/OL]. 新华社,(2022-06-22)[2023-03-28]. http://news. enorth. com. cn/system/2022/06/22/052812284. shtml.

[29]马克思恩格斯文集(第 1 卷)[M]. 北京:人民出版社. 2009:97.

[30]梦想小镇:快闪"我和我的祖国",点燃青春梦想[N]. 杭州日报,2019-04-03.

[31]彭瑶. 习近平:激发全民族文化创新创造活力,增强实现中华民族伟大复兴的精神力量[EB/OL]. 中国发布,(2022-10-16)[2023-04-08]. http://news. china. com. cn/2022-10/16/content_78468572. html.

[32]企业上市十条[N/OL],余杭晨报,2018-03-27[2022-12-1]. http://yhcb. eyh. cn/html/2018-03/27/content_3_8. htm.

[33]区委组织部(人才办)."12345",透过数字看 2021 年余杭人才工作![EB/OL]. 余杭发布,2022-01-20[2022-11-10]. https://mp. weixin. qq. com/s? biz = MzA5MDg1ODgxNw = &mid = 2650402958&idx = 1&sn = 4583c5df1ba9722d0a72812e90176e80&chksm = 880864a0bf7fedb67abcfbc7b2fd8a5cc38468949f94f93694fb4dffa5e1c63d5be27349f5c6&scene = 21♯wechat_redirect.

[34]全面建设小康社会,开创中国特色社会主义事业新局面——在中国共产党第十六次全国代表大会上的报告[R/OL]. (2002-11-8)

[2023-04-11]. http://www. gov. cn/test/2008-08/01/content_1061 490. htm.

[35]孙明姝,陆春松,郑海云.余杭区深化文化礼堂"一村一品"建设[N/OL].余杭晨报,(2020-05-22)[2023-03-28]. https://hznews. hangzhou. com. cn/xinzheng/quxian/content/2020-05/22/content_7740085. htm.

[36]孙明姝.余杭致力打造跨境电商新高地中国(杭州)跨境电商峰会在我区举行[N/OL].余杭晨报,2019-07-13[2022-11-10]. http:// yhcb. eyh. cn/html/2019-07/13/content_215408_1261833. htm

[37]孙鹏,康梦琦.中国国家版本馆开馆暨展览开幕式在京举行[EB/OL].新华社,(2022-07-31)[2023-03-31]. http://zj. people. com. cn/n2/2022/0731/c186327-40061397. html.

[38]谭雪莉.打造文旅融合新高地,余杭区入选"第二批浙江省全域旅游示范区"[EB/OL].新华网,(2021-11-12)[2023-03-22]http:// www. xinhuanet. com/culture/20211112/510be6bb92e74b11bfb02ec9 dcd9c968/c. html.

[39]特色小镇成余杭高质量发展重要引擎[N/OL].余杭晨报, 2021-1-9(1)[2023-04-07]. http://yhcb. eyh. cn/html/2021/01/09/ content_2081_3867631. htm.

[40]推动共建丝绸之路经济带和 21 世纪海上丝绸之路的愿景与行动[EB/OL]. (2017-05-12)[2023-04-12]. http://www. nea. gov. cn/2017-05/12/c_136277473. htm.

[41]王丽娟,白赟.一年飞出 7 只"金凤凰",还有 12 家在排队推动企业上市余杭逆势飙出"加速度"[EB/OL].杭州网,(2021-01-12)[2022-12-10], https://baijiahao. baidu. com/s? id—1688637846232534742&wfr =spider&for=pc.

[42]王曼.北美华富山工业园:中企开拓北美市场的重要平台[N/OL].中国贸易报,(2022-04-18)[2022-12-01].https://investgo.cn/article/yw/tzyj/202204/595200.html.

[43]文化余杭——让文化"触手可及"[EB/OL].搜狐新闻,(2017-08-08)[2023-03-23] https://www.sohu.com/a/163225902_280092.

[44]吴海波.习近平的文化情怀"大运河是祖先留给我们的宝贵遗产"[EB/OL].新华网,(2022-07-20)[2023-03-28].https://baijiahao.baidu.com/s? id=1738832946742206421&wfr=spider&for=pc.

[45]吴红霞,邵玩玩.谱写文化浙江新篇章[J].今日浙江,2018(12):5.

[46]吴坚奋,张建祖.走出去化解贸易摩擦——余杭建立境外机构 30 家[N].城乡导报,2005-12-11(1).

[47]吴一静,陈霏,盛淑彦.余杭入选第二批浙江省全域旅游示范区[N/OL].余杭晨报,(2021-11-10)[2023-03-25].http://www.yuhang.gov.cn/art/2021/11/10/art_1532131_58998809.html.

[48]吴一静,高洁.余杭新增 6 项市级非遗项[N/OL].余杭晨报,(2022-09-27)[2023-03-25].http://www.yuhang.gov.cn/art/2022/9/27/art_1532133_59026169.html.

[49]吴一静,摇慧敏,汤秋师晨,郑海云.守护中华文明圣地提升余杭城市文化能级[N/OL].余杭晨报,(2021-06-24)[2023-03-22].https://hznews.hangzhou.com.cn/chengshi/content/2021-06/24/content_7992319.htm.

[50]习近平.干在实处走在前列(代序)//潘家玮等.大道之行:深入实施"八八战略"[M].杭州:浙江人民出版社,2006:1.

[51]习近平.干在实处走在前列:推进浙江新发展的思考与实践

［M］.中共中央党校出版社,2006:84.

　　［52］习近平.之江新语［M］.杭州:浙江人民出版社,2007:184-185.

　　［53］夏谓云.要切实加强对外来人员的管理［N］.余杭报,1994-10-27.

　　［54］徐方顺.浙江余杭推出 18 条举措服务实体经济发展提升［EB/OL］.中国经济网,(2012-04-09)［2022-11-3］.http://district.ce.cn/zg/201204/09/t20120409_1306841.shtml? from＝groupmessage&isappinstalled＝0.

　　［55］严嘉慧.我区 6 个"152"省市县长重点项目全部开工［N/OL］.余杭晨报,(2021-12-09)［2023-03-28］.http://www.yuhang.gov.cn/art/2021/12/9/art_1532128_59001409.html.

　　［56］余杭发布.三项指标全市第一! 上半年余杭新设立市场主体 2 万多家［EB/OL］.(2022-08-16)［2023-04-07］.https://mp.weixin.qq.com/s/TYXrX0dTsFhr04UssiKnDg

　　［57］余杭获评平安中国建设示范县"全域治理现代化"交出高分答卷播报文章［EB/OL］.杭州网,(2021-12-16)［2023-04-13］.https://baijiahao.baidu.com/s? id＝17192947669355546497&wfr＝spider&for＝pc.

　　［58］余杭区文化广电新闻出版局(体育局).聚精会神强文化一心一意惠民生［J］.今日浙江,2014,(24):64-67.

　　［59］余杭区以美丽城镇为抓手,擘画城乡风貌提升"大美圈"［EB/OL］.(2021-08-25)［2023-04-17］.https://town.zjol.com.cn/czjsb/202108/t20210825_23000328.shtml.

　　［60］余杭区政府工作报告(2000－2023)［R/OL］.［2023-04-07］.http://www.yuhang.gov.cn/col/col1229167325/index.html.

［61］与杭州主城区名校全部结对余杭加速义务教育优质均衡发展促共富［N/OL］. 杭州日报，（2022-06-25）［2022-11-01］. https://baijiahao. baidu. com/s? id = 1736594732002825212&wfr = spider&for = pc.

［62］元生. 百丈力创省级平安乡镇［N］. 余杭日报，2003-09-02.

［63］张瑚滢. 引育齐发力余杭成文创人才集聚地［EB/OL］. 余杭晨报，（2022-01-13）［2023-03-25］. http://www. yuhang. gov. cn/art/2022/1/13/art_1532128_59004964. html.

［64］张静. 推进文化自信自强促进文化和旅游高质量发展［N/OL］. 中国文化报，（2022-11-25）［2023-04-16］. https://www. mct. gov. cn/preview/special/xy20d/9675/202211/t20221125_937756. htm.

［65］张静. 以富有浙江辨识度的业绩增进文化自信自强［N/OL］. 中国文化报，（2022-11-15）［2023-04-16］. https://www. mct. gov. cn/preview/special/xy20d/9675/202211/t20221115_937447. htm.

［66］张丽玮，康梦琦. 杭州这十年·余杭｜黄金十年创辉煌锚定下个十年布局跃升之路［EB/OL］. 人民网，（2022-09-23）［2023-04-02］. http://zj. people. com. cn/n2/2022/0923/c228592-40136751. html.

［67］张煜欢. 良渚文化发源地杭州余杭：五千年文明如何续写？［EB/OL］. 中国新闻网，（2022-09-23）［2023-03-28］. https://www. chinanews. com. cn/cul/2022/09-23/9859507. shtml.

［68］赵益普. 泰中罗勇工业园——促进泰国工业和产业发展完善［N/OL］. 人民日报，（2022-07-10）（2022-11-02）. http://www. scio. gov. cn/31773/35507/35513/35521/Document/1727221/1727221. htm.

［69］浙江在线，之江平. 伟大的擘画奋斗的征程——写在"八八战略"实施 15 周年之际［N/OL］. 浙江日报，（2018-07-10）［2023-04-02］. https://baijiahao. baidu. com/s? id = 1605563057919237964&wfr =

spider&for＝pc.

[70]中共杭州市余杭区委党史研究室(杭州市余杭区地方志编纂研究室).余杭年鉴(2011—2021 年)[EB/OL].[2023-04-11].http://www.yuhang.gov.cn/col/col1532126/index.html.

[71]中共杭州市余杭区委杭州市余杭区人民政府官网.余杭区各级非遗名录项目一览表[EB/OL].(2022-06-28)[2023-04-05].http://www.yuhang.gov.cn/art/2022/6/28/art_1229187659_4058095.html.

[72]中共中央关于制定国民经济和社会发展第十个五年计划的建议[R/OL].(2000-10-11)[2023-04-11].http://www.gov.cn/gongbao/content/2000/content_60538.htm.

[73]中国信息通信研究院人工智能(杭州)研究中心落户未来科技城[EB/OL].(2019-04-03)[2023-04-17].https://ori.hangzhou.com.cn/ornews/content/2019-04/03/content_7171759.htm.

[74]中华人民共和国中央政府网.2017 年度浙江经济社会发展状况[EB/OL].(2019-02-13)[2023-4-10].http://www.gov.cn/guoqing/2019-02/13/content_5365255.htm.

[75]周锋.余杭成为全省首批"平安区"[N].城乡导报,2006-03-29.

[76]周咏南,刘乐平."两只鸟论"的浙江实践——我省以改革牵引高质量发展纪实[N/OL].浙江日报,2018-02-28(1)[2023-04-06].http://zjrb.zjol.com.cn/html/2018-02/28/content_3119949.htm?div＝1.

[77]祝婷兰.余杭开启文化产业与数字经济融合发展新阶段[N/OL].杭州日报,(2021-01-27)[2023-03-23].http://www.hangzhou.gov.cn/art/2021/1/27/art_812262_59026347.html.

图书在版编目(CIP)数据

余杭经济社会发展 20 年:2003—2022 / 中共杭州市
余杭区委党史研究室编著. —杭州:浙江大学出版社,
2023.6
ISBN 978-7-308-23897-7

Ⅰ. ①余… Ⅱ. ①中… Ⅲ. ①区域经济发展—研究—
杭州—2003—2022 Ⅳ. ①F127.551

中国国家版本馆 CIP 数据核字(2023)第 105345 号

余杭经济社会发展 20 年(2003—2022)
中共杭州市余杭区委党史研究室　编著

策划编辑	葛玉丹
责任编辑	汪淑芳
责任校对	汪　潇
封面设计	林智广告
出版发行	浙江大学出版社
	(杭州市天目山路 148 号　邮政编码 310007)
	(网址:http://www. zjupress. com)
排　　版	浙江时代出版服务有限公司
印　　刷	杭州宏雅印刷有限公司
开　　本	710mm×1000mm　1/16
印　　张	14.75
字　　数	185 千
版 印 次	2023 年 6 月第 1 版　2023 年 6 月第 1 次印刷
书　　号	ISBN 978-7-308-23897-7
定　　价	68.00 元